山西工程技术学院优秀学术著作出版支持计划项目

中国特色小镇旅游开发研究

陆崑喆 著

吉林大学出版社
·长春·

图书在版编目（CIP）数据

中国特色小镇旅游开发研究/陆嵬喆著.—长春：吉林大学出版社，2020.8
ISBN 978-7-5692-7155-3

Ⅰ.①中… Ⅱ.①陆… Ⅲ.①小城镇—旅游业发展—研究—中国 Ⅳ.①F592.3

中国版本图书馆 CIP 数据核字（2020）第 186429 号

书　　名	中国特色小镇旅游开发研究 ZHONGGUO TESE XIAOZHEN LÜYOU KAIFA YANJIU
作　　者	陆嵬喆　著
策划编辑	代红梅
责任编辑	代红梅
责任校对	赵雪君
装帧设计	汇智传媒
出版发行	吉林大学出版社
社　　址	长春市人民大街 4059 号
邮政编码	130021
发行电话	0431-89580028/29/21
网　　址	http://www.jlup.com.cn
电子邮箱	jdcbs@jlu.edu.cn
印　　刷	长春市华远印务有限公司
开　　本	787mm×1092mm　1/16
印　　张	15
字　　数	230 千字
版　　次	2020 年 8 月　第 1 版
印　　次	2020 年 8 月　第 1 次
书　　号	ISBN 978-7-5692-7155-3
定　　价	49.00 元

版权所有　翻印必究

前 言

特色小镇广泛分布于我国乡村区域内,乡村是具有自然、社会、经济特征的地域综合体,它兼具生产、生活、生态、文化等多重功能,与城镇互促互进、共生共存,共同构成人类活动的主要空间。中国政府在经济振兴过程中提出全面建成小康社会和社会主义现代化强国目标,其核心内容在广大农村,农村地区基础作用尤为明显。而特色小镇是实施乡村振兴战略的重要平台和有效载体,建设特色小镇对于加速乡村振兴、促进城乡融合发展、推进农业农村现代化都具有不可忽视的作用。

近年来,中国特色小镇旅游开发的步伐逐渐加快,一些特色小镇旅游产业已成为地方经济结构调整和产业升级的重要载体。不过,当前仍有一些地方对特色小镇旅游开发内涵和发展理念缺乏正确认识,对于特色小镇旅游开发缺乏系统分析和全面探讨。经过查阅,笔者发现已经出版的著作与书籍主要集中在特色小镇创建开发和旅游特色小镇开发运营方面,而将不同类型特色小镇中的旅游开发作为着眼点来进行研究的书籍几乎没有。为此,笔者在前人关于中国特色小镇旅游相关探讨的基础上,撰写了《中国特色小镇旅游开发研究》一书,力图对现阶段中国特色小镇旅游开发进行深入的、全面系统的研究,以期为中国特色小镇旅游开发提供一些新的思路与研究方法。

本书主要包括八章。第一章绪论,首先对于特色小镇、中国旅游业以及特色小镇旅游进行界定。其次,对于中国特色小镇以及特色小镇旅游创建目的和意义、分布和分类以及特色小镇特色性表现进行概述。最后回顾国内外关于特色小镇旅游研究成果和现状。第二章写中国特色小镇的形成和培育,包括了特色小镇的形成、发展现状以及特色小镇旅游产业培育和文化旅游特色小镇的相关内容。第三章,运用分析的方法对中国特色小镇旅游与乡村振兴的关系进行研究,分析我国乡村经济社会发展困境的同时讨论特色小镇与美丽乡村的区别,最后探讨在乡村文化背景下如何快速有效地发展特色小镇旅游，同时将特色小镇旅游与美丽乡村建设相融合。第四章在生命周期理论框架下，探讨了中国特色小镇旅游项目的规划设计和小镇旅游项目开发风险管理等内容。第五章在总结特色小镇社会文化形象特征的同时，讨论了旅游活动对于特色小镇社会文化的正面和负面的影响。第六章首先讨论了特色小镇旅游环境承载力的内容；其次构建出特色小镇旅游环境承载力评价模型；最后分析特色小镇旅游环境并得出旅游对于小镇环境积极和消极影响。第七章内容为中国特色小镇旅游收入分配和再分配过程，然后从积极和负面两个方面来探讨旅游活动对于特色小镇的经济影响。第八章从规划上讨论特色小镇旅游发展策略、小镇替代性旅游与生态旅游、提升小镇旅游品质三个方面的构建，论述得出中国特色小镇旅游开发可持续发展模式。

  书中阐述的观点不仅反映出本人对于前人著述的体会、考察和心得，同时又有着对于中国特色小镇旅游开发工作的全局思考和协调。本人在撰写本书过程中广泛参考阅读学界关于特色小镇以及我国旅游业发展的相关研究成果，并对其中一些观点加以引用。全书内容构成主要以我国特色小镇旅游发展中的一些典型个体为例进行分析，梳理出特色小镇旅游发展的普遍性规律。但是由于本人水平有限，该书构建和写作难免会有疏漏和偏颇之处，对于整体结构把握还有待进一步提高，望大家给予指正，以便日后修改完善。

  最后，需要特别感谢，本人所属的山西工程技术学院工矿城市转型发展研究中心的科研团队对于本人研究工作的大力支持。谢谢！

作 者
2019 年 3 月

| 目　录 |

第一章　绪论 ……………………………………………………………… 1

　第一节　概念界定 ………………………………………………………… 1

　第二节　中国特色小镇述评 ……………………………………………… 9

　第三节　特色小镇旅游研究综述 ………………………………………… 23

第二章　中国特色小镇形成及其旅游产业培育 …………………………… 30

　第一节　中国特色小镇的形成 …………………………………………… 30

　第二节　中国特色小镇旅游开发现状 …………………………………… 36

　第三节　特色小镇旅游产业培育 ………………………………………… 44

　第四节　文化旅游特色小镇创建开发 …………………………………… 50

第三章　中国特色小镇旅游开发与乡村振兴 ……………………………… 55

　第一节　我国乡村社会的困境与振兴 …………………………………… 55

　第二节　美丽乡村与特色小镇 …………………………………………… 60

　第三节　乡村文化振兴下的特色小镇旅游 ……………………………… 66

　第四节　特色小镇旅游与乡村协调发展 ………………………………… 74

第四章　特色小镇旅游项目开发管理 ……………………………………… 82

　第一节　特色小镇旅游项目分析 ………………………………………… 82

　第二节　特色小镇旅游项目的生命周期 ………………………………… 88

　第三节　旅游项目开发原则与设计的影响因素 ………………………… 96

　第四节　小镇旅游项目开发风险管理 …………………………………… 103

第五章　特色小镇旅游的社会文化影响 111
第一节　特色小镇旅游社会文化影响特征 111
第二节　旅游对小镇社会文化影响的正面效应 118
第三节　特色小镇旅游的社会文化代价 124
第四节　影响特色小镇社会文化的其他因素 131

第六章　旅游对特色小镇环境影响 139
第一节　特色小镇旅游环境 139
第二节　特色小镇旅游环境承载力研究 145
第三节　旅游对特色小镇环境影响评价模型 154
第四节　特色小镇旅游的环境代价 159
第五节　旅游对小镇环境产生的积极影响 167

第七章　旅游活动与特色小镇经济研究 171
第一节　特色小镇旅游收入分配与再分配 171
第二节　小镇旅游正面经济影响 179
第三节　特色小镇旅游的经济代价 190

第八章　构建特色小镇旅游可持续开发体系 196
第一节　合理规划特色小镇旅游开发策略 196
第二节　实施小镇替代性旅游与生态旅游 201
第三节　提升特色小镇旅游品质 210

参考文献 217

附表1　第一批中国特色小镇 219

附表2　第二批中国特色小镇名单 224

第一章 绪 论

特色小镇旅游发展是将旅游业与特色小镇特色性相结合的一种新型发展方式。长期以来旅游业被作为生态文明与经济发展的最佳结合点，将旅游业与广大乡村中的特色小镇相结合，成为当前我国乡村经济振兴的主要发展方向。中国经济的发展基础存于广大的乡村范围内，乡村地区的社会经济稳定对于国家综合发展来说有着重要的意义，而我国政治、经济、文化产业不同诉求使得中国特色小镇旅游影响力进一步得到提升。因此，加快乡村旅游的开发和建设，加快特色小镇旅游开发成为我国乡村地区实现经济发展与社会和谐的一条重要途径。本章将对特色小镇旅游相关概念与研究进行界定与综述。

第一节 概念界定

一、特色小镇

中国特色小镇是指国家发展改革委、财政部以及住建部联合公布的全国范围内具有产业特色、富有活力，同时在休闲旅游、商贸物流、现代制造、教育科技、传统文化、居住环境等方面较为突出的小镇，其目的是引领、带动全国广大乡村中的小城镇建设。根据中国住房与建设保障部的长期规划，到 2020 年前后全国范围内将陆续培育 1 000 个左右的各种类型的特色小镇。

2016 年 7 月，中华人民共和国住房和城乡建设部、国家发展改革委员会和财政部联合下发了《关于开展特色小镇培育工作的通知》，通知中对于特色小镇的创建、培育以及发展目标做了长期的规划，从文件的内容能够看出我国政府促进广大乡村社会经济转型和新农村建设的决心。2016 年 8 月住建部发布了《关于做好 2016 年特色小镇推荐工作的通知》，通知中要求各地区推荐可培育的特色小镇名单，同时特别强调特色小镇规划材料要能够有效指导特色小镇的建设。这一通知标志着国家层面的特色小镇创建培育工作正式开始实施。同年 10 月，国家发展改革委员会发布《关于加快美丽特色小（城）镇建设的指导意见》，意见指出"各地区要从实际出发，通过对地区资源、产业、文化等要素的挖掘，发挥各地区的特色优势，以地区差异性为参照，建设形态多样且具有独特魅力的特色小镇，防止照搬照抄的盲目建设行为。"[①] 2017 年李克强总理在《政府工作报告》中提及特色小镇建设工作，同时表示要推动具备条件的县和特大镇开展特色小镇建设的试点工作，这说明特色小镇的创建和培育已经引起我国政府的高度重视，特色小镇的社会经济价值将逐渐凸显。2018 年出台的中央一号文件中指出"牢固树立绿水青山就是金山银山的理念，实施休闲农业和乡村旅游精品工程，建设一批设施完备、生态宜居的特色小镇"，至此中国特色小镇的创建和培育从理论到思路再到建设目标都开始初步成型。

特色小镇的概念具有一定的特殊性，传统意义上的"小镇"指的是地域比城市稍小且居民不多的集中地，但是特色小镇的内涵要更加广泛和深入。在对特色小镇和特色小镇旅游开发进行研究之前，首先要明晰"特色小镇"与"特色小城镇"的区别，特色小镇与特色小城镇不同之处在于："特色小城镇"是传统的建制镇，其强调的是小城镇的基础设施和公共服务；而"特色小镇"是一个发展平台，在强调基础设施的同时更强调小镇的产业与经济效益。"特色小镇"的分布较"特色小城镇"更为广泛，特色小镇可以是远离城市的小村庄，也可以是坐落在大城市周边的小城镇，还可以是在城市区域内部，但是相对独立的某个区块。特色小镇既不是行政区划上的镇，也不是产业园区或风景区，而是以特色产业和文化特色或者是其他相关特色为核心，并在此基础上明确自身的定位，有效挖掘自身产业特色、人文底蕴和生态禀赋的多种经济形式的综合体系。通过对国内学者关于特色小镇的概念界定进行归纳总结，我们可以将特色小镇特征归纳如下。

1. 特色小镇相对独立于城市和乡镇建成区中心区域，其分布形式较为广泛，可以城乡接合部处或者是乡村范围内，也可以在城市内部。

---

① 孙妍. 绥滨镇特色小镇发展策略研究［D］. 黑龙江八一农垦大学. 2018（06）.

2. 特色小镇规划面积一般要求控制在 3 平方千米～5 平方千米之间，建设面积则不能超过规划面积的 1/2，内部规划建设在突出小镇产业特色性基础上，将规划布局与小镇社会经济特色相融合。

3. 特色小镇是结合特色产业、传统文化、自然生态、旅游开发和一定的社区功能为一体的综合性发展平台，需要按照 3A 级以上的景区标准进行投资建设。

4. 特色小镇以实现"三生"融合，即生产、生活、生态的融合为目标。特色小镇创建发展最终以实现第一、二、三产业的融合，有效促进城市与乡村社会经济发展水平的平衡为基准，同时把文化、体验、机械制造产业等融入小镇产业实现生产创新。

二、旅游业

旅游业是以旅游资源为基础、以旅游设施为条件，向旅游者提供旅行游览服务的行业。狭义的旅游业主要指旅行社、旅游饭店、餐饮场所、旅游车船公司以及专门从事旅游商品买卖和旅游接待行为的公司与企业。广义的旅游业除专门从事旅游业务和旅游接待的部门以外，还包括与旅游相关的各行各业。基于旅游产业基础上的旅游活动，除了作为一种新型的、高级的社会消费形式之外，还是把物质生活消费和文化生活消费有机地结合起来的过程。

（一）旅游业组成要素

组成旅游业的要素较为丰富且范围涵盖广泛，归纳总结起来大概包括旅游资源、旅游设施和旅游服务三大要素，这三大要素是旅游业赖以生存和发展基础。

旅游资源包括自然风光、历史古迹、革命遗址、建设成就、民族习俗等，这些要素是形成旅游业重要基础。

旅游设施包括交通设施、住宿设施、旅游餐饮设施、旅游游乐设施等基础性设施，这些设施不仅要满足游客的基本生活需求，还要满足接待地区居民的生活需求，具有共享性。

旅游服务是因为旅游活动而发生的各种劳务和管理行为相结合的一种行为过程，它能够体现旅游目的地旅游业的接待能力。

(二) 旅游业种类

旅游业根据不同要素产生的分类方式也有所不同,这里只列举一种分类,按照旅游业业务种类划分主要包括3种类型:

1. 组织国内旅客在本国进行旅行游览活动,即国内旅游;
2. 组织国内旅客到国外进行旅行游览活动,即出境旅游或国际旅游;
3. 接待或招徕外国人到自己国家进行旅行游览活动,即入境旅游。

后两种类型的旅游业务活动,都是涉外性质的业务。

(三) 旅游业的基本特征

由于旅游业属于劳动密集型行业,它主要向社会提供无形的使用价值来满足旅游者进行旅行游览和愉悦身心的消费需要。旅游业不是实现商品流通的经济部门,而是凭借旅游资源和利用旅游设施,为游客提供食、住、行、游、娱、购的一种劳务活动,该活动在满足旅游者旅行游览消费需要的同时实现社会经济效益增长。因此旅游业的行业基本特征是非生产性的,又被称为"无烟工业"或"绿色产业"。归纳起来旅游业具有以下八项基本特征:

1. 旅游业的依赖性特征;
2. 旅游业的综合性特征;
3. 旅游业的脆弱性特征;
4. 旅游业的波动性特征;
5. 旅游业的季节性特征;
6. 旅游业的带动性特征;
7. 旅游业的涉外性特征;
8. 旅游业是资金密集型和劳动密集型产业。

(四) 中国旅游开发前景预测

旅游业不仅是我国第三产业的重要组成部分,也是发展最快的新兴产业之一,其经济产出总量在第三产业中占有相当高的比例,被誉为"朝阳产业"。"《国务院关于加快发展服务业的若干意见》提出,要围绕小康社会建设目标和消费结构转型升级的要求,大力发展旅游、文化、体育和休闲娱乐等面向民生的服务业。"[①] 新的发展阶段中,我国政府将旅游业与扩大内需以及促进国民经济发展战略相结合,进一步推动旅游行业的发展。

---

① 陈蕙. 日本旅游业发展及特点研究 [D]. 华东师范大学, 2009 (05).

随着我国国家经济改革的不断深化，旅游业面临如下几个重大发展机遇：

1. 经济持续快速增长对国内旅游需求发挥出巨大的支撑作用，旅游业的开发促使城乡居民收入将稳定增长；

2. 我国扩大内需战略要求和推动服务业发展的诉求，国家战略的实施将为旅游增长创造新的发展机遇，同时随着对外开放的不断扩大，我国旅游行业能够得到更多的利用国际资源的机会；

3. 安定的社会环境与和谐的社会发展观念，使得我国有可能成为世界上最吸引游客的旅游目的地之一；

4. 带薪休假制度和假期消费观念已经深入人心，活跃的旅游消费使得我国成为巨大的旅游消费市场，虽然在近些年的发展中旅游行业暴露出不少发展问题和制约因素，但是仍然无法限制我国经济增长和旅游的发展。

未来中国旅游行业的发展还将会发生新一轮的质变，进入一个新的发展阶段，基于以上的机遇的基础上，目前我国旅游呈现一系列发展特征。

1. 旅游市场持续高速增长

在保持国际旅游竞争力的基础上，国内旅游、出境旅游发展速度明显提升。目前中国旅游市场从过去以入境旅游为主导、国内旅游为辅的市场结构，发展到如今国内、入境、出境三大旅游市场共同繁荣。以国内旅游为例，如图1-1，"2012年至2017年之间，中国国内旅游人次一直以平均每年4亿人次左右的数量增长，其中2016年为44.4亿人次，到2017年增加到了50亿人次，增长了将近6亿人次；国内旅游收入从2012年的2.27万亿元一直增加到2017年的4.57万亿元，而2017年旅游收入比上年同期增长15.9%"。

2. 旅游市场日趋开放

我国加入世贸组织的过渡时期即将结束，国内外旅游市场一体化进程将加快，国内旅游市场与国际市场将进一步和国际水平接轨。旅游规模在国家范围内不断扩大将进一步发挥以旅游为表现形式的文化、历史、技术、金融、政治等"软实力"的作用。我国旅游行业在世界范围内话语权不断上升，同时在旅游行业带动之下，国家影响力不断提升，能够对国际规则制定、标准实施等产生重要影响。

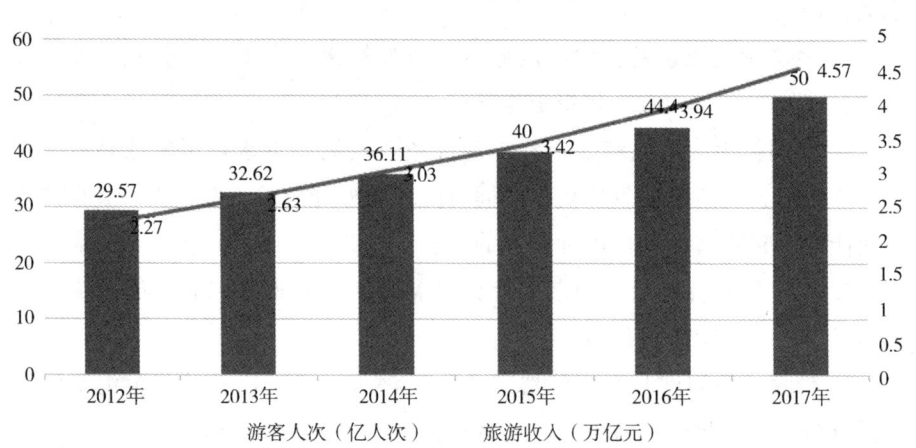

2012—2017年国内旅游市场统计情况

图1-1 2012—2017年国内旅游市场统计情况

3. 呈现多元化发展格局

国民经济水平上升使得人民能够拿出更多的闲散资金进行旅游活动。除了传统的观光旅游保持持续高效增长之外，其他旅游形式也开始受到大众追捧，例如休闲度假旅游、探险旅游、学习旅游等。可以说，能够与现代快节奏生活方式相互紧密结合的旅游形态大量涌现，旅游市场呈现出多种多样的发展格局，随着旅游产品的数量和种类持续不断地增加，城乡居民外出旅游的选择也更趋多样化。

4. 对相关设施需求十分迫切

近年来我国对旅游市场开发不断深化，对于进行旅游活动的基础设施需求明显增长。旅游基础设施的建设对于相关行业的依托和促进作用十分明显，很多地方的铁路、公路甚至是航运都带有明显倾向性，基本是为了开发旅游景区而建造的。虽然建造目的的经济性质要高于公共性质，但是一定程度上完善了居民交通设施和生活设施，旅游目的地的易达性不断提高，无论是旅游活动还是景区当地居民出行都十分便捷。目前来说，我国很多旅游景区和地区对于基础设施的建设仍然存在很大的需求。

5. 旅游产业效益显现

早在2015年我国全年旅游就业人数总量就已经达到1亿人，旅游业对我国社会就业增长贡献非常显著，另一方面旅游对于稳定社会治安也有积极的作用。近年来旅游产业的发展无论是社会还是经济方面的产出效益都十分的明显。旅游业的开发和发展为新农村建设与区域社会经济发展带来了新的活力。图1-2统计了2007年到2017年十年中我国旅游总人次和旅游总收入的情况,从图中能够看出十年间我国旅游业社会和经济效益不断增长,参与旅游活动的旅游人数持续增加。

6. 旅游产业升级提速

旅游产业的兴盛是我国社会和经济发展的必然结果,旅游活动能够体现人们对生活质量各个方面的要求。旅游的发展不是简单地适应市场需求,而是满足现实需求、引发潜在需求和创造新需求的综合体现,这一过程是社会管理和服务水平不断提高的过程,也是社会经济效益不断显现的过程。随着城市化、信息化和国际化快速推进,旅游产业将爆发出巨大的潜力和广阔的发展前景。

新的发展阶段,我国旅游业将仍然处于蓬勃的发展时期,挑战和机遇并存。目前我国旅游业面临着市场转型、管理提升等急亟待解决的问题,同时一些诸如游客和旅游景区、旅游企业之间的矛盾日益凸显。旅游市场面临着优化产业结构、转变增长方式、提升发展质量和水平的艰难考验。旅游产业发展需要由粗放型经营向集约化经营转变,由数量扩张向素质提升转变,由满足人们旅游的基本需求向提供高质量旅游服务转变。我国旅游业在今后一段时期需要积极地进行产业体系建设,同时提升从业人员素质,将旅游产业的功能有效地发挥出来,实现旅游对社会和经济的促进作用。

三、特色小镇旅游

从2016年开始,美丽乡村、特色小镇建设在全国进行得如火如荼。很多地方管理者将特色小镇旅游开发当作地方经济的救命稻草,认为通过申报特色小镇以及开发特色小镇旅游能够对乡村经济的振兴起到立竿见影的效果,因此普遍采取一种"跟风"的态度。一段时期内旅游开发貌似成为特色小镇和美丽乡村的必备因素,更有甚者直接从旅游开发入手去打造特色小镇和美丽乡村。这一做法不能说不合理,但存在对于特色小镇本质上理解的偏差。

在中国第一批国家级特色小镇的名单里面很多都是古镇,有着悠久的历史积淀,厚重的历史文化。很多人认为特色小镇就是旅游小镇,古镇就是特色小镇，其实这一认知是存在偏差的。首先，对于部分特色小镇来说，旅游业并不能成为其核心功能。其次，古镇是指那些拥有至少百年以上的发展历史，并且目前还在为当地居民提供生活居住条件的常住建筑群。我国很多地方都存在着古镇，由于其历史悠久、文化底蕴浓厚，所以不少古镇被列为世界文化遗产加以保护和开发，其中一部分古镇旅游开发也非常完善。作为与古镇有很大相似性的特色小镇，其首先注重的应是生产和生活，然后才是文化和旅游，甚至对于部分特色小镇来说文化与旅游只是特色小镇生产与生活的衍生品。

前文我们界定了特色小镇的研究范围，在特色小镇中聚集着一批特色产业和新兴产业，但是却不同于行政建制的城镇或者是产业园区，创建小镇的目的是为了促进大城市与乡村地区经济社会的协调发展，同时发挥小镇对周边农村的辐射带动作用。特色小镇的旅游开发需要以小镇特色资源为基础，将小镇旅游发展与特色产业发展相结合，与"三农"服务相结合，才能够更有效、更合理的发展。而一个特色鲜明富有活力的小镇旅游对于周边乡村社会经济的促进作用将是非常巨大的。目前我国特色小镇旅游开发模式中大概存在两种代表性的小镇类型，分别是产业型特色小镇和旅游特色小镇。

在产业型特色小镇中，旅游开发并不是小镇的核心内容，除旅游之外其他某个产业（如信息、机械、农业、外贸、航运等）才是小镇发展的生命力。该类小镇中某一个或几个特色产业是小镇发展的原动力，生态和生活是小镇的吸引力，旅游开发应该是最为靠后的一个产业，旅游只是作为小镇的辐射力而存在的。因此进行特色小镇旅游开发前，要首先分清楚将要开发特色小镇的产业类型和文化类型，同时明晰小镇未来发展的产业定位，才能够科学合理地进行开发。

另一种类型是旅游特色小镇，该类型小镇以旅游产业作为小镇特色和主导产业而存在，旅游产品和产业在小镇社会经济发展中具有举足轻重的地位。该类型特色小镇一般会在自身范围内有独具特色的旅游核心吸引物，同时围绕旅游开发及相关特色文化资源来设计产品和布置小镇产业形态，产业形态必然也是以休闲旅游产业为主的。旅游特色小镇不仅仅是旅游产业的集聚与融合，其所具有的特色文化魅力也是促进小镇社会经济发展的重要元素。旅游特色小镇在旅游开发中展现出的核心文化是小镇企业和居民共同的文化标识，能够反映出旅游小镇的气质。可以说，核心文化是旅游类型小镇着力塑造的灵魂，文化在小镇生产和发展中除了扮演"图腾"的角色，还直接决定小镇旅游规划、建设布局、景观设计和建筑风格等等。这样类型的特色小镇，其文化内涵对内有凝聚力对外有吸附力，因而会对旅游者形成巨大的诱惑力，是特色小镇旅游开发最理想的一种类型。

第二节　中国特色小镇述评

一、创建的目的和意义

特色小镇的创建，不仅符合时代发展趋势，而且抓住了中国乡村经济社会发展的本质内涵，体现出我国乡村发展的深层次要求。

（一）创建的目的

我国国土面积广阔，地域资源类型丰富，地域特色较为明显，将地域特色进行整合并参与到市场开发中去，对于有效保护多样的地域资源来说作用十分明显，而对于特色小镇及其特色产业的开发也有利于广大乡村地区社会和经济的均衡发展。

过去由于我国社会经济体制的限制，众多具有特色资源的小镇无法参与到市场竞争中去，导致我国大部分乡村地区社会和经济发展落后，在国家宏观政策引导之下，各地政府逐渐挖掘一些有潜力和特色的小镇通过对其特色产业的开发来带动周边地区社会经济发展。因此，创建并培育特色小镇，通过特色小镇及自身特色产业的发展来带动周边社会和经济发展，便成为特色小镇创建的首要目的。

（二）特色小镇创建的意义

特色小镇创建对于我国乡村经济振兴以及国家日后的社会经济发展具有重要的现实意义。小镇创建培育除了能带动区域经济发展外还能够促进农村劳动力转化，使地区社会经济实现均衡发展。

首先，特色小镇创建能够保护我国乡村优秀的历史遗产与浓厚的社会文化。通过特色小镇创建来保护地区城镇传统商业、居住建筑群、城镇历史风貌、街巷格局等历史建筑，以及居民生活形态、历代历史事件、商务交往、航运贸易和名人活动等多种历史信息和地方习俗。可以说，特色小镇创建以及小镇旅游开发带有明显的保护建筑和历史文化的功能，对于我国传统文化的保护也有着深远的影响。

其次，某些特色小镇，有较为深厚的历史文化积淀，将其作为历史文化名镇展示给世人，对于旅游业开发非常有帮助。通过对那些具有深厚历史文化价值的特色小镇景观进行规划与设计，让旅游者在领略到小镇魅力与历史价值的同时还能使人们固有的环境和价值观念发生本质上的变化，由被动接受和保护变为主动行为，对于历史文化积极的保护将为小镇和小镇居民带来巨大的社会和经济效益，因为保护与发展是双向互动的。同时对于深化与自然和谐共处的观念，谋求现代社会健康发展也具有重要的意义。

最后，规划的目的在于指导实践，而实施结果最终会给民众带来实际的收益，这是特色小镇创建的现实意义。最终的收益多少与小镇规划是否合理、景观设计是否成功之间存在很大的关系。有效推进特色小镇创建，有利于增强广大乡村地区的社会经济发展能力；有利于改善城镇发展面貌，提高人民群众生活质量；有利于挖掘优势资源，发展壮大特色产业；有利于统筹城乡发展。

二、小镇分布与分类

虽然本书中所涉及研究的特色小镇为国家级特色小镇，但是除去国家级特色小镇之外各级地方政府也相继设立了一定数量的省级特色小镇并加以扶持。目前我国特色小镇的评选来自三个渠道：住房和城乡建设部、国家体育总局以及各级地方政府。前两个部门评选出的小镇为国家级特色小镇，各级地方政府评选出的小镇根据各地政府级别而定。截至2018年7月全国两批国家级特色小镇共评选出403个，各级地方政府创建特色小镇为1 102个，共计1 505个。从分布比例上来看，国家级小镇占到总数的27%，各级政府创建的特色小镇占73%，这表明地方政府是实现特色小镇创建发展的主要因素。

（一）小镇分布

"从产业分布上看，特色小镇产业主要涵盖了现代农业、生产制造、商业服务、健康休闲等四类产业。各省政府、体育总局、住建部评选的特色小镇均是以健康休闲为主，共计841个，占评选特色小镇总数的55.88%；生产制造类共计325个，占总数的21.59%；现代农业类共计192个，占总数的12.76%；数量最少的是商业服务类小镇，共计145个，占总数的9.63%。"①

表1-1 华北地区第一批特色小镇分布表

省级单位名	地级单位名	县级单位名	特色小镇名
北京市（3个）	/	房山区	长沟镇
		昌平区	小汤山镇
		密云区	古北口镇
天津市（2个）	/	武清区	崔黄口镇
		滨海新区	中塘镇
河北省（4个）	秦皇岛市	卢龙县	石门镇
	邢台市	隆尧县	莲子镇
	保定市	高阳县	庞口镇
	衡水市	武强县	周窝镇
山西省（3个）	晋城市	阳城县	润城镇
	晋中市	昔阳县	大寨镇
	吕梁市	汾阳市	杏花村镇
内蒙古自治区（3个）	赤峰市	宁城县	八里罕镇
	通辽市	科尔沁左翼中旗	舍伯吐镇
	呼伦贝尔市	额尔古纳市	莫尔道嘎镇

表1-2 华东地区第一批特色小镇分布表

省级单位名	地级单位名	县级单位名	特色小镇名
上海市（3个）	/	金山区	枫泾镇
		松江区	车墩镇
		青浦区	朱家角镇
江苏省（7个）	南京市	高淳区	桠溪镇
	无锡市	宜兴市	丁蜀镇
	徐州市	邳州市	碾庄镇
	苏州市	吴中区	甪直镇
		吴江区	震泽镇
	盐城市	东台市	安丰镇
	泰州市	姜堰区	溱潼镇

---

① 博思数据.2017—2023年中国特色小镇产业竞争态势及发展前景预测报告［R］.2017.

续表

省级单位名	地级单位名	县级单位名	特色小镇名
浙江省（8个）	杭州市	桐庐县	分水镇
	温州市	乐清市	柳市镇
	嘉兴市	桐乡市	濮院镇
	湖州市	德清县	莫干山镇
	绍兴市	诸暨市	大唐镇
	金华市	东阳市	横店镇
	丽水市	莲都区	大港头镇
		龙泉市	上垟镇
安徽省（5个）	铜陵市	郊区	大通镇
	安庆市	岳西县	温泉镇
	黄山市	黟县	宏村镇
	六安市	裕安区	独山镇（将军镇）
	宣城市	旌德县	白地镇
福建省（5个）	福州市	永泰县	嵩口镇
	厦门市	同安区	汀溪镇
	泉州市	安溪县	湖头镇
	南平市	邵武市	和平镇
	龙岩市	上杭县	古田镇
江西省（4个）	南昌市	进贤县	文港镇
	鹰潭市	贵溪市	上清镇
	宜春市	袁州区	温汤镇
	上饶市	婺源县	江湾镇
山东省（7个）	青岛市	胶州市	李哥庄镇
	淄博市	淄川区	昆仑镇
	烟台市	蓬莱市	刘家沟镇
	潍坊市	寿光市	羊口镇
	泰安市	新泰市	西张庄镇
	威海市	环翠区	崮山镇
	临沂市	费县	探沂镇

空间分布上大部分特色小镇处于华东、华中、华北（表 1-1、1-2）等经济发展水平较高、人口密度较大的地区或者西南等自然资源禀赋较高、生态环境良好的地区。华东、华中、西南、华北分别有 631 个、314 个、

252个、173个特色小镇，合计总数占到我国特色小镇总量的90%。

从行政区划分布上看，第一批入选国家级特色小镇中数量最多的是经济较为发达的浙江省，其次是山东省、四川省和江苏省；数量最少的是西藏自治区，仅仅入选1个；其余省份平均能够入选3至4个。第二批入选国家级特色小镇中，浙江省数量依然遥遥领先，山东省和江苏省小幅上涨，均为15个，其次是广东和四川两省，分别为14个和13个；天津和新疆生产建设兵团入选数量最少，仅为3个；其余大部分省份为5至10个。

从特色小镇分布上我们大致能够看出各省对于特色小镇创建和培育的力度参差不齐。东部地区和西南地区入选数量较多，特色小镇社会经济发展成效更为明显。这主要是因为东部沿海经济地区发展水平较高，特色小镇在产业基础和科技、人才资源集聚方面具有优势，东部地区特色小镇以产业技术型为代表；而西南地区旅游资源禀赋水平较高，旅游产业发展基础得天独厚，西部特色小镇以旅游产业型为代表。例如，东南沿海包括长江三角地区和珠江三角地区以高新科技产业园区为主要发展对象吸引大批高技术人才落户，而福建沿海地区又以优良港口和对外商贸著称。西南地区以种类众多的少数民族文化作为地区发展品牌，文化旅游方面成绩显著。

（二）分类

我国特色小镇数量众多，各自所具有的资源禀赋也不尽相同。从旅游角度来看丰富的资源特色禀赋才是产生旅游吸引的基础。以资源禀赋为基础，将我国政府公布的第一、第二批特色小镇进行分类，大致可以分为以下四个类型。

1. 技术核心产业型

技术核心产业型的特色小镇是指以某一个或几个产业作为小镇社会经济发展的主导产业，将产业特色与产业文化与小镇发展相融合。该类小镇中相关产业包括金融产业、信息经济产业、旅游产业以及高端装备制造产业等。中国的技术核心产业型特色小镇具有四个特征：特色小镇的主营产业以创新和特色为主；特色小镇的规模发展要求小而精，同时做到环境优美与特色明显；小镇生产生活围绕一个或几个产业来进行；崇尚小镇社会经济与资源开发的和谐发展。例如山东潍坊市羊口镇就是较为典型的核心产业特色小镇，该小镇特色产业依托于渤海资源来重点发展技术型产业，形成石油化工、海洋化工、新材料、装备制造和临港物流等以海洋为基础的产业链。

2. 人文历史文化型

人文历史文化型的特色小镇指小镇范围内具有优秀的历史和丰富的传统文化积淀，并成功将这些历史文化资源进行开发并形成产业的特色小镇。这类特色小镇的特点是距离城市的核心区域较远、交通便捷度不高，但是小镇和周边地区具有深厚的历史与人文底蕴。历史文化型小镇是基于小镇所在地区清晰可循的历史脉络以及鲜明特色的文化内涵基础上建立起来的，该类小镇的规划建设首先要尊重历史文化，通过旅游开发科学合理地传承与延续传统文化。另外，这类小镇多位于传统文化丰裕地区，因而主打传统文化的产业延伸牌，小镇产业围绕传统文化进行发展和向外延伸。例如以江苏丁蜀镇为代表的传统型小镇，在融合吸收周边生态与人文环境特色的基础上形成了生态与人居的巧妙平衡。该镇主导产业为陶艺文化和瓷器产业，同时集旅游观光、养身健康和传统技艺于一体，将陶艺文化塑造为小镇的"文化图腾"。

3. 自然生态资源型

自然生态资源核心型的特色小镇主要是以健康为主导产业类的特色小镇。自然生态资源型特色小镇的特点是生态环境良好，有利于进行绿色生态可持续发展。对该类小镇进行开发的前提是小镇要具备突出的资源优势，所拥有的资源处于领先地位，在资源优势的基础上对小镇的优势资源进行深入挖掘与合理利用，有效地发挥出小镇生态资源特色。例如江西省宜春市温汤镇，该镇充分依托优良的生态环境打造出以温泉为基础的健康服务业，以健康养生、健康旅游等项目为载体，同时促进其他相关产业融合，形成了集产业、生态、养生和旅游为一体的健康服务平台。

4. 特色复合型

我国有一部分特色小镇并不是由单一特色构成而是由多种资源优势共同构成的，该类小镇被称为特色复合型小镇。特色复合型小镇是在其长期发展中逐渐通过市场和政策调控而形成的，它的形成适应了新时代可持续发展的绿色和谐发展观。复合型的产业发展方式可以降低小镇产业发展的市场风险，提高产业对于市场的适应性，但仍然应该有一定的核心产业，应该在核心产业的基础上来培育复合型的特色小镇。例如，杭州市的桐庐小镇首先以得天独厚的中医药文化以及原始的生态环境为基础培育主导产业，经过一定阶段的发展后，衍生出市场前景较为广阔的健康产业，这样在延长小镇产品链的同时使产业形成体系，降低了产业发展的风险。又例如，一些梦想小镇

第一章 绪 论

以信息技术为产业载体，在整合自身的传统历史人文资源的基础上，营造出历史文化底蕴深厚、生态环境优美的生产生活空间，小镇中的信息技术与文化历史产业相辅相成共同发展。

除以上分类之外，根据小镇产业特色还可以将特色小镇细化为以下几种类型。（图1-2）

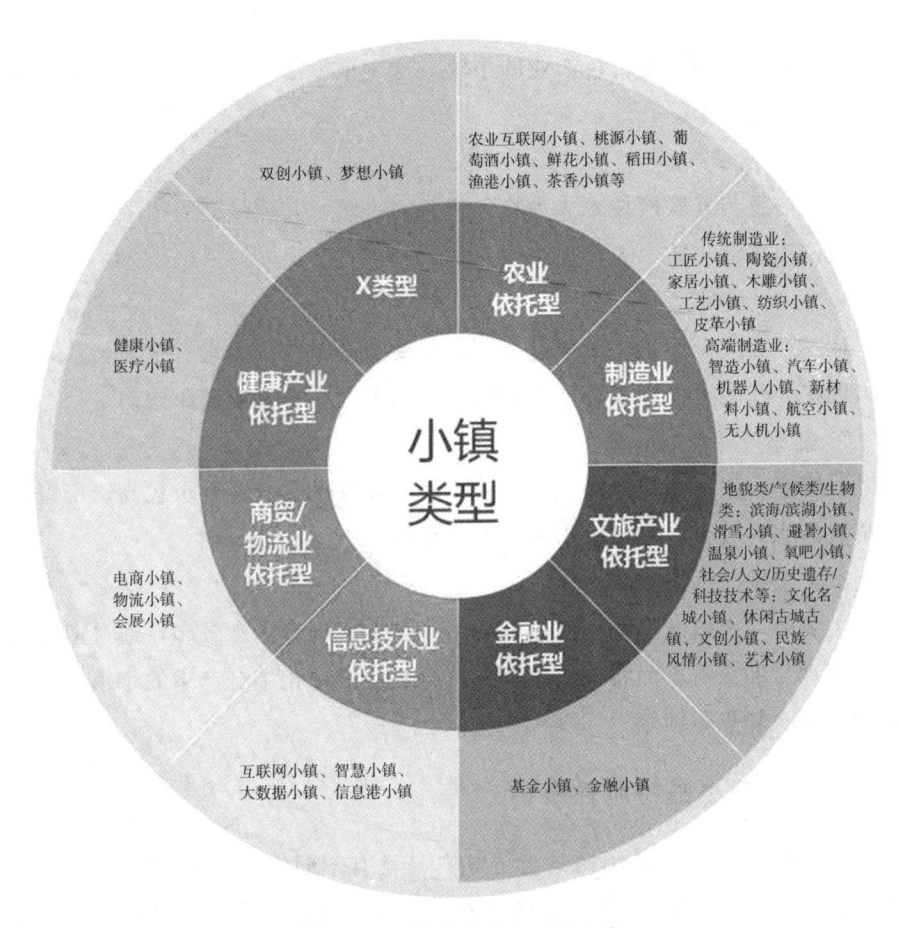

图1-2 不同产业特色小镇分类

1. 农业型

以农业产业作为基础而存在，细分出诸如农业互联网小镇、葡萄酒小镇、稻田小镇、渔港小镇等类型。

2. 制造业型

以机械制造业作为主导产业而存在，诸如工匠小镇、陶瓷小镇、木雕小镇、汽车小镇、航空小镇等。

3. 文化旅游产业型

利用自身文化和自然方面独具特色的吸引物，将旅游作为小镇产业特色和主导，例如历史遗存小镇、休闲古城古镇、风情小镇、艺术小镇、温泉小镇等。

4. 金融型

以金融产业为主要特色产业的小镇，这一小镇由于产业存在条件要求较高，所以数量较少。

5. 信息技术产业型

利用信息与互联网技术作为特色产业的小镇，其数量较为稀少，例如智慧小镇、信息港小镇、大数据小镇。

6. 商贸与物流型

这一产业类型小镇相对数量中等，主要与小镇区位因素有很大关系，通常出现在一些交通便利和经济发达地区，如电商小镇、物流小镇。

7. 健康产业型

以医疗、康复为产业特色的小镇，由于对技术和产业要求较高，所以该小镇数量相对较少，如健康小镇、医疗小镇等。

8. X 类型

主要是一些概念型的小镇，该类型小镇人为设计因素较多，通过迎合人们的精神与理想需求而将人造景观与自身区位资源相结合产生的小镇，例如双创小镇、梦想小镇等。

三、特色小镇特色性表现

之所以被称为特色小镇是由于其自身具有不同于其他地域的明显特色资源，且这些特色资源能够用来开发并最终获得较高的社会和经济收益。现实的旅游开发中，对于小镇特色性的规划定位应该更多地考虑未来发展需要。

（一）独特的产业特色

特色小镇的产业特色主要表现在"特而强"上。所谓"特而强"，是相对"大而全"而言的，即特色小镇要依据当地本身的产业发展特点，突出小镇产业的独特性，是具有行业竞争力的特色小镇，有独具特色的主导产业，在产业的选择上避免同质化,即主攻同一产业,将产业领域进行细分,追求创新,各小镇之间应错位发展,保持产业的特色性。

特色小镇的产业特色优势主要体现在提高小镇的综合实力、拉动经济增长、统筹城乡发展上:首先,从特色小镇自身的发展建设来看,培育特色产业能够充分发挥小镇的经济实力,从而提高特色小镇的综合竞争力。根据因地制宜理论,每个特色小镇都有其本身存在的优势,因此,要充分发挥区位、资源、市场、技术等区域优势,取长补短,培育发展独具特色的主导产业和优势产品,充分发挥龙头企业的作用,拉动小镇支柱产业的发展。其次,通过培育小镇的特色产业有利于拉动附近居民的生活水平。特色小镇的产业及产品的特色越明显,市场竞争力就越强,小镇在发展特色产业的同时,也能为居民以及来自全国各地的创业者提供新的就业机会,提高了就业率,增加了经济收入。最后,在发展特色小镇特色产业时创造出的就业岗位能够吸纳周边农村地区的剩余劳动力,推动了周边农村的经济发展,从而加快了城镇化的进程,促进了城乡之间的协调发展。

(二) 区位生态特色

各地政府在培育特色小镇的工作中提出过生态特色小镇的概念,目的是将注重生态环境保护纳入建设特色小镇的基本原则中去。特色小镇原则上一般规划在城乡接合部,产业、生活和生态融合发展的美丽小镇上,所有的特色小镇都要按照3A景区以上的标准建设。其中,旅游类型的特色小镇更是要按照5A景区的标准建设。由此可见,特色小镇在创建形成过程中,生态和区位因素占据相当重要的位置。

我国特色小镇生态特色主要表现在"小而美"上。"小"是指特色小镇在地形地貌上要力求精致,做好整体的规划;"美"是指要依据小镇的地貌特色和生态特色进行形象设计,建设外形美丽和富有建筑特色的小镇。特色小镇的规划设计不同于产业园区和行政建制镇,它的形成依托于小镇和周边地区的自然禀赋、生态环境,所以特色小镇具有生态环境优美的独特优势。我国特色小镇生态优势主要表现在:是实现绿色可持续的发展平台、是推进新型城镇化建设的动力机制、是充当区域社会经济发展的新引擎。特色小镇的创建和培育工作离不开对周边生态资源的开发利用,尽量不对自身自然矿产资源进行开发,即便需要开采资源也要切忌过度消耗和损害。在发展小镇经济的同时重视小镇的环境健康,提高生态资源的利用效率,推动特色小镇绿色可持续发展。

（三）文化历史特色

特色小镇文化资源既可以是物质的，也可以是非物质的；可以是有形的，也可以是无形的。小镇的历史人文特色表现在将文化的动态理念融入特色小镇的建设中去，特色小镇的历史人文特色离不开优美的外在形象以及丰富的内在精神，也是视觉画面的历史自然景观与人文景观的统一。从历史文化的角度来看，特色小镇的特色性既表现在小镇文物资源的调查、挖掘和保护上，也表现在非物质文化遗产资源的保护上，小镇的历史文化是培育特色小镇特色性的文化动因，加强小镇的文化特征更能体现特色小镇的个性特色。从人文角度来看，特色小镇重点打造新兴产业经济，吸引了众多的高校毕业生、高科技人员以及留学人员来此创业，凝聚着浓厚的人文气息。因此，人文特色的培育对于建设特色小镇具有十分重要的影响。小镇的人文特色有助于增强小镇内集聚的企业与民众的文化认同感和心灵归属感，也将积累、形成新的文化特质。

（四）特色小镇特色性表现形式之间的关系

特色小镇的不同优势之间是相互影响、相互联结的关系，它们共同存在共同发展。任何一项优势中，我们都能够看到其他优势对特色小镇旅游开发的促进作用。在选择适宜的产业结构和主导产业时，为了能更好地发挥产业优势，小镇所在地政府要注重生态环境的硬性指标，结合当地传统和富有特色的文化进行研究，在促进经济发展的同时吸引外地游客进行旅游活动，从而促进当地旅游业的发展。因此，在日后对我国特色小镇进行研究的时候，需要考虑到各个特色性之间的联动性。在建设特色小镇时，既要突出特色产业也要注重生态和文化建设。

四、特色小镇旅游基本特性

特色小镇旅游是基于旅游活动普遍性基础上发展形成的，其特征既有旅游活动的普遍性，也有小镇自身的特色性。对特色小镇旅游的研究既要将其放在一般旅游框架范围内进行分析，也要兼顾其特殊性的存在。通过总结归纳得出，中国特色小镇旅游具备下列几项基本特征：综合性、文化性、即时性和不可储存性、资源共享性、与旅游者心理类型的相关性。

(一) 综合性

特色小镇作为旅游目的地来说是一个综合性很强的集合体，其与一般性旅游目的地并无差异。小镇集合体包含的各个组成部分是通过不同的方式组合在一起的，最终为外来旅游者提供综合性服务，并通过这种综合性的服务使旅游者获得愉悦的度假体验，得到最大的物质和精神满足。构成特色小镇旅游吸引力因素有很多，主要因素包括以下几个部分。

1. 旅游资源特色性

某个拥有特色旅游资源地区要成为旅游接待地的话，最重要一方面是对于旅游者和潜在旅游者有一定的吸引力。特色小镇旅游开发必须有能够让旅游者获得愉悦体验的载体，否则不可能吸引旅游者进入该地区完成旅游活动。一般情况下，那些具有包括人文资源和自然资源在内的多重吸引物的特色小镇更容易吸引大量的外来游客。例如类似于大都会城市，如巴黎、罗马、伦敦、纽约、北京、上海等，以及风景美丽、气候宜人的度假胜地，如桂林、三亚等。中国特色小镇中存在一大批人文与自然资源方面非常出色的地区，这是其吸引物的核心所在。

2. 基础设施通用性

特色小镇旅游开发得以顺利进行，必须有能够满足外来游客需要的基础设施作为保障。这些设施包括住宿、餐饮、娱乐、零售点以及其他用于旅游的设施等。特色小镇和周边地区的接待设施需要有机的组合形成规模，来为外来游客提供满意的旅游享受。而那些接待设施相对薄弱的小镇或者旅游目的地会受到极大的限制。例如山西忻州芦芽山景区，过去几年由于自身对基础接待设施建设的不足，极大限制了游客的进入量，给当地经济发展造成巨大损失。当然，特色小镇旅游发展道路并不是无限量地建造接待设施，由于其地域和环境承载能力的制约，使得其不可能走无限扩展的道路，必要的话还需要对设施建设和游客规模进行限制。

3. 进入的便利性

特色小镇旅游的可进入性将决定小镇旅游开发的发展水平，只有目的地具有可进入性，游客才会选择进入并进行旅游活动。特色小镇可进入性条件包括硬件条件和软件条件两个部分。有形的硬件条件主要包括当地交通系统的便利性，包括铁路、公路、水陆航线及车站、机场、码头等交通枢纽设施。无形的条件通常指国际旅行签证的便利性以及是否允许进入等政策保障体系。例如，是否需要到使领馆申请签证，能否在入境口岸获得落地签证，国家法律当中是否允许进入该地区等，这些条件都会影响旅游者对目的地的选择。

4. 接待体系的安全舒适性

外来旅游者希望特色小镇能够提供某种程度的安全保障和舒适的接待体系，因为有了这些保障他们才会有安全感。从旅游者心理的角度看，旅游者为了获得所谓的安全感，"不论是住宿、饮食还是娱乐，旅游者都需要在'熟悉'和'生疏'之间寻找平衡。大众旅游者需要的'熟悉'大于'生疏'，而冒险旅游者则需要体验更多的异邦情趣和另类体验。"[1] 因此，特色小镇作为旅游目的地而言，既要满足旅游者的安全需要，又要为他们提供足够多的异邦新奇体验。

5. 价格的竞争性

外来旅游者进入特色小镇的成本和在该地区范围内停留的成本对其名望有很大的影响。旅游者在考虑特色小镇旅游吸引物的质量因素和安全因素的同时，也会很在意出游的成本。例如我国西南地区某些特色景区由于进入性和基础设施的限制，使得其接待成本相对较高，对于外来游客的旅游决策产生一定影响。

6. 辅助保障和信息通达性

首先，特色小镇以及周边地区对旅游活动辅助性和支持性的机构，能够有效地保证进入小镇的旅游者进行各种旅游活动，这一系统除了包括旅游产业和相关产业之外，还包括政府机构和非政府组织。例如，政府的行政管理部门、旅游行政管理部门、各种行业协会等。其次，一个地区要成为旅游目的地的先决条件是具备良好的信息传播系统，而这个传播系统能够高效率地对外宣传，向潜在的旅游者传递该地区特色资源和特色旅游产业，同时能够最大限度唤起潜在旅游者的出游动机。

（二）文化性

旅游者能够将自身宝贵的时间和有限的金钱花费在旅游目的地，一定程度上是因为那里有令其神往的特色文化，即"人无我有，人有我优"的特色资源。特色小镇旅游的发展依靠的正是小镇特色的文化方面，特色文化以及

---

[1] 李昕. 旅游管理学 [M]. 北京：中国旅游出版社. 2012.

该文化所具有的特色性是特色小镇旅游核心竞争力。将特色小镇旅游产业做成类似于中国的长城和故宫、埃及的金字塔、法国的卢浮宫等具有独特的文化魅力的景区，才能吸引来自各地众多的旅游者。因此，作为特色小镇旅游开发来说，保持自身优秀的文化遗产和独特的人文环境并且始终保持小镇自身文化与环境同旅游者家乡之间的差异性和不可替代性，才能有效发挥特色小镇独特的文化影响力。

（三）即时性和不可储存性

特色小镇旅游的即时性和不可储存性与一般旅游产品特性基本相吻合。对于旅游产品来说，旅游消费者必须要亲身进入旅游目的地后才能够消费旅游产品，并从旅游消费过程中获得愉悦的体验，这一过程中出售和购买是同一时间进行的。旅游的这一特性使得人们必须亲自到特色小镇中去实地体验那些独具特色的景点，一方面使游客能够产生旅游愉悦的体验，但另一方面又使许多特色鲜明的小镇旅游景区游人如潮，拥挤不堪。尤其是在旅游旺季，慕名而至的游客常常会对小镇的社会经济等造成多方面的压力，甚至超过小镇承载极限而产生冲突。例如，每年在中国的"黄金周"假日期间，几乎国内所有旅游目的地都人满为患，给目的地的环境和生态系统造成了很大的负面压力。这一现象普遍存在于各个旅游接待地区，世界许多著名文化遗产也都面临着游客人满为患的压力。如果旅游目的地的环境和生态系统比较脆弱，大批旅游者同时涌入造成的危害会更明显、更突出。

特色小镇旅游产品也具有不可储存的性质，在这一点上它与其他旅游产品没有区别。这意味着如果旅游者不进入小镇进行旅游活动的话，旅游产品价值就会流失或无法实现。季节性是也是其面临的一个主要问题。在旅游淡季，小镇设施的使用率低或空置，造成其整体利润水平下降。那些受季节性影响小或没有季节性的旅游目的地就具有明显的优势，例如，中国的海南岛、加勒比地区、新加坡等。

（四）资源共享性

特色小镇和周边乡村的资源，包括旅游吸引物、用于生活的基础设施的建造等既要满足外来旅游者的需要，又要满足本土常住居民的生产生活需要。因此，特色小镇旅游在开发过程中，需要考虑两种利益体的均衡，以平衡外来旅游者与本地常住居民的利益。例如旅游者与当地居民如何共享海滨旅游资源、自然保护区内的各种资源、乡村旅游资源、目的地公共服务设施、目的地的基础设施等。处理不好这两个方面的共享关系可能会导致旅游者与当地居民之间产生矛盾，甚至导致公开的对抗。

（五）与旅游者心理类型的相关性

特色小镇旅游是动态存在的，它会随着时间的变化而不断发生变化。当一个特色小镇能够提供旅游活动的条件且被人们发现时，就会吸引越来越多的旅游者。它首先吸引的是那些思想开朗和兴趣广泛，好冒险、喜欢与不同文化背景的人打交道的多中心型旅游者；随着吸引力的增加该小镇将会逐渐变成一个吸引以松弛精神、享受环境变换所带来的欢愉为主要目的中间型旅游者的旅游目的地；随着时间的继续发展，小镇最终衍变成一个面向对旅游产品的质量、价格等比较敏感的自我中心型旅游者的旅游目的地。

对于大多数旅游者而言，旅游吸引物是其到访的主要原因。特色小镇旅游吸引物的特征可以分为两大类别：天然特征和从属特征（表1-3）。天然特征是旅游者到来之前就存在的特征，是把旅游者吸引到旅游目的地的一个重要因素。从属特征指那些为旅游者提供服务和为增加旅游者的乐趣而增设的设施。特色小镇旅游业的发展需要其具有多种从属特征的支持，但是如果从属特征发展过度或者过快，尤其是其从属特征发展到破坏目的地的天然的某些方面的程度时，那么特色小镇将会失去其赖以生存的特色。

表1-3 与旅游吸引力相关的旅游目的地的特征

天然特征	从属特征
• 气候，例如，平均气温	• 住宿，例如，酒店、公寓、宿营地
• 景观，例如，海滨的长度与治理；周边的风景	• 饮食服务，例如，餐馆、咖啡馆、酒吧
• 文化，例如，传统服饰、语言、音乐、艺术与舞蹈	• 交通，例如，飞机场、公路、铁路、汽车租赁、渡轮服务
• 生态，例如，当地的植被、树木及动物	• 娱乐，例如，水上运动、夜总会
• 建筑，例如，礼拜寺、教堂、乡村民居	• 旅游服务，例如，信息中心、货币兑换、旅游指南、纪念品商店

资料来源：约翰沃德. 旅游案例分析 [M]，曾萍，等，译. 昆明：云南大学出版社，2006.

过去一段时期内，我国某些特色小镇在旅游发展过程中过分开发旅游设施，造成酒店遍布、纪念品商店繁多的情况，使得游客感觉到旅游目的地过度商业化，而丧失了该地原有的天然特征吸引力。例如我国云南某些旅游区过度地开发从属特征，导致原有民族资源丧失，游客进入数量迅速下降。

第三节　特色小镇旅游研究综述

特色小镇的兴起为我国新型城镇化建设找到一条新的道路。但是，特色小镇理论研究在国外已经十分成熟，特别是在欧洲发达国家，特色小镇成为各国新的经济增长极，承接大城市的功能外溢，欧洲范围内有一大批各具特色的小镇吸引来自世界各地的游客观光游览。中国国内对于特色小镇的研究在近几年刚刚起步，研究的各个方面都需要借鉴发达国家特色小镇建设的成功经验，同时国内特色小镇旅游发展研究待进一步发掘。

一、国外研究现状

国外对于特色小镇的研究是基于过去小城镇发展研究基础上进行的，无论是研究方法、研究历史、研究的规模上都有一定的前期积淀，研究内容相对来说比较丰富。

(一) 国外关于特色小镇研究

国外学者对于特色小镇的研究历史较早，研究内容也比较多，无论是理论思想还是研究方法都已经十分成熟。例如，2007 年 Paul Courtney，Denis Lepicier，Bertrand Schmitt 在《欧洲特色小镇产业与经济的关系：村镇企业如何推动当地经济》中研究了五个欧洲工业小镇的产业发展情况，发现地方企业的快速发展是推动当地经济发展的重要因素，有产业支撑的小城镇经济发展的速度更快[1]。2011 年 Rod Bantjes 在《乡村的可持续发展和建筑环境》一文中研究了农村地区的小镇通过适度的建设达到理想的发展状态，而且利用 GIS 的手段建立了动态模型，通过监测建筑环境的变化来研究对小镇风貌的影响[2]。2013 年 Wilkinson 和 Butt 在《维多利亚地区的小城镇和区域中心的交通联系及特点剖析》中提出在大城市影响范围之外的小城镇和区域中心之间的交通联系较弱，而在大城市的影响范围内的小城镇则受到更

---

[1] Paul Courtney, Denis Lepicier, Bertrand Schmitt. Spatial Patterns of Production Linkages in the Context of Europe's Small Towns: How Are Rural Firms Linked to the Local Economy [J]. Regional Studies, 2007, 42 (3).

[2] Rod Bant jes. Rural sustainability and the built environment [J]. Journal of Enterprising Communities: People and Places in the Global Economy. 2011 (2).

多的辐射与吸引，这一独特的现象，揭示出了大城市周边的小城镇不同的发展思路[1]。2016年Bernadett研究了农村腹地的小城镇与周边区域的关系。小城镇在农村区域范围内处于领导和中心地位，可以主导生产过程，小城镇的本土形象的定位依托于地方文化遗产的特点和地域特色[2]。目前来说，国外特色小镇的建设可以说是屡见不鲜，乡村小镇既是城市的后花园，又是农村的经济增长极，欧美国家和拉美等国都已有多年的实践，以旅游业为主导产业的旅游类型的特色小镇开发建设模式已经十分成熟，而依托历史文化背景的古镇和古村落发展旅游业是保护和复兴这些区域的有效方式。

（二）国外关于特色小镇旅游研究

国外在初期没有对城镇旅游形成独立的研究体系和研究理论，都是从城市旅游和乡村旅游中获取的。在美国、法国、英国以及日本等发达国家多年的研究基础上，学界总结出将旅游业作为主导产业的旅游特色小镇开发模式，以及其他类型特色小镇生态、布局结构和开发模式方面的一些具体内容。这些研究多是基于实际案例分析，理论结合实际，提出适宜旅游型小镇的发展途径和意见等。英国的爱丁堡旅游小镇通过构建对产业模型的研究发现，旅游业的发展对小镇内其他产业发展具有带动作用，并形成产业联动效应，成为爱丁堡小镇经济发展的最大驱动力。Carlos costa指出特色小镇的规划必须与旅游规划保持一致，以保持小镇旅游发展的可持续性[3]。旅游型小镇的发展也能够紧密结合当地的自然资源、历史文化等因素，同时通过对小镇的地理位置、配套设施、基础设施等方面与其他小城镇进行对比，做到重点突出。Sulex在对英国的旅游型小镇的研究中得出：健康生态的旅游是人们比较青睐的旅游方式，生态的旅游发展模式不仅给当地的经济带来快速的增长，对当地环境保护的关注度也会有一个明显的提高。Danner通过研究提出，旅游型小镇的产业如果以集群的方式发展，产业集群，对经济的增长也有很大的促进作用[4]。

---

[1] Wilkinson, Butt. The prevalence and characteristics of commuting between small towns and regional centres in regional Victoria [J]. Rural Society, 2013, 23 (1).

[2] Bernadett Csurgó, Boldizsár Megyesi. The Role of Small Towns in Local Place Making [J]. European Countryside, 2016, 8 (4).

[3] 钟真. 国外小城镇管理的经验 [J]. 小城镇建设. 2007 (09): 101-104.

[4] 张婕. 安徽省旅游特色小城镇发展动力机制研究 [D]. 安徽建筑大学. 2017.

二、国内研究现状

当前我国的小城镇发展进入一个相对比较缓慢的阶段，为了解决经济发展和产业结构转型等实际问题，特色小镇便应运而生。许多地区看准特色小镇的发展优势，再加上国家相关政策对特色小镇旅游业的扶持，使特色小镇以及特色小镇旅游发展理论研究逐渐多样化、深入化。

（一）国内关于特色小镇研究

近年来全国掀起特色小镇的建设浪潮，国内学者从不同的学科领域分别开展了对特色小镇的研究。苏斯彬基于浙江省特色小镇的培育与建设实践，深入研究了特色小镇的内涵，并对特色小镇对新型城镇化发展作用进行了分析[1]。张鸿雁基于特色小镇建设的理论基础，深入分析和研究特色小镇的内涵，并对特色小镇建设需要注意的问题进行了分析[2]。黄卫剑认为特色小镇不同于传统的建制镇，它已经成为承载社会发展的崭新平台，并将产业作为内核，发展成为具有优势产业、特色文化氛围、良好居住环境、同时旅游和社区功能并存的小镇[3]。赵佩佩基于产业融合的视角对浙江省特色小镇创建及其规划设计中的特点进行了实证分析和研究[4]。徐黎源提出嘉兴特色小镇发展存在把经济效益放在首位、本地建设缺乏独创性、小镇功能单一同时缺乏居民参与度等问题[5]。姚尚建提出了特色小镇发展的问题需要从产业的升级、人才的引流及如何保持当地乡土气息等方面入手来研究[6]。闵学勤提出产业是特色小镇谋划布局的核心要素，但很多小镇只注重产业带来的经济效益，却忽视了整个小镇的全面发展[7]。盛世豪针对特色小镇产业进行了分

---

[1] 苏斯彬，张旭亮. 浙江特色小镇在新型城镇化中的实践模式探析[J]. 宏观经济管理 2016（10）：73-75+80.

[2] 张鸿雁. 论特色小镇建设的理论与实践创新[J]. 中国名城. 2017（01）：4-10.

[3] 黄卫剑，汤培源，吴骏毅，等. 创建制——供给侧改革在浙江省特色小镇建设中的实践[J]. 小城镇建设. 2016（03）：31-33.

[4] 赵佩佩，丁元. 浙江省特色小镇创建及其规划设计特点剖析[J]. 规划师. 2016（12）：57-62.

[5] 徐黎源，颜传津. 嘉兴市培育特色小镇路径研究[J]. 价值工程. 2016（04）：183-184.

[6] 姚尚建. 城乡一体中的治理合流——基于"特色小镇"的政策议题[J]. 社会科学研究. 2017（01）：45-50.

[7] 闵学勤. 精准治理视角下的特色小镇及其创建路径[J]. 同济大学学报（社会科学版）. 2016（05）：55-60.

析，认为产业是小镇发展的原动力[①]。王国华则是从文化的角度提出了文化是特色小镇的优良基因，对文化进行创新，是文创特色小镇发展的关键所在[②]。陈立旭提到，在特色小镇开发时需要提升文化创新的聚合作用[③]。

（二）国内关于特色小镇旅游研究

我国的特色小镇建设以及特色小镇旅游开发迎合了当前的我国供给侧结构改革和乡村经济振兴的创新发展要求，是增强区域竞争力和乡村经济社会可持续发展的重要支撑。将特色小镇旅游开发作为城市产业和乡村经济发展的切入点，将带动乡村基础设施建设、人居、就业环境的改善，同时促进新的生产力的发展，提高小镇和周边乡村人民的生活质量。"习近平总书记在十九大报告中明确提出：加强生态文明建设、推进绿色发展战略，要实施乡村振兴战略，坚持农业农村优先发展"[④]，这为特色小镇创建和特色小镇旅游开发指明了方向。2018年中央一号文件将乡村振兴和产业兴旺作为今后政府工作的重点，同时在乡村地区实施休闲农业和乡村旅游精品工程，建设一批设施完备和功能多样的休闲观光园区、森林人家、乡村民宿以及特色小镇。

以上为政府层面的具体规划，除此之外我国国内学界也对特色小镇和特色小镇旅游开发进行了富有成效的研究。例如乔海燕（2016）对"互联网+"视角下旅游特色小镇公共信息服务构建与提升进行了详细研究，并在公共信息供给，个性化需求等方面提出完善方法[⑤]。夏静（2016）在旅游小城镇特色构建的研究中依据小城镇的特色构建主题的不同，提出八种分类主题，并提出两种研究方法：描述性和实践性研究范式，为特色小镇的构建提供了新视角。赵静（2017）经研究，将以旅游为主的特色小镇分为三类：旅游资源主导型、旅游接待型、特殊行业依托型，并根据不同的类型提出产业发展的具体方向与规划布局等。钱娟芳（2017）在综合研究特色小镇与全域旅游的

---

① 盛世豪，张伟明. 特色小镇：一种产业空间组织形式[J]. 浙江社会科学.2016（03）：36-38.

② 王国华. 略论文化创意小镇的建设理念与方法[J]. 北京联合大学学报（人文社会科学版）. 2016（04）：8-16.

③ 陈立旭. 论特色小镇建设的文化支撑[J]. 中共浙江省委党校学报 2016（05）：14-20.

④ 黄小华. 党的十九大报告的四大亮点及其理论贡献[J]. 探索.2017（06）：9-14.

⑤ 乔海燕. 互联网+视角下旅游特色小镇公共信息服务的构建与提升研究[J]. 轻工科技. 2016（09）124-125+147.

融合发展后，提出两者融合的观点：用全域旅游理念把传统小镇提升为特色小镇；将特色小镇建设融入旅游、整体布局中去，并提出融合过程中应注意的问题①。赵华（2017）在旅游特色小镇创新开发探析中通过对特色小镇的分布、数量以及产业类型等进行分析后，提出特色小镇在创新模式、创新技术路线、创新旅游资源评价等方面的解决途径。唐慧（2018）在旅游特色小镇的建设策略研究中，分析并提出旅游特色小镇的现状与存在的问题，针对这些问题。提出特色小镇如何突出在特色方面的策略，例如转变营销方式和推广文化特色等的具体措施。②

另外，何勇也通过构建相关的模型，对小镇的产业因素进行了分析和研究③。王兆峰致力于小镇在规划和设计方面的研究，他在 2002 年对湘、鄂、渝、黔等地区的旅游小镇进行相关规划思路方面的梳理和整合④。叶林以重庆市为例，对旅游风景区周边小镇的规划设计特色、重点、注意事项进行了研究和分析⑤。单德启等人以安徽芜湖为例，对利用当地的影视文化的资源开展了具体的小镇规划实践与研究⑥。张仁开对上海特色小镇的规划与开发进行了研究和分析⑦。唐鸣镝对旅游小镇的特色旅游发展进行了分析和研究，并且明确了旅游特色小镇的建设方向⑧。刘德云以当地居民的利益为核心，通过目的、分析、远见、预测和评估等五个方面构建了相关理论模型，通过这个模型进行方案的规划和执行机制的完善⑨。郭大奇、高鹤鹏认为旅游小镇是根据社会进行划分得到的产物，这样的城镇主要是以旅游业发展为核心，具有地理环境和民族文化等方面的优势，通过开发这些特色资源建设

---

① 钟娟芳．特色小镇与全域旅游融合发展探讨［J］．开放导报．2017（02）：54－58．
② 陈丽．利川市旅游型小城镇景观特色研究［D］．华中农业大学．2007．
③ 何勇，邓涛，曹英．小城镇旅游产业形成因素分析［J］．山西建筑．2008（070：28－29．
④ 王兆峰．湘鄂渝黔边旅游优势产业发展研究［J］．湖南社会科学．2002（02）：72－74．
⑤ 叶林．邻近风景区的旅游型小城镇总体规划初探——以重庆市统景镇为例［J］．小城镇建设．2004（10）：42－44．
⑥ 单德启，赵之枫．从芜湖市三山镇规划引发的思考——中部地区小城镇规划探讨［J］．城市规划．2002（10）：41－43＋72．
⑦ 张仁开．旅游小镇：小城镇建设的创新模式——兼论上海郊区旅游小镇的发展策略［J］．小城镇建设．2007（07）：103－105．
⑧ 唐鸣镝．国内旅游小城镇景观建设探析［J］．北京第二外国语学院学报．2007（01）：28－32．
⑨ 刘德云．参与型旅游小镇规划模式研究——以金门金湖镇为例［J］．旅游学刊．2008（09）：73－79．

很多环境优美、基础设施完善、居民生活方便的旅游小镇[①]。王文辉通过分析，发现旅游小镇与其他小镇的主要区别是在于自然环境和人文资源环境的优势，放大优势，就可以运用旅游产品开发与设计，打造旅游特色小镇[②]。肖练练对旅游小镇的发展模式进行了研究，通过产业等核心动力对特色小镇进行划分，主要划分为以旅游产业为核心、以休闲旅游为核心、以产业发展为核心的三种模式[③]。

我国国内关于特色小镇的旅游发展问题缺乏深入研究，主要停留于对国外案例进行分析与总结。对特色小镇功能布局、规划方法和策略、空间布局和引导等方面较少。更多的是对国家政策的解读、政策如何落地、政府如何引导、相关产业的扩展延伸等方面，关于特色小镇的旅游业到底如何发展，如何进行布局规划等方面的研究还比较少。

三、特色小镇旅游研究思路与方法

运用创新理念、思路和方法对特色小镇旅游开发进行研究，是当前我国特色小镇建设实践的一个潮流。在中国政府乡村振兴的大背景下，各地开始将特色小镇以及特色小镇旅游开发研究作为地区经济社会发展的重点工作。而对于特色小镇旅游开发研究应该根据不同地区、不同类型的特色小镇自身的生态资源、产业以及人文历史等方面的优势来进行。因此实地的考察以及调研对于小镇旅游开发就显得非常重要。

（一）研究思路

本书首先从特色小镇旅游产业培育出发探讨小镇旅游开发的可行性与实际应用；其次将特色小镇与美丽乡村进行比较，进而研究特色小镇旅游与周边乡村的协同发展；随后对特色小镇旅游项目管理进行细致分析研究；接着在特色小镇社会文化、自然环境和经济发展方面展开讨论，最终为中国特色小镇旅游开发提出一定的建设性建议，同时为全国其他特色小镇旅游开发提供相关的理论与现实依据。在具体的研究过程中，希望在旅游行业普遍性的基础上对特色小镇旅游开发进行分析，将小镇的特色融入乡村振兴的大环境

---

① 郭大奇，高鹤鹏.基于生态保护下的特色旅游小镇开发模式探讨——以沈阳棋盘山国际风景旅游区旅游小镇开发为例［C］.2012 中国城市规划年会.2012：825-834.
② 王文辉.养生主题旅游小镇旅游开发研究［D］.成都理工大学.2012
③ 肖练练.城郊旅游小镇发展模式研究［D］.山东大学.2013.

当中，从而探索出中国特色小镇旅游开发的独特形式和方式。

（二）研究方法

书中的研究方法，基本遵循了学术研究过程中的一般性方法，主要有以下三种。

1. 文献资料研究法：在本书写作过程中，尽可能多地查阅与特色小镇旅游研究内容相关的国内外文献资料，通过阅读和学习大量学者的研究文献，借鉴国内外诸多专家学者的研究精华，将文献理论与实际研究相结合，在开拓旅游开发研究思路的基础上形成自己的研究体系，从而进行本书写作思路与理论框架的构建。

2. 实地考察法：特色小镇所具有的原生特色资源决定了每个特色小镇都有各自的特点，因此本书应用实地考察法，研究人员亲自进入小镇实地调查研究，同时将特色小镇进行筛选和归类，选取一些在旅游开发方面具有代表性的特色小镇进行研究，从实地研究的视角为特色小镇旅游发展提出实质性建议。

3. 定性与定量相结合：采取单一的研究方法并不能真实有效地发现和研究问题，本书力图将定性与定量的方法相结合。首先运用归纳与概括、分析与综合等定性方法对中国特色小镇旅游开发的方向、意义、影响等方面进行研究；其次对已经获取的关于特色小镇旅游方面的各项指标数据进行思维加工；最后通过将特色小镇旅游开发各项指标精确化分析，科学地揭示出特色小镇旅游开发的内涵，为特色小镇可持续旅游开发模式构建建言献策。

第二章 中国特色小镇形成及其旅游产业培育

中国特色小镇的形成方式多种多样,有些是在"一村一品、一镇一业"政策指导下形成的,还有一些是由传统的产业园区和行政区划上的建制镇转型而来,或者也可以是在区域内的生态环境和历史文化资源基础上形成的,甚至可以是人为开发形成的。无论采用何种方式形成,有一点是非常重要的,那就是特色小镇是基于自身所具备的特色资源基础上而形成的。我们知道特色小镇的特色性并非是由政府规划创造出来的,而是基于小镇自身的原有特质涌现出来的,小镇和周边地区各类主体为了更好地适应客观环境,彼此之间会发生无序的相互作用,这一过程本身充满不确定性。因此,各类资源主体之间必然存在着差异性,但这一过程也有一些能够确定的东西,那就是其必然会涉及小镇的产业、生态以及人文特色等,并且小镇内部各类特色事物之间是能够协同互补的。最后将众多影响小镇和周边地区的特色因素进行协调融合就成为形成特色小镇的重要诱因。

第一节 中国特色小镇的形成

中国特色小镇是我国社会经济发展到一定阶段的必然产物,它的形成过程离不开产业、生态和人文这三方面的共同作用。特色产业的健康发展是小镇创建的核心条件,小镇的形成需要特色产业作为支撑,特色小镇创建规划初期,小镇就应该优选出一定数量的产业作为小镇的支柱产业,同时依靠科技创新充分发展特色产业,发挥市场的决定性作用和政府的宏观调控作用。生态方面,小镇自上而下应该树立产业立镇的观念,在特色小镇创建培育过程中精准定位小镇产业发展模式。生态资源也是特色小镇形成并且发展的重要支撑要素,合理利用开发生态资源才能使小镇具有旺盛的生命力。除此之外小镇形成和发展过程中还要讲求生态、坚持特色与内涵并重,努力构建一种拥有适宜生态环境和多方位要素相融合的小镇发展模式。文化方面,文化是特色小镇的原生内核,一个地区有了文化才能有灵魂,对于当地传统、历史文化进行深入挖掘和精心打造之后才能够形成具有特色优势的特色小镇核心文化,当然文化是动态的、不是一劳永逸的,注重保护历史与传统文化的同时做好传承工作,加大对小镇和周边地区传统文化的宣传力度,扩宽宣传途径,才能形成高质量、独具特色的小镇文化。此外,人力因素和地区社会经济活力因素在特色小镇创建形成过程中也发挥了较为明显的作用,只有那些充满活力和受大众欢迎的社区小镇才能调动各种社会经济因素进行健康发展。

一、中国特色小镇形成的基础

某种程度上来说,中国特色小镇从古至今普遍存在,例如山西怀仁县金沙滩镇、江苏盐城市安丰镇以及山西汾阳杏花村镇等,只是这些小镇的特色性属于自发形成,且属于单一的历史文化类型特色小镇。1998年,中国政府正式提出把中小城镇发展作为国家战略发展的基础,同时将小城镇的培育与建设作为主要的政策目标。截止到2017年,中国城镇化率由1998年的33.35%上升到了2017年的58.52%,刚好超过世界平均城镇化水平55%这条水平线,但与发达国家80%以上的城镇化率相比还存在着20多个百分点的差距。随着国家社会经济的发展,迫切需要一种新的发展模式来推动广大乡村社会经济的转型和发展。2015年,从浙江省政府设立的第一个特色小镇开始,我国特色小镇形成与培育正式进入政府规划范围,我国政府对于特色小镇建设的大力推动,从社会、经济、人文等方面极大地促进了乡村小城镇的发展。

通过对我国代表性地区特色小镇发展的研究分析后,我们得出特色小镇的形成需要一定社会经济基础,而形成基础应具备以下三个方面。

首先,特色产业是特色小镇开发的前提基础。特色产业就是要以"特"制胜的产业。特色产业是一个国家或一个地区在长期发展过程中所积淀的一种或几种特有的资源、文化、技术、管理、环境、人才等方面的优势,从而形成的具有国际、本国或本地区特色的具有核心市场竞争力的产业或产业集群。特色产业的本质是具有比较优势的产业，因此是有市场竞争力的产业。特色小镇中的特色产业的形成固然离不开政府扶持，但更重要的还是市场内生。政府的作用是营造环境，引导市场主体创业。市场主体追求利润，必然需要根据本地要素禀赋实际选择适宜的产业，从而形成特色产业。特色小镇的特色产业理想状态无疑是"产业集群"。我们知道集群本身也是一种特色。特色产业聚集主要有两种模式：一是纵向型。围绕成长起来的特色产业，众多上游、中间、下游企业聚集起来，形成一个个完整的生产链；二是横向型，即同类或相似企业、产品聚集，形成专业生产、销售中心。产业聚集可以降低企业生产成本，减少市场的信息不对称，形成经济增长极，提升经济竞争力；不仅带动相关产业的发展，而且增强市场机制，激发人们的创业意识，最终促进特色小镇产业经济全面发展。对于特色小镇来说，"特色"是历史的积淀、文化的传承，是由其赖以产生发展的特定具体环境所决定的。特色是质量也是效益：人无我有是特色，人有我优是特色，人强我新也是特色。有了特色产业，才能推动特色小镇的发展。

其次，人口聚集以及人口聚集效应的显现。所谓人口聚集是指人口在空间上由分散到集中、由稀疏到密集的一种社会经济现象。我们认为人口的聚集从形式上看虽然是区域人口密度的加大，但却产生了一系列的巨大社会经济效益。人口发展与社会经济发展密切相关，是经济社会发展中诸多影响因素中的关键变量。人口的聚集必定会带来娱乐、教育、居住、医疗、生活等多种需求，由此便衍生出商业街、学校、小区、医院、市政等多种基础设施（图2-1）。这一现象对于特色小镇同样适用，由此说人口聚集是小镇创建实施的基础。人口聚集是一把"双刃剑"，特色小镇的形成离不开人口的聚集，聚集效应产生的社会经济的众多需求，为小镇经济发展奠定基础，但过量的聚集也会给小镇社会经济发展带来沉重的负担。

最后，人口流动带来的消费是小镇发展的基础。人口的流动可以带动小镇产业发展，从而促进特色小镇经济发展。人口流动主要指的是那些并非长期居住的人口，即暂时居住或滞留在小城镇中的人口。特色小镇流动人口可分为正常流动人口和非正常流动人口两大类。正常流动人口包括探亲访友、旅游、公务、劳务等类型的外地人员；非正常流动人口则包括盲目流入小镇的无业游民、乞丐、流窜作案的犯罪分子和被通缉的罪犯等。早期的研究表明，小城镇的流动人口对地区社会经济的发展有着双重影响：一方面新进入的流动人口对小城镇社会经济发展起着积极的推动作用。例如,外来人口会强化相关就业人口的竞争意识和危机意识,加强自身素质优化;缓解地区劳动力供给缺乏的矛盾,填补地区一些岗位的空缺;另外,流动人口在本地工业和第三产业领域发挥重要作用的同时,还会形成一个巨大的消费市场,其具有强大购买能力,能拉动内需促进地区相关行业发展,从而带动经济发展。另一方面流动人口的急剧增加也给小城镇带来了不容忽视的消极影响。例如,大量人口意味着会产生大量的生活垃圾,要处理这些垃圾需要完善的垃圾处理系统以及管理人员,目前,我国的大部分特色小镇还不具备这一条件。另外,流动人口对于基础设施占用和破坏会超出地区承载能力范围,这对当地治安、社会发展存在很大的影响。

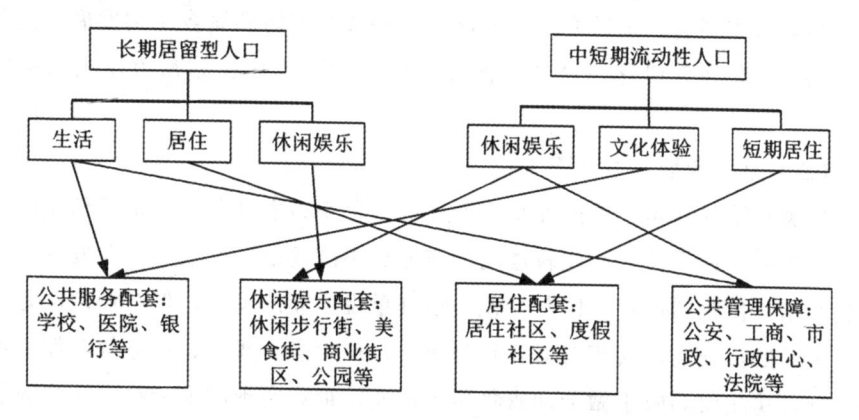

图 2-1 人口集聚导致配套设施发展过程

虽然人口聚集和人口流动对特色小镇的形成有利有弊,甚至弊端现象更明显,但是也恰恰是人口聚集和人口的流动为小镇经济发展带来强劲动力,对特色小镇创建形成起到积极的作用。

二、中国特色小镇形成路径

不同的特色小镇所具有的资源形态是不同的,因此其所表现出来的特色性也不尽相同,功能定位和发展路径也必然会有所不同。对特色小镇发展路径进行研究和分类,除了可以明晰小镇自身定位,合理利用自身资源有效发展特色小镇产业之外,还能为其他乡村小镇开发建设提供借鉴。目前我国学界公认的特色小镇发展路径主要分为以下八种。

(一) 从传统建制镇发展而来

行政区划上的小镇大多会被分为重点建设小镇与非重点建设小镇。重点建设小镇一般都位于交通便利的地区，具有良好的产业与经济基础，而非重点建设小镇一般都会受到地形条件的限制，经济发展状况不佳，因此，前者更容易转型成产业型的特色小镇，而后者更易转型为生态人文型的特色小镇。中央的特色小镇培育计划中提出要建设成建制镇模式的特色小镇，但传统的建制镇难免会带有行政管制的色彩，基本是一级政府的模式，社会服务则会沿袭传统的政府管理模式。优点是小镇区域范围清晰，行政管理和社区管理机构完整；缺点是管理模式难免带上传统行政管理色彩，而且没有经过市场机制的资源配置组合，过于强调行政管理的区域边界，与现代化小镇不完全契合，需要进一步转变政府职能，促进社会经济和城乡协调发展，从传统建制镇转化为现代化小城镇。例如山西吕梁贾家庄、苏州市昆山市陆家镇等。

(二) 从产业园区发展而来

这类小镇往往走一些产业集聚明显的特色小镇发展路径，由于传统的城镇产业集中建设，让一些比较成功的产业集中区逐渐发展成为产业发展型的特色小镇。传统的产业园区与特色小镇都重视产业的发展，但产业园区是由政府主导的，开发模式相对而言较为单一，在生态、居住、服务等功能上不够完善，功能仅局限于做劳动密集型的产业，很难实现向上升级，无法吸引人才的流入；而特色小镇是产业与城镇有机结合的创新发展平台，在强调产业的同时还具有多元化的功能，具有浓郁的生活氛围和强大的发展潜力。特色小镇为产业园区的转型升级提供了机会，不少产业集聚型的特色小镇就是由传统的产业园区转型而来的，例如，杭州萧山信息港小镇就是产业园区在已有的产业基础上成功转型成特色小镇的典范。特色小镇的发展模式为产业园区的转型升级提供了新的思路，是在经济社会发展到一定程度之后开发区治理模式的转型突围，可以作为未来开发区模式转型升级的经验借鉴。

(三) 作为城市功能分区的特色小镇

由于城市建设规模越来越大，早期城市建设过程中对功能区规划和建设可能存在空白或薄弱环节。因此，为了进一步完善城市功能，很多规模比较大的城市在规划建设时提出了金融中心、物流中心、国际社区、步行街、度假疗养中心、留学生创业园、大学城等概念，这些补充城市功能的社区逐渐成为现代城市的重要组成部分,但是又相对独立。与传统的城市中心区不一样,这些小镇发展成为类城市副中心或某一个功能中心,有效地连接了城乡,成为特色明显的现代城镇。例如,北京市房山区长沟镇、北京昌平区小汤山镇、北京密云区古北口镇、兰州市榆中县青城镇等。这些特色小镇作为城市居民节假日近郊旅游休闲集散地,除了纳入城市功能分区之外,还能有效分担城市居民旅游需求,为特色小镇区域内带来可观的经济收入。

(四) 随交通枢纽站场建设发展而来

枢纽型的特色小镇需要有便利的交通作为保证,我国很多地方在经济发展中形成高铁新城、空港新城等。近些年在国家大力发展交通基础设施,在铁路、公路、机场建设的大背景下,各地掀起了建设空港新城、高铁新城的热潮,从而在一些城市周边形成了以交通枢纽为依托的特色小镇和社区。通常情况下,这类小镇需要国家交通部门的积极参与,同时要获得当地政府、交通部门、企业的大力支持,在当地居民共同参与下,与区域内的主城区形成互补,才能较好地发展起来。

(五) 由特殊的资源禀赋形成

根据霍兰教授的复杂适应理论,特色小镇的特色性并不是在政府的规划下创造出来的,而是其基于自身的特质表现出来的。很多特色小镇由于拥有独特的自然资源、生态环境、民间传说、神话故事、历史文物、革命遗址等,所以成为自身独特的标签,具有不可替代性和独特性,在某一方面形成了垄断性,成为关于某一方面资源的代表,闻名中外,吸引了大批的游客,从而成为独树一帜的特色小镇。例如,浙江莫干山小镇就是基于莫干山形成的乡村旅游型的特色小镇;贵州遵义市仁怀市茅台镇,以著名的中国茅台酒而闻名于世,独具特色的茅台酒文化使其具有垄断性的同时,在文化旅游市场中也具有巨大的吸引力。

(六) 由市场调控机制自发形成

一些特色小镇的形成并没有政府力量的过多介入,是由市场机制配置资源形成的。比较典型的是一些特色产业集散镇、区域性市场和物流中心。有些城镇的特色产业起初只有少数个体户和大户在从事,后来通过"传、帮、带",一大批当地人加入进来,从而形成了颇具规模的特色产业镇,这个路径需要当地政府去引导和鼓励,促进"传、帮、带",逐渐做大做强特色产业。例如,江西景德镇市浮梁县瑶里镇,瑶里镇素有"瓷之源、茶之乡、林之海"的美称。古代以瓷器闻名,近现代以茶叶闻名,同时还有"中国历史文化名镇、高岭国家矿山公园、中国自然与文化双遗产名录、国家重点风景名胜区、国家 AAAA 级景区、国家森林公园"六个国家级品牌。

(七)由特殊的地理区位因素形成

一部分小镇由于特殊的地理区位,吸引了一批产业和人口入驻,成为很有特色的现代城镇。全国很多县区、非主城区的较大城镇,虽然不在主城区,但是由于其特殊的地理位置,离主城区又比较远,在周边区域又没有其他大城市辐射和吸引,从而在周边一定区域内具有一定的辐射力和吸引力,成了当地除了主城区以外比较具有吸引力的大镇,较好地吸纳了农村人口入城。另外就是距特大城市较近又不隶属于特大城市行政区的一些乡镇也较好地发展起来。例如,江苏靠近上海的花桥、河北靠近北京的燕郊地区等。

(八)由产业资本投资形成

这些城镇由于被一些拥有雄厚资金实力的产业投资集团相中,在一定区域范围内加大投入形成了规模经济和范围经济效应,从而出现了颇具特色的产业小镇。比如横店影视基地、三国影视城,甚至是某某产业"谷"等,很多都属于此种发展路径。产业资本投资既有偶然性,又有必然性,必须符合产业资本逐利的要求,吸引产业资本的入驻,才有可能发展起来。因此,特色小镇产业资本投资路径需要有专业的产业投资和规划团队参与才能有效发展。

由于每个小镇功能各异、特点有别,所以其特色、路径既有交叉,也有侧重,既有相同或相似的地方,也有差别非常大的方面。因为事物的特殊性与普遍性的客观存在,所以上文中总结出的特色小镇发展路径虽然具有代表性,但也无法将中国所有特色小镇的发展道路全部包括。在特色小镇自身发展过程中,绝不能生搬硬套某种模式和路径,而是应该结合自身的资源禀赋、历史传统、外在条件和国家政策,因地制宜选取发展道路。

第二节 中国特色小镇旅游开发现状

特色小镇是我国城镇化战略和乡村振兴战略实施过程中出现的一个特定阶段的产物。它对于促进广大乡村社会经济升级转型,以及推动大中城市与乡村共同协调发展起到至关重要的作用。从 2016 年和 2017 年国家住房城乡建设部同国家发展改革委员会和财政部公布的国家级特色小镇名单中我们能够看出我国政府力求在涵盖所有省份的同时，也考虑到地区经济发展水平的差异性。我国广大地区的社会经济发展不平衡性始终存在，这一现象就决定了中国特色小镇的发展过程中，不同地区和不同的城乡之间存在着巨大的差异性。

一、我国特色小镇旅游区位开发现状

由于前文已经对中国特色小镇区位分布现状进行过相关讨论，所以此处不再赘述。以下主要研究的是中国特色小镇旅游区位类型和产业类型特点。

我国国家级特色小镇一般位于城市周边的城乡接合部或城市低洼地区，几乎没有处于城市中心地区的。从我国城市与特色小镇的区位关系来看，先后公布的两批特色小镇大致可以分为三种类型：处于大城市近郊区、处于大城市远郊区和处于农业地区。三种区位类型的小镇各自拥有不同特色的资源产业，且发展状况存在较大差异。第一批公布的名单中三种类型的小镇分布比例如下：大城市近郊区占比为30%、城市远郊区的特色小镇占比为26%、农业地区小镇数量占比最多，为44%。随后国家对第二批名单进行了比例微调，三种类型的特色小镇占比在与之前趋同的情况下，农业地区占比提升6%，而城市近郊区的特色小镇规划数量有所下降，农业小镇数量的增多说明我国政府对乡村社会形态与发展模式的关注度有所提高。

2017年10月18日国家主席习近平在党的十九大报告中提出乡村振兴战略。报告指出："农业、农村、农民问题是关系国计民生的根本性问题，必须始终把解决好'三农'问题作为全党工作的重中之重，实施乡村振兴战略"。[①] 2018年1月2日，国务院公布了2018年中央一号文件，即《中共中央国务院关于实施乡村振兴战略的意见》。[②] 5月31日，中共中央政治局召开会议，审议《国家乡村振兴战略规划（2018—2022年）》。[③] 一系列国家政策均作为乡村新型产业发展的重要措施。政策将我国乡村发展，特别将农业地区乡村发展推到了时代发展的前沿。将农业区域内的特色小镇建设为"田园综合体"就成了首要目标。另外，从地域分布来看，农业地区的特色小镇

[①] 习近平强调，贯彻新发展理念，建设现代化经济体系［N］．光明日报．2017（10）．
[②] 乡村振兴战略合作 惠阳牵手碧桂园、华侨城［N］．光明日报．2017（11）．
[③] 乡村振兴法已启动立法相关程序［N］．光明日报．2018（07）．

在北方要多于南方,大城市近郊的则南方要多于北方。

二、中国特色小镇旅游的社会经济发展现状

特色小镇与周边乡村的兴盛是以社会与经济发展为前提的,同时又是以区域性空间与要素聚集为特征的一种发展模式。从经济视角来说,小镇存在的重要原因是地区为了追求产业聚集的经济效应,通过资源共享以及人口与行业聚集产生行业规模经济,从而降低小镇建设成本来促进小镇与周边乡村的社会经济发展。近年来,随着我国土地与劳动力等要素成本不断提升,传统区域经济创新动力不足和生产效率低下的问题日益明显。在区域经济发展过程中将一些优质的企业和创新要素嵌入传统产业,从而提升产业竞争力和区域发展动力,而特色小镇的创建形成正是基于这一发展趋势的创新性举措。

(一) 特色小镇旅游的功能发展现状

通过对第一批国家级特色小镇的分析归类后我们发现,首批入选的国家级特色小镇功能类型分布并不均衡,这其中旅游型小镇数量最多,占到小镇总数的一半;排在第二位的是历史文化类型的小镇,所占比率为40%;民族聚居类型小镇占比最小,约10%左右。需要说明的是在我们统计归类过程中将某个特色小镇的不同特色类型进行了重叠统计,因为一个小镇有可能有多重特色要素从而产生多种类型的功能,这种情况在实际统计中是可以叠加的。第二批国家级特色小镇的功能类型分布比第一批均衡一些,但是旅游类型小镇数量依然最多,其数量依然占到这一批次的一半以上;其次历史文化型占比约为34%,下降了6个百分点;农业发展型、工业发展型和商贸流通类型小镇的占比有所增加,兼具多重功能的小镇数量有所增长。从特色小镇旅游开发的长远发展来看,小镇旅游产业开发模式应该以"旅游+产业"模式为主,只有这样特色小镇的发展才会长久。

综合两批国家级特色小镇后我们发现,分布类型最为广泛的是旅游发展型、农业服务型和商贸流通型三类,这三种类型的小镇广泛分布在我国的各个地区。而工业型小镇大多数位于长三角和华北地区等那些具有传统技术优势的地区,并且北方数量比南方多,例如,江苏宜兴市丁蜀镇以陶瓷工业为主,山西汾阳市杏花村镇以制酒业为主要产业;历史文化型小镇在长江以南地区和西北分布较为广泛,这一状况与交通和经济发展有很大关系,通常那些交通欠佳、经济发展稍微滞后的地区更容易将原生的传统历史文化保存下

来，例如，浙江绍兴市大唐镇，安徽安庆市怀宁县石牌镇等；民族聚居型小镇主要分布在西部和西南地区，例如广西桂林市恭城瑶族自治县莲花镇等，大多数位于少数民族聚居区内。第二批特色小镇兼具多重功能类型，例如长春市绿园区合心镇，兼具旅游发展型、商贸流通型和农业服务型三重特色。总之，第二批特色小镇的产业类型比第一批更加丰富，产业特色更加突出。

（二）特色小镇旅游对于就业吸纳能力

据统计如图2-2"第一批127个国家级特色小镇平均提供的就业岗位为26 624个，从就业空间特征分布来看，长江三角、珠江三角、环渤海地区的特色小镇吸纳就业能力更强，其中广东省佛山市顺德区北滘镇提供就业规模最大，达到187 000个就业岗位；而青海省海西蒙古族藏族自治州乌兰县茶卡镇就业规模最小，仅1010个就业岗位"[①]。

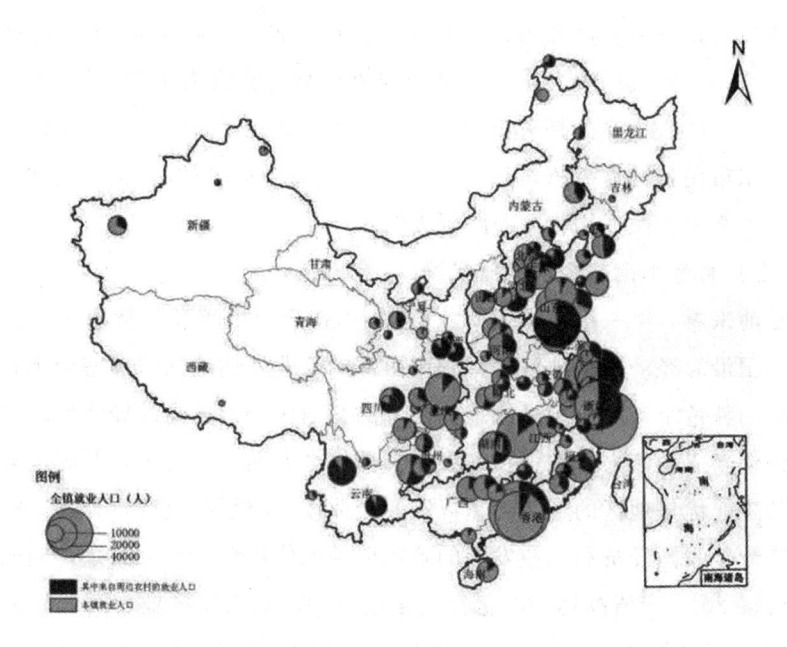

图2-2 中国特色小镇就业岗位分布

可以看出，不同地区吸纳就业能力差异巨大，长江中游地区、西北地区和东北地区的小镇就业供给能力依然偏弱。第二批276个特色小镇产业更具特色，从其主导产业吸纳就业的情况来看，"平均每镇解决就业人中12 906个，

---

① 薛珂.产业集聚视角下我国特色小镇发展路径研究［D］.天津城建大学.2018.

职位数是 6 349。就业规模最大的是南宁市横县校椅镇（国家级星火技术密集建设区），吸纳就业人中 168 622 个。统计显示，小镇主导产业产值亦很突出，2016 年高达 1.42 万亿元，比 2015 年增长 13.2%。小镇主导产业产出均值高达 52 亿元，但中位数仅为 9.5 亿元，意味着只有一半的产值比 9.5 亿元高，呈现出参差不齐的状态，其中产出最高的是上海市嘉定区的安亭镇（汽车），高达 1041 亿元"[①]。目前来看，在一些文化型和历史型的特色小镇中，旅游产业的就业吸纳能力是绝对的。但是，在那些旅游为主导的特色小镇以外的小镇类型中，旅游产业对于就业的吸纳能力相对欠佳，甚至可以忽略不计。

（三）特色小镇居民人均收入现状

"第一批特色小镇的居民人均收入为 25 362 元，收入最高的是黑龙江省齐齐哈尔市甘南县兴十四镇，达到了 76 046 元，最低的是湖南省湘西土家族苗族自治州花垣县边城镇，只有 3 548 元，前者是后者的 21 倍。第二批特色小镇的居民人均收入比第一批的均值略高，涨幅为 1410 元，中位数为 26 386 元，收入最高的是天津市大王古庄镇，达到了 90000 元，最低的是青海省海东市民和县官亭镇，只有 3825 元，前者是后者的 24 倍。因此，各个特色小镇之间居民人均收入差距巨大"[②]。

（四）特色小镇的经济产业状况

目前来看，第一批国家级特色小镇中 GDP 产出较高的特色小镇主要聚集在我国沿海经济发达地区和个别中西部的工业发达地区。那些处于我国沿海地区的特色小镇得益于沿海地区便利的交通优势、较高的经济发展水平和较强的创新驱动能力，在科技和人才资源集聚方面具有得天独厚的优势。中西部的工业优势地区的特色小镇以工业产业作为小镇特色产业，这一状况与过去三十年我国经济和工业发展的政策以及区位优势有很大关系，例如贵州省茅台镇 2017 产值高达 402 亿元，全镇主导产业为制酒业；湖北省吴店镇 2017 全年产值为 200 亿元；山西省吕梁市杏花村镇同样以制酒以及与制酒相关的产业为主导，2017 年全年产值 151 亿元，这样的产值在吕梁市全年 GDP 中排名靠前。以上这两大特色小镇有一个共同点，那就是在产业基础方面具有优势，同时还有一定文化方面的历史传承。

---

① 薛珂. 产业集聚视角下我国特色小镇发展路径研究 [D]. 天津城建大学. 2018.
② 薛珂. 产业集聚视角下我国特色小镇发展路径研究 [D]. 天津城建大学. 2018.

第二批国家级特色小镇经济产业分布呈现团块状集聚状态，经济产出较大的分布在长三角、珠三角和京津冀三大城市集聚群中，另外在山东、广西、福建、陕西和重庆等地也有一定分布。值得注意的是第二批国家级特色小镇中，出现一些经济产出较大的中西部小镇，例如内蒙古鄂尔多斯市的罕台镇，该镇位于我国靠近北部的中西部地区，以特色种植产业和畜牧业为主导产业，是所有第二批国家级特色小镇中经济产出水平最高的，达到424亿元。另外，山东省有3个特色小镇的经济产出超过百亿元，重庆市有1个为龙水镇。

三、中国特色小镇形成发展中存在的问题

我国城镇化的发展经历了从支持小城镇到重点发展大城市、再到大城市和小城镇共同协调发展的曲折演变。在社会经济发展中，城镇化道路一直存在争议，经济学家多从"规模效应""高效率公共服务供给"等方面提议发展大城市；而社会学家则认为小城镇更符合我国国情，担忧大城市化带来的各类城市病、社会矛盾激化等问题。现实的发展中，我国中小城市发展相对薄弱，过去的小城镇一方面市场规律作用发挥较小，另一方面城市行政管理、资源配置等均多偏重于大城市。振兴乡村实现经济社会发展并举，取决于一系列体制创新及其综合配套改革。目前来说，中国特色小镇形成发展还存在不少问题，总结归纳如下。

（一）特色小镇发展的活力偏低

首先，首先我国政府实行自上而下的等级化城市管理体制，小城镇作为行政等级的底层，体制上会受到多方面的制约。大城市具有整个行政区域的管辖权，最终导致不同等级城镇在建设用地以及资源指标上出现分配不均衡；其次，财政上缴政策方面，省级之下实行财政包干制或上缴体制，部分经济要素充足地区往往集中在大城市。这种"向心化"资源要素流动与集聚形式，使得基础设施建设及公共服务水平差距越来越大，不同等级城镇间"马太效应"随着不断培育和形成而变得越发明显。最后，对于那些没有行政级别的特色小镇来说，资金和土地则成为制约其发展的关键要素。实际上我国偏远地区特色小镇的基础设施本就相对较薄弱，由于建设周期长、收益低等特征，市场资金周转情况并不乐观。上文中提到，特色小镇建设区位多位于郊区或农业地区，多数是集体土地。依据《中华人民共和国土地管理法》，"农民集体所有土地由村集体经济组织或者村民委员会经营、管理"，

也就意味在培育发展特色小镇过程中，土地权属问题也将会随着地区发展而逐步上升。

另一方面，特色小镇产业集聚的发展需要一定基础条件，需要完善的基础设施、便利的交通通信设施以及配套的生产服务。由于历史与自然的原因，一些特色小镇地处偏远地区，基础设施相对落后，特色小镇范围内居民生活所需的通讯、交通、医院、教育等设施由政府提供，在建设初期财政收入微薄，只享受国家适当政策补贴，公共设施大都自己解决（表2-1）。投资体制的制约使特色小镇难以引入充足的资金，满足不了基础设施建设发展的需求。同时，在现行财政体制下，不少城镇财政收支平衡缺口较大，截止到2018年，大部分小镇固定资产投资平均1亿元左右，且投资额差异明显。而民间资本缺乏进入渠道与吸收机制，也使得与金融资本、社会资本对接比较困难，制约投融资主体的多元化。

（二）小镇空间与要素聚集动力不足

在特色小镇建设热潮下，部分省市小镇建设多是原有要素的堆积，存在小镇功能同构现象。与东部经济发达地区相比，西部特色小镇原有产业基础较差，建设资金吸引力不足，导致公共服务落后，空间与要素集聚动力较弱，导致恶性循环。所以，原本公共基础不占优势的小镇想要提炼出自身优势和特色，往往具有很大的难度。特色小镇的"特色化"旨在提升城镇建设文化内涵，进而带动经济发展。但对于那些基础薄弱，没有太多可依托的文化与发展资源的小镇来说，也不能盲目学些其他地方走同质化的道路。如何在没有太多资源禀赋情况下，走发掘自身特色下的精细化、优质化道路，并充分利用新观念和新技术，提升自身集聚能力至关重要。

根据市场客观规律，企业家中先行者选择某一空间，并通过号召能力聚集其他企业，开展相关产业链招商、公共配套等活动，这是产业集聚形成的重要原因。市场规律决定了要素集聚的自发性，降低生产成本。在特色小镇培育过程中政府对产业发展的过多主导，易导致项目细碎化现象严重、核心产业不突出等现象，使得特色小镇建设成本偏高。同时，政府过多进行规划、形态和景观管理，也容易导致特色小镇建设和管理成本偏高，增加对进入企业的约束和限制。政府要做的应该是提供基础设施服务，让市场和企业以更专业化的手段建设、运营特色小镇。

(三) 对于城镇化发展规律认识不高

第一，互联网和信息技术向传统产业的渗透，以及智慧产业的发展，为特色小镇的要素流动与创新产业集聚带来了新的发展契机，其代表着目前我国乡村城镇化发展的主要方向。目前，我国部分地区城镇信息化建设还比较滞后，当地企业缺乏在生产、管理中运用信息化技术的意识，工人大多文化层次低，生产技术含量不高，只能掌握操作流程等简单技术。相当一部分乡村地方政府领导思想比较保守，养成了本地企业在竞争中的惰性，无法吸收新技术、先进经验，缺乏创新意识和竞争意识，无法享受产业规模经济带来的诸多益处，这些都一定程度制约特色小镇产业发展。互联网带来的资本、市场、创新、人才和社会流动性变化是有目共睹的：一方面有助于特色小镇形成富有创新力和多元化发展的社会网络；另一方面可以全面提升特色小镇的运行效率，包括流动性的社会服务模式、高效的社会运行管理及高度集聚的生产性服务经济，提升特色小镇的社会经济活力。

第二，当前我国部分小镇产业不具备高成长性，区域范围内业态创新能力较低。主要表现在：部分小镇是从原有的产业工业园区转型发展而来，尽管建立了孵化器、研究院等创新创业平台，但现有企业小、低、散的问题依然存在，两者之间很难结合紧密，大部分小镇短时间内难以摆脱旧有生产经营模式的限制。

第三，小镇文化凝聚力不强。特色小镇的文化建设问题不是简单拿投资、搞规划就可以解决的，强制发展会背离初衷。特色小镇发展最重要的文化辐射功能，因此其发展过程中必须根据地方资源条件，推进经济要素的再集合，在特定的空间进行再生产和整合创新，打造有地方文化特色的经济结构化空间

第四，小镇对创新创业人才吸引力很低。一个区域如果无法吸引新生人才，也就意味着该地区处于"夕阳"的状态。"80后""90后""00后"年轻创业者们普遍对生活和发展环境要求较高，而高新人才对于创新的基础条件设施要求更是精准细微。特色小镇大多位于城市郊区或者农业地区，区位优势不明显，公共服务相对落后，相应娱乐配套设施亦不完善，目前对创新创业人才不具有吸引力。

鉴于以上问题，我国政府将旅游开发作为特色小镇创建和发展的重要内容来进行。特色小镇旅游开发在一定程度上为特色小镇其他特色产业发展奠

定了一个良性的交流基础。实质上，对于包括文化型和历史型在内的各型特色小镇的社会、经济发展都能起到推动和促进作用。

第三节　特色小镇旅游产业培育

产业培育是一项自上而下的工作，需要各级政府部门的大力推进和协调，充分发挥政府的调控职能。我国特色小镇最先产生于浙江省，有效的开展也在浙江，但是培育却是在全国范围内展开的。浙江省特色小镇的前期建设为后来的国家特色小镇培育提供了可借鉴的经验。2016年在我国三个部委共同倡导下，在全国范围内开始开展特色小镇的培育工作，这标志着将中国特色小镇培育工作开始提高到国家层面来统筹管理。

一、中国特色小镇旅游产业创建培育的意义

特色小镇旅游产业的创建培育对我国社会经济发展影响巨大，对乡村小城镇发展起到积极的推动作用，其所具有的社会和经济意义如下。

首先，特色小镇创建和培育以及小镇旅游开发的目的是为了保护广大乡村中的优秀历史文化遗产；保护乡村中以传统地区城镇商业、居住建筑群等为主要特征的城镇历史风貌、街巷格局和居住生活形态；保护历代历史事件、商务交往、航运贸易与名人活动的多种历史信息和地方习俗及非物质遗产；保护带有丰富而典型的历史发展痕迹和浓郁地方居住与文化色彩的历史文化风貌区。通过特色小镇旅游开发，振兴乡村社会和经济同时，保护乡村的历史传统文化。

其次，特色小镇旅游产业创建培育，使小镇在作为历史文化名镇展示给世人的同时又以一个绿色产业为主导的形象而存在。绿色产业是一个可持续发展的新型产业。旅游开发过程中通过科学完善的规划设计，能够给我国特色小镇及周边乡村地区带来前所未有的改变。同时在日常旅游活动中，让人们真实体验到特色小镇的美丽和古镇景观存在历史意义。潜移默化地促使大众发生社会观念的变化，由过去的被动接受变为主动获取，使得民众积极参与到对特色小镇和周边乡村地区历史文化、自然环境等资源的保护当中去。在此基础上，总结人类与自然和谐共处的思想经验的同时更好地谋求现代社会健康持续发展之路。

第三，特色小镇旅游产业的建立会给广大人民群众特别是当地居民带来实际的经济收益，促进当地经济绿色持续健康的发展。当然收益的大小与特色小镇内外部规划是否合理，小镇内部景观设计是否成功有直接的关系。特色小镇旅游产业的发展对于区域经济快速发展起到助推的作用。

第四，有效推进我国特色小镇旅游产业创建和培育，有利于增强我国中小城镇和广大乡村地区社会经济发展能力，加快实现城镇化进程。同时，有利于改善乡村小镇的发展面貌，提高人民群众生活质量和经济水平，在挖掘区域特色优势资源的同时，发展壮大区域特色产业。总之，特色小镇旅游产业的创建和培育对小镇和周边广大乡村地区的社会经济发展能起到极好的推动作用，旅游产业的联结作用可以通过特色小镇释放到周边的乡村地区，从而降低城乡二元经济结构面临的风险。

二、特色小镇旅游产业定位

从商业发展角度来说，对特色小镇旅游产业前期精准的整体定位及核心业态的调整规划必不可少。特色小镇旅游产业定位既要基于普通商业定位基础之上，又要兼顾特色小镇商业环境的特殊性，其产业定位应注重以下六个方面。

（一）定位规划应与社会变革紧密结合

历史长河中遗留下来的古镇、古村在中国新兴城镇化浪潮的推动下，迎来了一波巨大的变革。不仅仅是传统建筑空间、商业形态的变革，更是其内在的生活方式、消费方式的变革乃至传统文化基因潜移默化的质变。移动社会、智慧社会的到来带来整个乡村生产、生活状态的改变。移动互联网时代下，原有社会形态被逐渐打破，例如城市办公人员固定办公的工作形态和地域界限逐渐消失，可以随时随地办公，与他人开展工作合作。特色小镇因为其浓厚的文化环境和优美的自然环境，可以吸引来很多大城市的人前来办公、度假并同时进行工作。这些会促使特色小镇对住宿以及休闲娱乐等行业要求的提升。将特色小镇旅游发展的特色优势与社会变革中的新兴技术观念相结合，是未来特色小镇旅游发展的主要目标。

（二）特色小镇应立足当地旅游资源禀赋来定位

特色小镇旅游产业发展支出，应该深入分析小镇的自然、生态、文化、景观、民俗等资源，尤其是文化和民俗方面需要深入挖掘，在合理规划基础上找到小镇旅游产业不同于其他项目的特质，以此为切入点，尽量避免与周边旅游项目开发的同质化竞争。

不可否认这是最难的工作，需要管理者全面剖析项目所在地域的文化禀赋，进行归纳的同时去粗取精，最终找到当地旅游项目独特的文化精神核心。拥有核心内容才能在万千小镇中树立自己独特的旅游品牌形象。换言之，特色小镇的文化内涵和精神向心力是其发展的灵魂，是特色小镇最重要的旅游吸引核心。如果该小镇特色文化和旅游吸引力正好能够与市场的大趋势契合，那么这个小镇旅游项目基本上可以被认定为一个成功的市场项目。确定整个项目的灵魂后，一切后续工作都要围绕这个核心点进行展开和延伸，包括建筑设计，景观打造，商业呈现，活动举办等。以上举措都是为了充分呈现这个核心主题而存在的，而不是一盘散沙的堆砌。

（三）发挥当地特色产业优势的同时提升文化层次

特色小镇中的特色资源，无论是历史遗存的还是新建的，通常都会有各自的特色，如果将这些特色资源进行充分挖掘的同时合理嫁接，利用旅游活动带来的消费力，发挥其产业效应，对当地的经济发展往往会产生强大的推动力。例如一些地方环境好，适合养生；一些地方渔业资源丰富，适合垂钓；一些地方美食丰富，适合发展餐饮等。这些都可以通过特色小镇为其提供平台，进行产业深化，形成产、供、销一体化发展模式。特色小镇也可以通过特色产业形成自身特色的旅游功能价值，在市场竞争中处于优势地位，最终能够支撑包括旅游在内的整个项目的可持续发展。另外，中国特色小镇商业设施，在今后的发展中除了承担基本的吃饭、购物、住宿功能外，还应当承担当地文化特色展示、特色文化体验、信息交流互动、游客游览体验等复合功能。每一个店铺都是一个风景点，每一个店铺都是文化体验点，弱化单纯商业功能的同时提升旅游价值和文化价值，使游客在闲逛中产生消费欲望，在欢乐的氛围中产生消费行为，这是更高层次的旅游商业形态。当然这对特色小镇前期招商、商户的引进培育、商业运营的要求很高。

（四）规划适宜市场的旅游产品提升供给层次

特色小镇应该根据市场顾客群体来定位，同时规划相应的层次来确定该地区旅游产品的市场结构。例如哪些是面向度假客群的，哪些是面向休闲客群的，哪些是面向观光客群的。确定核心旅游产品的同时，针对不同的产品的体系、不同游览主题和不同的顾客群体以及不同的游览时间确定不同旅游线路等。

我国旅游市场经过近30年的发展，已经从原有的观光旅游逐步向休闲和度假旅游转型，但转型期间观光、休闲和度假的不同需求旅游形态将会在一段时间内存在，并且不同区域的特色小镇项目在旅游需求层面的侧重点还会不同，不同的旅游需求层次所对应服务的旅游业态也是不同的。在此背景下，不仅原来著名的古镇古村产业形态需要全面提升，而且对于新进入的特色小镇，其项目开发也将更加复杂。对于特色小镇而言，其招商对象不应该是普通的商户，甚至不应该是连锁商户。应立足本地化，招徕那些对吃、住、购、娱、文等有特殊研究和追求的"发烧友"，特别是有文化情怀的"发烧友"，最好是在某一行业有一定影响力，能够带动本地产业发展的企业或个人。例如，邀请一些文化人过来开茶馆、投资开设特色客栈；邀请著名的烹饪师傅入驻经营文化餐馆等。特色化、不走寻常路是未来特色小镇旅游招商趋势之一，也是考验一个地方旅游运营服务能力的重要标准。

（五）注重特色小镇旅游业态和城镇化的融合

特色小镇基础配套设施无论是从种类还是数量上的定位，都应该高于普通乡村小城镇标准，因此其服务设施指标的选取不能完全按照《镇规划标准》来进行确定，要综合考虑常住人口和流动人口（包括旅游人口及因旅游发展吸纳的外来就业人口等），进行科学合理的计算。特色小镇生态环境规划和小镇旅游人口的确定要充分考虑小镇的生态承载能力。小镇旅游设施的配置应该科学合理，适当留有余量。从实际情况来看，小镇旅游商业（包括小镇文化旅游行业）的面积不宜过大，特色小镇商业设施要根据游客量的消费结构进行核算，才比较合理。目前存在的一个普遍问题是特色小镇旅游商业面积过大，而进入该地区的游客数量不足，导致特色小镇旅游业在运营中产生很多空铺和死铺。

另外，长期以来我国乡村旅游业已经形成了基于旅游服务的"吃、住、行、游、娱、购"六大要素。特色小镇旅游商业开发的前期规划基本也是按照这几个方面进行构建的，但是随着全国旅游市场的不断变化，一些新型的商业形态出现在市场竞争中，这一状况要求小镇管理者和开发商要对过去的六大要素进行重新的创新性认识。例如，从原来简单的吃饱、睡暖、购物的形式变成对当地美食文化、当地居住建筑文化以及当地民族传统文化等展开深度体验。这对特色小镇行业定位的面积、量级等都会产生重要的影响。

（六）特色小镇旅游业要考虑淡旺季、节假日等特性的存在

旅游产业一个显著特点是经营的季节性，旅游活动和旅游经营存在明显的淡旺季。季节性是大多数旅游地的典型特征，旺季人头攒动、欣欣向荣，淡季门可罗雀、商业冷清。例如某些景区一年中存在几个月的空闲期，这时候几乎没有游客到访，商铺开业率不足20%，甚至有些特殊景区出于游客安全以及接待条件的考虑需要进行景区封闭。这种状况要求旅游产品的设置和后期运营要尽可能延长旅游旺季，并努力创新一些能够满足四季旅游的产品和旅游服务。而对于特色小镇旅游产业来说，其综合性的大小决定了小镇旅游淡旺季对于周边经济影响的广度和深度。还有一个显著的问题是周末型旅游活动，导致的特色小镇旅游商业经营波动明显。而这些问题都需要从行业规划定位就开始研究并设置能够吸引游客淡季旅游的旅游产品和旅游服务，在以后的行业经营中能够得以实施。

理想中的特色小镇旅游产业定位应该是一个包括文化旅游和其他相关产业，甚至是一些技术型产业为一体的复合型和系统性的产业。小镇旅游包含文化、商业和地产等产业，涉及旅游产品、旅游线路、旅游活动，包括美食、酒店、民俗、活动等丰富内容。这就需要规划管理部门在规划定位前期进行大量细致繁多的工作，在小镇产业运营中期进行及时合理的调整，才能真正实现特色小镇旅游业的持续健康发展。

三、特色小镇旅游产业培育原则

中国特色小镇形成和创建带有一定的偶然性，但是特色小镇的培育确是必然的，其创建和发展也是我国社会经济发展到一定阶段的必然产物。培育特色小镇的过程中作为管理者需要兼顾小镇产业、自然生态和传统文化三个方面的要素，而在实施上，要通过政府引导与市场调控相结合的方式来进行。具体应遵循以下原则。

（一）遵循因地制宜原则

在遵循因地制宜原则的基础上培育小镇特色鲜明的主导产业。通常不同的区域之间存在着客观的差异性，坚持因地制宜的原则既是遵循区域差异性的客观需要，也是建设发展特色小镇的必然要求。因此，在培育特色小镇的过程中，要立足于当地的实际情况，结合区域内已有的资源优势与产业基础，培育适合自身发展并且特色鲜明的主导产业。首先，在产业的选择上要

遵循客观现实,选取具有竞争优势的主导产业,切忌同质化的竞争,即便主攻同一产业,也要做好领域内的细分工作,在这一过程中要充分发挥龙头企业的作用,以延长小镇的产业链条,推动特色产业的结构升级。近年来,我国一些乡村小镇大面积地开展乡村旅游项目,且采取直接照搬的方式方法,一度出现全国小镇同质化现象,这一做法能够使小镇在短期内获得一定的经济效益,但在日后却限制自身的发展空间。其次,在明确产业主攻的方向后,要运用创新手段发展小镇特色产业。特色小镇地域特色是其产业特色形成的基础,但形成特色小镇产业特色的关键还是在于产业自身要有特色,而特色小镇产业自身特色很大程度上取决于特色产品的特色是否具有垄断性。因此,发展特色产业特别是旅游特色产业要以科技为支撑、以创新为动力,与此同时,还要加快对旅游方面高技能人才的培训。再次,要加大对旅游产业品牌推广力度,摒弃以经济增长量衡量小镇发展水平的传统观念,树立与特色产业相关的市场意识、质量意识以及品牌意识,与此同时,可以利用"互联网+"等新兴手段,加强特色小镇旅游产业品牌的营销与推广。最后,特色旅游产业的培育离不开市场发挥的决定性作用以及政府的宏观调控职能。只有在市场经济的作用下,才能保证小镇经济的持续性发展。同时,政府宏观调控也是维持小镇特色旅游产业的重要保证,但是政府绝对不能代替企业在特色小镇建设过程中的主体作用。

(二)树立绿色生态理念

特色小镇的培养目标应以树立生态理念的同时打造适宜居住和旅游的特色为主。特色小镇旅游的生命力离不开生态资源的支撑,在旅游生态资源的支撑下,要坚持特色与内涵并重。在培育宜居宜游的特色小镇时,从居住环境以及小镇的风貌入手,既要注重小镇的绿化建设以及建筑风貌,也要做好与环境保护和修复的相关工作。首先,要打造具有区域特色的生态环境,特色小镇的培育不能套用城市的建设道路,要结合小镇周边的自然山水,减少人为打造,多展示大自然原本的风貌,将自然景观和小镇建设结合起来;其次,注重对生态环境的保护与修复,在培育小镇旅游产业的同时,要考虑旅游产业的能耗及其对环境的影响,大力引进节能技术,强化对生态环境的保护以及修复,实现小镇的绿色、协调、可持续发展;最后,将绿化与艺术相结合,打造风格独特的小镇建筑,在培育特色小镇的过程中,重点突出"一镇一种风格",贯彻嵌入式的开发理念,确定小镇的建筑风格,做好小镇的景观设计，展现小镇独特的建筑风貌，在开发新建筑体时，要注意新建筑的形式要与传统建筑的风貌相协调，特色小镇内的建筑应实现色彩、体量等方面的协调统一。

（三）注重文化传承和引导

文化是强国之本，特色小镇在坚持文化引领的同时还要强化小镇的文化自信。文化是特色小镇的灵魂，也是特色小镇的核心吸引力，因此，培育特色小镇的旅游产业离不开对特色传统文化的传承，离不开对历史文化深入的挖掘和精心的打造。培育特色小镇文化特色过程中，不能盲目求快，要将文化夯实，使小镇的文化特色产生深远的影响，以形成独特的文化品牌。对于历史文化丰厚的小镇，要注重历史与传统文化的传承与保护，在文化传承方面，要注重对当地独特的民俗活动、手工艺术、民间戏曲等传统文化的传承；在挖掘和保护历史文化遗产时，要注重对重点文物、历史街区、传统历史建筑等物质文化遗址的保护，在充分挖掘小镇文化的基础上，加强对文化的宣传力度，增强居民对小镇的文化认同感。因此，特色小镇的历史文化培育应加大对非遗文化的支持，增加传统文化的宣传途径；历史文化资源丰厚的小镇，对历史文化资源要进行合理的开发与利用，要注重提升其文化品质，系统地打造与形成具有小镇特色的文化品牌，增强小镇的文化竞争软实力。而对于文化资源匮乏的小镇，要注重文化的培育和打造，人为培育文化特色，并在培育对文化的基础上深入发展，逐步形成自身的文化特色。

第四节　文化旅游特色小镇创建开发

特色小镇的创建较为明显地体现了国家宏观政策规划的方向，中国政府在推动特色小镇创建初期，将政策引导主要放在文化型和历史型的特色小镇创建上，这一类型小镇创建和发展时间较长，产生的问题和获取的经验也较多、较直接。可以说，文化旅游特色小镇的开发具有很大的代表性，能够为其他类型的特色小镇旅游开发提供一定的借鉴，这也是笔者将其单独拿出来进行讨论研究的一个重要原因。

一、已创建完成特色小镇的类型特点

第一批国家级特色小镇中，如图 2-3 所示，旅游产业型特色小镇和历

史文化型特色小镇占比将近70%。从这一数量分布中我们不难看出丰富的历史和传统文化是特色小镇进行旅游开发的最好资源。

第二批特色小镇的创建同样体现国家宏观政策的走向，如图2-4所示。这一批次中政府更加重视产业功能，增加了技术产业型小镇的数量，而文化及旅游特色小镇数量则控制在1/3以内。其中，旅游发展型66个仅仅占总数量的24%，复合产业型数量明显增加，占总数量的22%，第二批次的特色小镇产业特色分配相对均匀。但是如果把第一批与第二批小镇进行综合后，可以看出文化旅游特色小镇总占比仍然接近特色小镇总数量的一半。

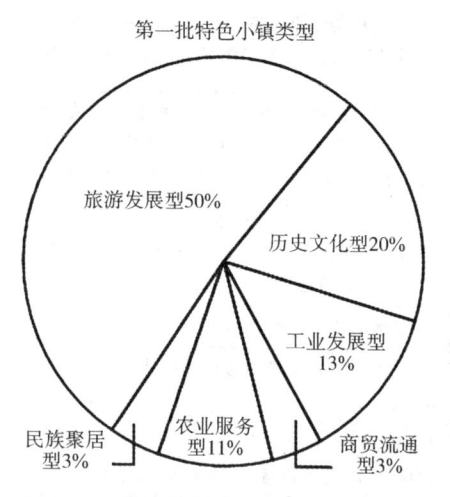

图2-3 第一批特色小镇类型比例分布

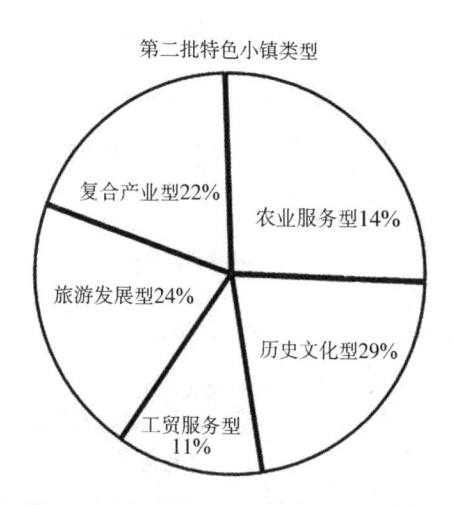

图2-4 第二批特色小镇类型比例分布

文化及旅游特色小镇申报创建是一个复杂的流程，涉及特色小镇申报要求（培育要求、规划建设要求、基本申报要求）、特色小镇申报流程、特色小镇审批程序及特色小镇运营评审等过程，每个环节都需要严谨的准备。

二、文化与特色小镇的结合

从长远发展来看，占到特色小镇比例50%的文化旅游小镇是未来特色小镇发展的最主要形式。文化旅游小镇的形成离不开自身所具有的独特文化资源，归纳起来人文旅游资源有如下几种（表2-1）。

表 2-1 人文旅游资源分类表

A 遗址遗迹	A1 史前人类活动场所	1. 人类活动遗址 2. 文化层 3. 文物散落地 4. 原始聚落
	A2 社会经济文化活动遗址遗迹	1. 历史事件发生地 2. 军事遗址与古战场 3. 废弃寺庙 4. 废弃生产地 5. 交通遗迹 6. 废城与聚落遗迹 7. 城遗迹 8. 烽燧
B 建筑与设施	B1 综合人文旅游地	1. 教学科研实验场所 2. 康体游乐休闲度假地 3. 宗教与祭祀活动场所 4. 园林游憩区域 5. 文化活动场所 6. 建设工程与生产地 7. 社会与商贸活动场所 8. 动物与植物展示地 9. 军事观光地 10. 边境口岸 11. 景物观赏点
	B2 单体活动场馆	1. 聚会接待厅堂（室）2. 祭拜场馆 3. 展示演示场馆 4. 体育健身场馆 5. 歌舞游乐场馆
	B3 景观建筑与附属型建筑	1. 佛塔 2. 塔形建筑物 3. 楼阁 4. 石窟 5. 长城段落 6. 城（堡）7. 摩崖字画 8. 碑碣（林）9. 广场 10. 人工洞穴 11. 建筑小品
	B4 居住地与社区	1. 传统与乡土建筑 2. 特色街巷 3. 特色社区 4. 名人故居与历史纪念建筑 5. 书院 6. 会馆 7. 特色店铺 8. 特色市场
	B5 归葬地	1. 陵区陵园 2. 墓（群）3. 悬棺
	B6 交通建筑	1. 桥 2. 车站 3. 港口渡口与码头 4. 航空港 5. 栈道
	B7 水工建筑	1. 水库观光游憩区段 2. 水井 3. 运河与渠道段落 4. 堤坝段落 5. 灌区 6. 提水设施
C 旅游商品	C1 地方旅游商品	1. 菜品饮食 2. 农林畜产品与制品 3. 水产品与制品 4. 中草药材及制品 5. 传统手工产品与工艺品 6. 日用工业品 7. 其他物品
D 人文活动	D1 人事记录	1. 人物 2. 事件
	D2 艺术	1. 文艺团体 2. 文学艺术作品
	D3 民间习俗	1. 地方风俗与民间礼仪 2. 民间节庆 3. 民间演艺 4. 民间健身活动与赛事 5. 宗教活动 6. 庙会与民间集会 7. 饮食习俗 8. 特色服饰
	D4 现代节庆	1. 旅游节 2. 文化节 3. 商贸农事节 4. 体育节

我国广阔的国土面积使得个体区域面积庞大，这一现状为中国旅游带来

了丰富的人文历史资源，表2-1中的人文资源所包括类型特点在我国任何一个地方都能够找到典型代表，这就为文化旅游特色小镇的创建开发提供了优越的基础条件。

目前，文化旅游特色小镇处于快速发育、高速扩张和优化升级阶段。文化旅游小镇是以"产城融合"推进旅游开发为目标而创建的，是大中城市郊区化、中小城市社区化的一个必然过程，也是近年来城市红利转向周边乡村的一种新型方式。概念上，文化旅游特色小镇从"资源＋土地"的资源型向"投资＋情怀"产业型转变，由单纯建景点、饭店和宾馆"景点旅游"发展模式向全域资源、全面布局、全民参与的全域旅游转变。

经历了从20世纪九十年代末到现在，将近二十年的发展变迁，文化旅游特色小镇已经呈现出加速迭代特点：一方面，更加注重产业色彩、文化色彩与竞争性项目长效特色；另一方面，从资源特色升级为"文化内涵"，小镇对自然资源和历史文化进行提炼，赋予旅游更深刻、更时尚和更人性的文化内涵。例如，浙江省乌镇，该镇从1999年开始进行文化旅游相关的开发工作，从观光旅游到度假旅游再到文化旅游和会展旅游，通过不断地探索和发展形成乌镇自身独特的文化品牌。目前的乌镇是首批中国历史文化名镇、中国十大魅力名镇、全国环境优美乡镇、国家5A级景区，素有"中国最后的枕水人家"之誉。除了保有和发扬传统历史文化内涵之外，该镇还积极寻求新的创新性文化模式，例如2014年该镇通过申报成为世界互联网大会的永久会址，成功举办了五届国际乌镇戏剧节和第四届国际互联网大会等。乌镇的文化旅游发展模式经过近20年不断发展，已得到中国乃至世界的认可，通过精细化、专业化运营和超级体验打造，对接高端项目，不断升华小镇地位。

当然，浙江特色小镇特别是文化旅游型的特色小镇创建和发展走在我国特色小镇发展前列，从而使全国各地纷纷效仿，由此造成的旅游资源同质化、投资重复化现象也非常严重。在学习浙江特色小镇创建发展的基础上，如何根据自身特色、发挥自身长处，才是今后我国各地文化旅游型的特色小镇需要考虑和研究的问题。

中国特色小镇的创建与培育经历了学习、摸索、总结、发展等阶段，逐渐开始向正规化、科学化的方向发展。但是，其发展过程仍然存在诸多的现实问题，在日后文化旅游小镇的开发过程中，还应该通过市场调节和宏观政策调控来规避一些实际问题，例如市场定位同质化、民俗历史概念化、经营资源碎片化、场馆打造静态化、场景体验表象化等。在规避以上问题的同时要强化互联网化、体验化、娱乐化等新时代元素的融合，从而推动文化旅游特色小镇的创新升级。同时，也需要参与小镇创建和管理的各级管理者在日常工作中及时进行总结归纳，为小镇旅游开发提出合理方案。

第三章　中国特色小镇旅游开发与乡村振兴

2017年全国旅游投融资促进大会上，国家旅游局同国家开发银行等12家金融机构共同遴选推出了680个优选旅游项目，主要包括景区提升改造项目、生态旅游项目、乡村旅游项目、旅游综合体、旅游小镇及休闲度假旅游项目等，计划融资总额为8433亿元，同比增长35%。[①] 其中，乡村类项目在名单中占比均达80%以上，部分省份的优选项目甚至100%为乡村旅游项目。这预示着乡村旅游成为新的投资重点。这里需要说明的是，我国乡村经济振兴包括多个方面的内容，涵盖范围非常广泛，而本章只在与特色小镇旅游关联较为明显的乡村经济与乡村文化两个方面展开讨论研究。

第一节　我国乡村社会的困境与振兴

自21世纪以来，我国先后提出"统筹城乡发展""建设社会主义新农村""建设美丽乡村""推进农业供给侧结构性改革"等战略，力图化解城乡差距的同时，促进农业现代化的发展。"2018年1月2日，国务院《关于实施乡村振兴战略的意见》中指出，实施乡村振兴战略，是党的十九大做出的重大决策部署……到2035年，乡村振兴取得决定性进展，农业农村现代化基本实现……乡风文明达到新高度，乡村治理体系更加完善；农村生态环境根本好转，美丽宜居乡村基本实现。到2050年，乡村全面振兴，农业强、农村美、农民富全面实现。"[②] 通过一系列政策的实施，我国农村地区的社会经济得到进一步的发展，同时农村改革创新实践，不仅为我国经济转型积累了宝贵经验，而且为世界其他国家提供了有益的借鉴。

---

① 国家旅游局办公室. 关于做好2017年全国优选旅游项目推荐工作通知. 旅办发〔2017〕40号.
② 韦家华，连漪. 乡村振兴评价指标体系研究［J］. 价格理论与实践. 2018（09）：82—85.

一、我国乡村经济和文化发展困境

乡村振兴战略是我国未来三十年国家社会经济发展的一项重大举措,关系到我国现代化建设的成败,可以说没有乡村的振兴也就不会有未来富强民主文明的现代化强国。但是,我国乡村地区经济文化发展不可避免地会出现一些问题,面对问题与困境,采取措施有效解决是健康发展的重要保证。

(一)我国乡村经济发展困境

产业兴旺是乡村经济发展和乡村振兴战略的关键因素,无法实现产业兴旺就难以留住和吸引更多的年轻人在农村奋斗和创业,也无法彻底解决乡村中存在的老龄化、空心化的问题。城市化进程中农村青壮年劳动力大量向城市聚集,农村基本是以老人和儿童为主的留守人群,如果这种现象继续发展,未来生活在乡村的三到四亿人口基本为老龄人口,这样的乡村社会根本不能称为乡村振兴。我国政府一直在努力推动农村产业发展,从改革开放初期的乡镇企业发展到后来的各类产业发展模式(比如公司+农户、农业合作社等)。但是过去的三十多年时间,乡镇企业并没有在广大乡村地区得到扩大和发展,相反的是多数乡镇企业迫于成本、劳动力和信息获得等因素的制约,还在不断地向城市聚集。中国粮食产业虽然连续增产,基本解决老百姓的吃饭问题,但是农业经济以及农业经济发展中面临的土地、补偿、农产品价格等问题仍然无法得到有效解决。虽然中央政府为农村产业兴旺提出了总体性方向和路径(即城乡一、二、三产业融合、构建农业生产服务体系、农户与现代农业对接等),但是在乡村产业兴旺的具体措施上,中央与地方政府以及各级地方政府之间仍然存在着不小的分歧。

(二)乡村振兴战略下乡村文化建设的困境

乡村文化建设是农村工作中一项关乎全局的基础工作。近年来在中共中央的领导下,各级政府投入大量人力物力提高乡村文化建设水平,除了积极投入资金建设农村公共文化基础设施之外,还大力完善乡村文化服务体系,积极培育农村的文化市场。多种措施陆续推出使我国农村地区文化建设成效非常显著,惠民利民工程的相继投入极大地促进了乡村文化事业的发展。尽管如此,当前乡村文化建设面临的困境也是有目共睹的,乡村文化建设与全面建成小康社会的目标要求还不适应,与统筹推进"五位一体"[①] 总体布局

[①] "五位一体",即经济建设、政治建设、文化建设、社会建设、生态文明建设。

和协调推进"四个全面"① 战略布局还不相适应,其具体表现在很多方面,诸如思想认识、体制机制、管理制度、资金投入、人才保障等诸多层面。概括起来包括以下几个方面。

1. 在城乡文化的关系认识上有所偏颇

城市与乡村是两种不同类型的人类聚居形式,从本质上来说它们之间并没有优劣之分,它们只是社会劳动分工的结果,并且它们都呈现出各自不同的生活方式和生活特征。过去很长一段时间内,人们总有一种误解,认为城市是现代文明的积极象征,乡村和乡村文化是落后的甚至是消极的历史遗存,优秀的城市文化应该彻底取代落后的乡村文化,而在以经济增长为目标的社会经济发展中,农村城镇化通常会被理解为将城市特征移植进入乡村生产方式和生活方式。可以说这种思想是极度偏颇的,持有这一想法的人并没真正理解我国城镇化的实质含义。因此,在和城乡融合发展的大背景下,实施乡村振兴战略,需要我们对乡村文化价值进行新的思考和判断,而这种方式的选择必然离不开城乡互联的现实关照。

2. 在乡村文化价值认同方面出现偏差

面对改革开放以来经济为上的社会浪潮,乡村文化被裹挟到市场机制中。在村民层面,由于片面地、不充分地认识乡村文化的价值,从而导致乡村文化在传承和创新上的模糊理解,也就导致乡村文化振兴失去内生的动力。而另外一些村民虽然对乡村文化还能保留有许多情感记忆,但是他们对乡村文化价值的认识却有明显的不足,市场导向的既定思维往往使他们偏重于从经济的角度加以衡量,一般停留在乡村文化能吸引多少游客、创造多少经济收益上。乡村传统文化保护与开发矛盾出现在我国很多地区,开展乡村旅游似乎是平衡二者关系的一条有效途径,甚至有学者提出诸如农业文化旅游开发模式等一些相关办法,寄希望于通过模式套用实现乡村社会经济与文化协同发展,目前来看这一方法可能存在滞后效应,效果并不十分明显。

3. 热衷于产业化的乡村文化发展方式

实际上乡村文化的发展并非只有产业化一种发展方式可行。就目前来看,有些类型的乡村文化资源恰恰难以实现产业化发展,例如一些传统手工作坊等根本无法实现产业化发展,也很难用产业方式来进行诠释。简单粗暴

---

① "四个全面",即全面建成小康社会、全面深化改革、全面依法治国、全面从严治党。

地将那些传统小手工作坊进行产业化后,可能会带来一些灾难性的后果,例如导致该类传统手工技术的消亡或者是使这种技艺失去内涵。乡村文化可以被产业和商业所运用产生价值,但应该区别对待每一种具体的文化,因为文化高于产业和商业,文化不是产业化和商业化的工具。相反,乡村文化是乡村产业和商业振兴的基础。乡村传统文化可以进行产业化升级,但不是什么文化都可以拿来进行商业化运作,乡村原生性文化一旦完全地做成交易,也就意味着其失去了原有的内涵。

二、乡村振兴的内涵

在中国社会和经济发展进入新时代的背景下,中央政府将乡村振兴战略与现代产业发展、信息技术运用和商业经营模式创新等相结合,通过整体推进的方式来促进农业农村现代化,同时改变农业生产低效率和农村社会凋敝的发展困境。乡村振兴的目标是基于我国发展社会和经济总体布局基础上进行的,因此具有更丰富的内涵。

"党的十九大报告中提出:乡村振兴的总要求是产业兴旺、生态宜居、乡风文明、治理有效、生活富裕"[①],这是乡村振兴的目标导向。

"产业兴旺"是乡村农业符合现代产业发展规律,有效实现生产要素的高质量组合,产生新的发展活力。

"生态宜居"是保护好乡村地区的生态环境。生态环境是乡村地区最大的资源优势和潜力所在,通过实施基础设施建设和改善人民居住环境来营造田园风情,增加乡村对青年人和外部游客的吸引力。

"乡风文明"是发展乡村地区的教育、文化、卫生等公共事业,弘扬农耕文明中的精华内容以及历史遗产中的优秀传统,将现代文明理念融入乡村公共文化生活,提升农民素质和农村文明程度。

"治理有效"是创新农村社会治理的方式和方法,通过乡村自治激发农民民主生活的活力,同时法治保障公平正义来营造乡村和谐氛围。

"生活富裕"就是要稳定农民收入来源以及拓宽农民收入渠道,实质性地提高农民的收入水平,让其生活无忧,最终达到共同富裕。

---

① 梅立润. 乡村振兴研究如何深化——基于十九大以来的文献观察 [J]. 内蒙古社会科学. 2018(04):178-188.

三、乡村振兴的路径

2018年,中国政府对于乡村振兴战略的实施提出了一系列具体性的部署,我们在结合中国政府文件精神的基础上,从农业发展质量、绿色和谐发展观、文化兴盛措施、乡村治理体系建设、民生保障提高等方面来探讨我国乡村振兴的发展路径。

1. 提升农业发展质量

农业是乡村的主体产业,实现乡村振兴的产业兴旺目标必须强化现代农业的产业支撑。夯实农业生产能力保障国家粮食安全,顺应农业供给侧结构性改革的趋势,实施质量兴农战略;拓展农业多种功能,促进农村一、二、三产业融合发展;鼓励农业走出去,在参与国际竞争中提升农业现代化水平;兼顾新型农业主体与小农户的共生发展,通过社会化服务引导小农户向现代农业的升级转型。

2. 促进乡村绿色和谐发展

尊重生态系统的生命共同体特征,统筹山水林田湖草系统治理;针对存在的农业面源污染、废弃农膜、畜禽粪污染等突出环境问题进行综合治理;运用市场手段赋予生态产品价值内涵,构建生态补偿机制,在农业功能区基础上形成生态保护的激励机制;开发观光农业、健康养生、游憩休闲等生态产品,将乡村潜在生态优势转化为现实的生态经济优势。

3. 繁荣兴盛乡村文化

加强农村思想道德建设,强化农民的社会责任意识、规则意识、集体意识;传承优秀传统文化,保护好传统村落、民族村寨、农业遗迹、优秀戏曲曲艺等文化遗产,创造性转化、创新性发展乡村文明,推动文化遗产合理适度利用;健全乡村公共文化服务体系,提高农民文化素养;通过移风易俗破除有悖于现代文明的陈规陋习,营造文明乡风、良好家风、淳朴民风来提高乡村社会文明程度。

4. 创新乡村治理体系

加强农村基层党组织建设,提高组织力,引导农村党员发挥先锋模范作用;健全自治、法治、德治相结合的乡村治理体系,以自治发挥农民的主体性作用与活力,以法治强化法律在维护农民权益、农业支持保护、规范市场运行、生态环境治理、化解农村社会矛盾等方面的权威地位;以德治强化道德教化和正面典型的引导，纠正乡村社会中不讲公德的言行。

5. 提高农村民生保障水平

优先发展农村教育事业，包括学前教育、义务教育、职业教育等，提高农村人力资本储备，培育乡村内生发展动力；提高职业技能培训的效率，促进农民工多渠道转移就业，提高就业质量和促进农民增收；统筹推进城乡基础设施布局建设与互联互通，加快农村公路、供水、供气、环保、电网、物流、信息、广播电视等基础设施建设和提档升级；建立健全农村社会保障体系，在医疗、养老、社会救助、住房保障等方面形成社会整体的安全网。

第二节 美丽乡村与特色小镇

美丽乡村与特色小镇都是在乡村振兴战略实施的大背景下催生出的发展途径，两种发展方式都为现代乡村振兴带来新的发展契机。美丽乡村与特色小镇在具体实践过程中表现出一定的联系和区别，联系主要表现为它们发展本质是相同的，包括建设本质、发展本质与民生本质；二者主要区别体现在概念、自身产业定位、构建主体和发展目标四个方面。美丽乡村与特色小镇的发展应该秉承求同存异的观念，构建共同的目标，发挥不同的优势，将民生与生态的可持续发展、旅游与区域竞争力提升、本土产业与文化传承融入二者的发展中。最终要实现的是美丽乡村与特色小镇两种发展方式协同发展，促进我国社会经济水平提升。

一、美丽乡村与特色小镇的发展历程

我国的乡村建设兴起于20世纪初，先后经历了乡村自治阶段和乡村改造运动，发展最为兴盛时有600余个学术团体和教育机构参加，建立试验区多达1000多处。

《一九五六年到一九六七年全国农业发展纲要》是新中国早期乡村建设思想和理论探索的成果。随着农村经济体制改革与农村经济活力的释放，农村积极发展物质文明与精神文明建设，构筑农村公共服务与社会保障体系。进入21世纪后，提出走中国特色新型城镇化道路，乡村建设被上升到国家战略，党的十八大提出了"美丽中国"概念，2013年提出建设"美丽乡村"的奋斗目标，同年发布了《关于开展"美丽乡村"创建活动的意见》，确定

全国创建1000个"美丽乡村"试点乡村，2016年的《关于开展特色小镇培育工作的通知》提出在4年内培育1000个左右特色小镇的建设目标。全国乡村建设与工作重点逐步由农业向乡村人居环境过渡，涉及产业、经济、人才、可持续发展等各个层面。特别是21世纪以来，新农村建设、美丽乡村建设等战略的提出，与新型城镇化道路紧密联系，相辅相成。而美丽乡村的内涵特征包括两个层次：一是生态良好、环境优美、布局合理、设施完善；二是产业发展、农民富裕、特色鲜明、社会和谐。全国当前的美丽乡村建设意在改变农村社会的内涵，推动新型城镇化的健康发展。

特色小镇是新型城镇化背景下提出的，将当前特色产业引入区块发展中，对区域发展有较强的推动作用，并与美丽乡村相互促进。特色小镇不同于"镇"或"区"的传统发展主体，与原有行政边界没有对应的关系，而是以产业自发或有组织的集聚为主要方式构成的空间状态，从而形成相关单位共同发展的新主体形式。特色小镇有较为明确的空间规模界定和投资规模要求，是当代经济发展与行政力量共同作用的产物，一般包括环保、休闲养生、高端装备制造、时尚等传统行业模式以及信息经济、金融、旅游、文化产业等现代服务业模式。此外，特色小镇的建设标准应该超过通常的城镇化或乡村建设，例如浙江省规定特色小镇均应达到3A级以上景区建设标准，而旅游产业类特色小镇要达到5A级景区标准。特色小镇的特点在于产业"特而强"、功能"聚而合"、形态"小而美"、机制"新而活"。学界普遍认为特色小镇是按照绿色、协调、创新、开放、共享发展理念，发掘自身优势，定位特色产业，加深人文底蕴和生态禀赋，所形成的"产、城、人、文"有机结合的重要功能平台。

二、美丽乡村与特色小镇的相互联系

美丽乡村与特色小镇的发展存在着一定程度的契合性，在当前的发展中均提出需要找准产业定位，以产业发展、文化建设、旅游开发为主要发展路线，聚合多种功能发展，形成各类功能的有机统一。美丽乡村与特色小镇的本质均在于生产、生活、生态的融合，打造发展动力强、环境品质优的人居环境。可以这样理解，特色小镇是美丽乡村建设和发展的蓝图，美丽乡村是当前孕育特色小镇和成长的优势地带。从本质来看，新型城镇化、产业多元化、目标共赢化是美丽乡村与特色小镇的主要契合点。

(一) 新型城镇化

新型城镇化以城乡一体化和城乡统筹发展为标志,是美丽乡村与特色小镇空间建设方面诉求的结果,通过空间改善、基础设施配备与风貌提升将居民的生活层次推往更高的平台。新型城镇化超越传统乡镇规划的模式,从民生角度考虑推动乡镇可持续发展,达到带动乡镇建设的目的。当前各界对新型城镇化建设的讨论也是美丽乡村与特色小镇共同的契机,这将从根本上改变乡镇的发展思路,消除城乡二元社会的隔阂,为推动全国民生事业进程提供有力的理论支撑。

(二) 产业多元化

在"产城融合"的思想主导下,通过优势产业促进片区可持续发展成为城镇与乡村共同谋求的发展之路。作为"产城融合"的载体,产业多元化成为美丽乡村与特色小镇的发展动力。以可持续发展为目标,以产业高级化为动力,进而达到产业、城镇、人与人之间和谐的发展模式。多元的新兴产业可以推动乡镇建设主体积极谋划项目,高效运用资源,扩大有效投资。当前,高新技术产业、新兴工业与旅游业有机融合,诞生了多元产业发展与城镇空间发展的协同模式。可以说,美丽乡村与特色小镇建设是传统产业发展模式的再创新和升级。

(三) 目标共赢化

在新型城镇化与产业多元化的建设与发展进程中,乡镇得以集聚资本、开发与运营。特别是美丽乡村与特色小镇旅游目标的提出,以传统文化、优势资源、生态风光或特色工业等作为乡镇旅游的吸引点。以往不同的城乡结构孕育了差异化的城市与乡镇风情,是乡镇旅游业蓬勃发展的源动力,也推动了乡镇的风貌打造与居民主人翁意识的产生。同时,在目标双赢的建设思维下,美丽乡村与特色小镇得以集聚人才、技术、资本等发展要素,实现产业平台与创新载体的建设,有利于推进乡镇发展方式进一步改革,优势资源开发与特色产业集聚、产业创新和产业升级,形成新经济增长点,从而带动人民生活水平的整体提升。

三、美丽乡村与特色小镇的主要区别

美丽乡村与特色小镇之间的区别主要可以从概念、产业定位、建设主体、发展目标四个方面来区别。

（一）概念区别

美丽乡村指中国共产党第十六届五中全会提出的建设社会主义新农村的重大历史任务中，关于"生产发展、生活宽裕、乡风文明、村容整洁、管理民主"等具体要求。

特色小镇是指建设面积不超过 1 平方千米、具有一定产业特征的小镇。实际上，很多特色小镇可能"非镇非区"（既不是行政镇，又不是产业园区），只是按照"创新、协调、绿色、开放、共享"的发展理念，扶持特色产业，融合了文化、旅游和社区功能而打造的一个崭新的生产生活园区。

（二）产业定位不同

美丽乡村产业定位与特色小镇存在着不小的差异。国家农业部于 2013 年启动了"美丽乡村"创建活动，于 2014 年 2 月正式对外发布美丽乡村建设十大模式，为全国的美丽乡村建设提供范本和借鉴，其产业发展时间的提出略早于特色小镇。而产业发展模式有代表性的主要有以下十种：产业发展型、生态保护型、城郊集约型、社会综治型、文化传承型、渔业开发型、草原牧场型、环境整治型、休闲旅游型、高效农业型。从国家发展布局来看，政府希望乡村实现产业的全面发展，在广大乡村中迸发出产业综合发展的原动力。

特色小镇产业定位在于大力发展制造业、旅游业、创意产业。政府对产业进行引导和扶持，推动某一产业成为"单打冠军"。比如，浙江省首批特色小镇的产业分别是：信息经济产业类 5 个，健康产业类 2 个，时尚产业类 5 个，旅游产业类 8 个，金融产业类 4 个，高端装备制造类 6 个，历史经典产业类 7 个。特色小镇的产业不要贪大求全，要求精求强。"大而全"的产业不适合小镇的小体量，免不了搞重复建设。建设特色小镇，主要走集约化发展道路，避免资源浪费。此外，发展特色小镇不是建新城，不能用建新城的思路和模式来规划建设特色小镇。

（三）建设主体不同

美丽乡村建设的本质是乡村扶贫，是城乡结构再调整，是中华文化复兴的乡土修复，也是美丽中国建设的重要组成部分。主要以我国乡村地区社会经济文化的振兴建设为主，重视农民生活质量的提高以及基层组织的建设。

特色小镇不追求规模效应和综合建设而追求集聚效应。特色小镇不是土地财政的载体,而是创新创业的空间,是新产业、新动能的引擎。特色小镇追求的是提高要素生产率,提高发展质量和效益。以旅游为主导的特色小镇可以发展为景区,有些人文历史或景色较好的小镇可以拓展旅游功能。

(四) 发展目标不同

美丽乡村以民生为出发点,在乡村原有的文化与空间基础上进行优化提升,科技是美丽乡村的重要支撑。同时以发展生产、生活宽裕、村风文明、村容整洁为目标,以管理民主的新农村,以基层农村民主发展为主线而展开。

特色小镇则是以发展为出发点,构筑优势产业集聚区,利用产业的力量激发片区活力。以新概念、新机制为载体推进产业集聚、产业创意和产业升级。小镇内部以特色产业为主,同时发展特色文化与旅游业。

总的来说,乡村是特色小镇社会经济发展的基础,小镇离不开乡村的根基,但是特色小镇与美丽乡村有着本质上的不同。特色小镇需要聚集大量资本、技术和人才等高端要素,它既有周边乡村的特征,又是融入高新技术和特色人才的区域经济体。而美丽乡村更多强调在广大乡村范围内,实现一、二、三产业的融合。

四、美丽乡村下的特色小镇定位

按照位置分布大致可以将我国的特色小镇分为两种形态:一种嵌入在大中城市当中,它们地处大都市圈之内,典型的是我国发达地区周边的基金小镇、梦想小镇等,它们虽名为小镇,但并未脱离大都市圈,而是借助现代交通和城市相连,紧密地嵌入大都市板块。在我国许多大中型城市圈内分布着一些特色小镇,这些小镇是大城市在完成工业化进行城市升级和信息化建设的产物。小镇与大城市的关系也是一种依附型关系,这种关系让小镇与城市间产生高效的交通体系和互联网信息网络等,让城郊摆脱"边缘"的地理限制。

另一种处于较为偏远地区,它们位置处于相对偏远的乡村区域,位置偏远、交通设施相对落后使得它们的传统社会文化形态更容易保存下来,典型的是以远离发达地区的北方和中西部小镇为代表。而这些在远离城市的乡村地区创建起来的特色小镇,则根本无法嵌入大都市的社会经济体系中,虽然通过国家建设完成的"村村通"和乡村信息化网络建设等也能够获得一些发展机遇，但是类似于城市中的基础设施、配套服务和资本人才等要素在这些小镇中却非常缺乏，而城市里的这些要素由于距离所限又很难向这些距离较远的小镇溢流。对于这些纯粹处于乡村空间里的特色小镇来说，其自身定位本质上与那些嵌入在城市中或城市周边的特色小镇是完全不同的，其管理者应该主动构建自己的发展动能，积极从外界寻找与自身相匹配的社会经济资源，通过自身高效的协调和调动能力来驱动小镇与周边乡村一起互通有无、共同发展。在住房和城乡建设部公布的两批国家级特色小镇名单里，这类远离城市圈并且创建在乡村内部的特色小镇所占数量不少，这一状况可以理解，毕竟全国能让特色小镇用来依托的大城市数量非常有限。存在于广大乡村中的特色小镇所依托的特色资源与那些嵌入城市的小镇有很大的区别，它们的特色主要来自自身传统技艺或是周边乡村的自然和历史人文资源。

过去的乡村是处在一种"城区—建制乡镇—乡村"这样的市镇村体系里，这种体系自然是由行政权力引导的，其中的建制乡镇在产业上对乡村并没有必然的引导整合功能。而越来越多的特色小镇在乡村地区建设，使传统的市镇村体系被"城区—特色小镇—乡村"的新体系所取代。

在新的乡村社会体系当中，特色小镇能够提供传统建制镇所不具备的平台，包括作为乡村地区匹配外界资源、促进传统产业转型、特色产业发展、就地城镇化、历史文化保护与利用等多个层面的平台，尤其是对周边的乡村有着产业整合和辐射带动作用。新阶段下，特色小镇的建设必须思考一系列新的命题，包括新时期小镇和周边乡村内生发展动力的培育、特色小镇所在地文化的挖掘保护、周边乡村自然生态、小镇周边乡村治理机制的提升和完善、小镇和周边乡村开放性重塑。但也要看到，特色小镇的问题是整个社会系统问题在乡村地区的投射，其解决需要从社会协作的层面思考，只有小镇与周边乡村内外形成合力，才有可能推动新时期的乡村建设。

长期以来的城乡二元对立体制，使得城乡之间的市场要素难以按供需实际高效地流通匹配。城市工商资本想要"下乡"，面对的是难以资本化的乡村资源，有心而无力。要想让城市资本更多地到乡村地区投资，就必然要求农民对自己的财产有更自由的处置权。

因此，特色小镇势必是整合乡村内外资源的重要平台。一方面，乡村地区的特色小镇建设，必然要立足于乡村地区原有产业的转型升级，必须充分挖掘利用乡村原有的产业基础、资源禀赋和人才基础。另一方面，特色小镇将通过集聚资本、人才、创新创业等要素，成为乡村地区对接外部资源的重要平台。

第三节　乡村文化振兴下的特色小镇旅游

发展特色小镇是深入推进我国乡村新型城镇化的重要手段。某种程度上，将特色小镇旅游开发与周边乡村地区文化振兴相结合，通过小镇对周边文化的引领作用，发挥乡村与城市之间的桥梁作用和特色小镇旅游开发对于周边乡村文化的带动和保护作用，不失为振兴我国乡村社会经济的一种有效手段。

一、市场需求中的特色小镇旅游

从市场需求角度来看，游客选择特色小镇作为旅游目的地，动机主要有以下几项：回归的需要，随着我国城市化进程的加快，久居喧嚣城市的人们面临巨大生活压力和环境压力，由此使得一些人产生了对田园风光和乡村宁静生活的回归需求，向往"住农家屋、吃农家饭、干农家活、享农家乐"意境体验；求知的需要，城市少年儿童普遍缺乏对乡村、农事生产、农民生活的了解，而乡村旅游作为重要的休闲旅游方式，受到学校、家长和学生的欢迎；怀旧的需要，怀旧是人类的共同特性，旧地重游的旅游者对于目的地的选择具有明确的指向，特别是一些重大的历史事件，如我国"文革"时期大批城市青年上山下乡的经历，造就了所谓的"知青情结"，成为推动乡村旅游发展的重要因素；复合型需要，人们的旅游行为往往是多种动机共同作用的结果，乡村旅游也不例外，旅游者选择乡村旅游，有的可能出于求新、求异、求美、求乐的需要，有的可能出于身心调节的需要，有的可能出于美食或购买土特产品的需要等。基于以上主要的几种旅游需求，以及其他市场需求的推动，我国的特色小镇旅游应运而生，而特色小镇旅游的存在给广大乡村旅游带来了新的发展机遇。

特色小镇旅游开发应该在市场需求基础上充分利用自身文化特色，在小镇和周边乡村内适合发展旅游业的地区，鼓励有实力的开发商组成经济组织，将那些分散的特色旅游资源和庞大的市场有机衔接起来，提高小镇旅游产业的系列化和特色化。对于小镇管理者，要加强对小镇旅游产业的服务和制度引导，为小镇旅游开发的健康发展提供管理保障。除此之外，笔者认为中国特色小镇旅游开发应该逐渐成为实现乡村振兴的重要方式。将特色小镇作为地区社会经济发展的带动点以及作为小镇周边旅游游客集散地，通过小镇自身特色来吸引相关要素，从而带动整个地区社会经济的发展，及时满足客源地游客对旅游的现实需求。特色小镇旅游开发应该是解决乡村振兴问题的重要手段之一，也是未来我国乡村经济社会发展趋势之一。特色小镇旅游最终应扮演的是广大乡村与城市社会经济联结的纽带。

二、特色小镇旅游与乡村文化振兴

未来中国城市居民进入乡村区域内旅游的浪潮还将持续 10 年以上。在过去相关研究中，通过大数据推演得出 2025 年旅游人数有可能达到近 30 亿人次。未来，中国将会出现超过 200 万从事乡村旅游和乡村旅游开发的经济个体，它们的出现会使原有的乡村旅游不仅仅呈现简单的农村旅游或者是农业旅游的形式，而是将乡村与城市并举成为一个等级的经济体，让乡村旅游与乡村旅游开发成为一个新的产业市场。而通过乡村旅游事业的带动，使人们更加关注乡村旅游。值得一提的是，特色小镇地处我国广大乡村行政范围内，小镇自身并不是孤立存在的。可以说特色小镇与周边乡村社会的联系密不可分，因此二者保持着一种相互影响与相互融合的互动关系。但是中国特色小镇旅游开发过程中出现了诸如与周边乡村过于异质，无法有效共享资源，无法实现区域融合等问题，这应该引起我们的重视。概括起来小镇旅游与乡村文化振兴之间的问题有以下几个方面。

（一）主营产业基础薄弱导致文化引领功能丧失

一些特色小镇的规模偏小，既缺乏带动性强和核心竞争优势明显的龙头企业，又缺乏科技研发类的高端型企业，导致小镇旅游产业缺乏扎实的经济基础。这类特色小镇往往处于产业链的最底端，它们缺乏知名度更无法吸引一定数量的企业入驻，同时小镇旅游吸引力由于缺乏经济基础显得较为薄弱，根本不具备引领和联结周边乡村文化的能力。由于没有主导特色产业，导致小镇旅游业缺乏开发的基础，使得小镇无法带动周边乡村地区社会经济发展，而周边乡村在文化上对特色小镇又有一定的侵蚀性，反过来可能会对小镇文化产生一定影响进而形成恶性循环。

(二) 特色小镇旅游同质化竞争严重

一方面，很多地区在创建特色小镇的初始阶段只看到了特色小镇能够为某个地区带来的社会经济效益，而忽视了对于实际创建条件和后续发展状况的把握，通过简单的模仿来实现短期的经济效益，却不考虑特色小镇的持续发展，例如一些金融产业小镇、健康产业小镇等就陷入了特色难成、前景难测的困境。在小镇旅游文化构建上，我国特色小镇旅游项目的投资建设同样呈现出趋同化趋势。一个地方经营旅游产业有了效益后，其他多数地方便开始纷纷模仿学习，简单的照搬使一些特色小镇的建筑经营风格趋向，例：防古建筑、"小吃街"等的同质化。小镇旅游建设给周边乡村带来巨大影响，相互模仿的最终结果是我国大多数特色小镇基本千城一面。

另一方面，特色小镇自身区域面积决定了小镇旅游开发并不是以规模和扩张为发展形式的，而不少已经建成的特色小镇在规划布局上，居然还缺乏科学指导与规范。个别特色小镇从文化建设与旅游开发理念上就存在极大的误区，一些管理者对特色小镇的认识十分片面，在特色小镇创建规划前期甚至提出"有条件要上、无条件也要上"的口号，导致特色小镇的建设"一哄而上"的现象严重。这一不切实际的发展对周边乡村的文化、经济甚至是环境破坏相当严重，造成了不可估量的后果。

(三) 特色小镇旅游人文功能释放不足

小镇人文功能无法有效释放，很大程度制约了小镇特色性的彰显。部分小镇规划区域内缺乏相应的历史人文基础，只能将周边乡村景区纳入规划范围，缺乏文化上的自主性与创意性。还有一些特色小镇急于求成，在短时间内形成了一定产业规模和小镇雏形，但诸如人才公寓、娱乐休闲等公共基础设施的建设相对滞后，造成了一定程度上的"生产易、生活难"以及生态环境不如人意的问题。人文功能的释放不足会影响产业功能的释放，不利于主打产业的发展壮大，限制了特色小镇旅游的可持续发展，也影响其在周边乡村文化振兴中的引领作用。

鉴于以上的问题我们可以这样认为，乡村文化是乡村振兴的灵魂，我们在积极推动乡村文化振兴的过程中，要充分发挥特色小镇的引领作用，将特色小镇旅游作为小镇与周边乡村的社会文化的联结纽带，具体来说应把握好以下几个方面。

首先，提高特色小镇与周边乡村文化设施的质量。经过几年的建设，全国广大乡镇大都建起了文化站、文化礼堂等村镇综合性的文化服务中心,这些文化基础设施为乡镇基层群众提供了文化活动平台。而特色小镇相关工作的重点不在于继续"建",而在于"用"。如何利用大范围的旅游盘活特色小镇以及周边乡村现有的文化设施存量,提高文化设施服务效能,最大限度地发挥现有文化设施的使用效率,将成为特色小镇旅游与周边乡村文化振兴的首要问题。

其次,培育乡村文化队伍建设,消除小镇与周边乡村文化差异。将特色小镇中的文化人员、文艺骨干和返乡大学生等吸纳到乡村文化队伍中去,提高文化素质的同时不断发展壮大乡村文化队伍。通过特色小镇旅游将周边乡村的文化纳入全国的旅游构建体系中。小镇管理者应利用小镇自身特色的便利性,在周边乡村文化队伍管理、旅游业务培训和旅游评估激励等方面给予必要扶持,使之成为"拉得出、演得好、留得住"的"草根"文艺明星。然后,将"草根明星"们请到小镇中进行表演交流,一方面使得小镇与周边乡村在文化上有效融合,减少隔膜;另一方面,提高小镇旅游的软实力,增加小镇旅游知名度。

再次,小镇旅游活动组织要突出主题。众所周知,特色的传统文化才是旅游的根本吸引物。特色小镇旅游开发与周边乡村文化活动要结合一定的主题来进行,如美丽乡村建设、家风家规家教和文明创建活动等,用文化活动形式承载社会主流文化。小镇中开展的传统节日文化活动既要体现民族文化的精髓,又要突出乡村地域特色,让村民记住"我们的节日",留住"我们的乡愁"。

最后,努力挖掘小镇以及周边乡村文化内涵。目前我国广大农村地区遍布各种特色小镇、历史文化名村和非物质文化遗产等,这些都是宝贵的特色文化资源。因此,在特色小镇旅游开发以及周边乡村文化振兴过程中,要充分地、创新地利用那些独具特色的文化资源来提升乡村的内在品质和文化气质,让振兴之后的乡村文化成为社会经济发展的新动力。

三、乡村文化重构下的特色小镇旅游

据统计,"2017年末全国共有群众文化机构44521个,其中乡镇综合文化站33997个,全国群众文化机构从业人员180911人。其中具有高级职称的人员6171人,占文化机构从业人员总数的3.4%;具有中级职称的人员17224人,占文化机构从业人员总数的9.5%。2017年末全国群众文化机构

实际使用房屋建筑面积 4106.85 万平方米，比上年末增长 2.9%；业务用房面积 2977.46 万平方米，增长 2.7%。年末全国平均每万人群众文化设施建筑面积 295.44 平方米，比上年末提高 6.80 平方米。另外，全年我国群众文化机构共组织开展各类文化活动 197.86 万场次，比上年增长 7.6%；服务人次 63951 万，增长 10.5%"[①]。如（图 3-1）

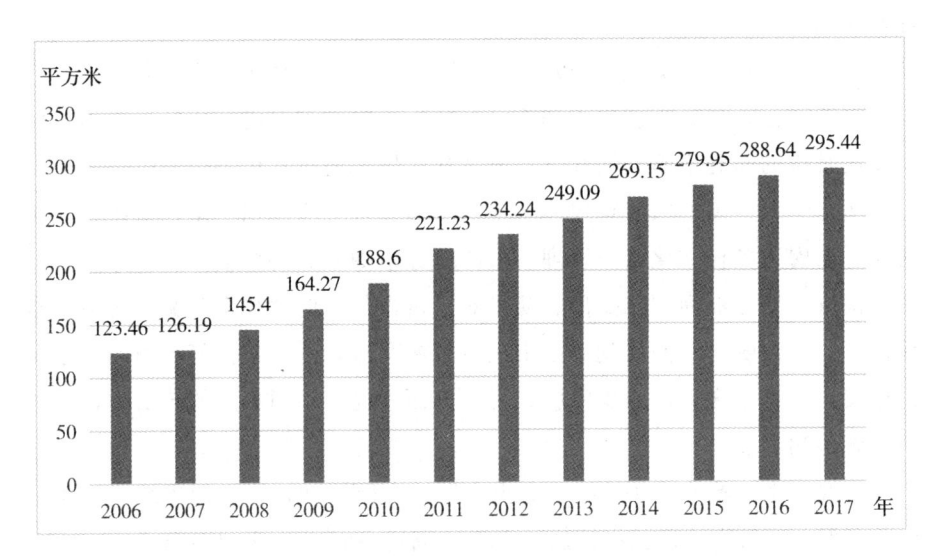

图 3-1 2006—2017 年全国平均百万人群众文化设施建筑面积

从以上数据统计可以看出，我国乡村文化设施总体上在不断增加，新的乡村文化体系也在逐步构建，乡村文化振兴和基于乡村基础上的特色小镇旅游产业将会呈现蒸蒸日上的趋势。

我国乡村文化的价值重建必然也要建立在农民的日常生活中，站在公共文化的基础之上，将特色小镇旅游发展的建设作为乡村文化重构的重要工作，将特色小镇旅游发展作为乡村文化重构的手段，采取以典型个体带动产生辐射地带的方式来促进乡村文化重构。

（一）将特色小镇旅游作为乡村文化辐射手段

乡村居民的互动、交流与沟通并不是一项专门的活动，而是渗透在各种各样的活动之中。中国乡村社会中，有以群体形式进行的活动（如庙会、社火、赛龙舟等），也有人们自愿聚集在一起的以个体形式进行的活动（如妇

---

① 中华人民共和国文化和旅游部.2017 年文化发展统计公报［R］. 2018.

女聚集在一起织毛衣，男人聚在一起喝酒吃饭等），人们在这些活动中经常进行面对面的沟通，逐渐形成了乡村社会的公共交流空间。乡村公共空间包括正式公共空间和非正式公共空间。一是乡村社区内人们可以自由进入并进行各种思想交流的公共场所。例如乡村图书馆、活动中心、寺庙、戏台、祠堂、集市等地，村民可以在这些场所自由地聚集，彼此交流想法，传播各种信息，讨论村庄新近发生的事情等；二是最近几年当地出现的有一定内部规则的私人交往场所。例如某县某村女性村民自发组织的女红学习团队，要求参加的女性必须是未婚，且接受过中学教育，而且每周聚会一次，大家一起交流；三是当地普遍存在的一些制度化组织和制度化的活动形式，例如红白喜事仪式、村落内的企业组织、集体打场，集体植树造林等，人们能自由地在这些活动中交流、互动。由于人们在公共空间中的互动和沟通具有平等性，在这里形成的公共意志和共同文化就不再需要通过强行灌输而能被多数人所自觉认同和接受，这种被多数人认同或接受的思想、观念及习俗逐渐成为当地乡村文化的一部分。可以说，乡村公共空间就是由一定的组织体系和农民活动所构建的文化网络，是农民的共同的文化生活空间，体现当地的乡村文化状态。旅游活动通常会渗透到以上三个空间中，例如外来旅游者会饶有兴趣地参观乡村的图书馆、活动中心、寺庙、戏台、祠堂等地方，也会观赏红白喜事仪式、集体打场等大型活动。这是一个文化推广与融合纠正的过程，通过旅游活动的组织发扬一些优秀传统文化，同时摒弃那些文化发展中的糟粕，提升特色小镇以及周边乡村文化品牌和文化内涵。

（二）以特色小镇为集聚点的民间组织对乡村文化进行引领塑造

我们知道乡村公共空间组织在乡村文化网络中的意义非同一般。其中，民间组织是乡村公共空间组织中的重要组成部分。因此，重建乡村文化价值必须关照到乡村民间组织对乡村文化建设的重要意义。将特色小镇作为乡村民间组织的聚集地向周围乡村辐射文化将是我国未来发展特色小镇和实现乡村文化振兴的重要方式。

首先，乡村民间组织是基于自由平等精神而形成的，采用民主的方式将农民整合在一起。乡村民间组织的培育和发展保护了农民的知情权、参与权、表达权等权利，提高了农民利益表达的组织化程度，拓展了基层民主参与和民主监督的空间，有力地推动着乡村社会的民主政治进程。通过村民委员会实现村务公开，全面、及时地输出相关信息，推动信息公开化，维护了农民的知情权。农民通过自我组织参与村务民主决策，增强了决策的广泛性和科学化。在村委会选举中，民间组织在一定程度上消解了传统行政力量对选举过程的干预，增强了选举的民主性。

其次，乡村民间组织对乡村道德文化表达的引领。乡村民间组织具有道德教育的功能。其本身的"公益性、服务性、志愿性、利他性"等伦理特质，满足了农民的道德文化表达需求，所传递出的道德思想观念、所推崇的道德言行容易被农民接受。因此，在与农民打交道的过程中就能够将道德教育和道德实践相统一，将道德教育与社会管理相结合，弥补了正式组织社会教育功能的不足。

最后，乡村民间组织具有道德规范的功能。乡村民间组织往往通过一定的形式形成社会舆论系统，扬善抑恶，表扬村民积极向上的行为，对不守德的行为和个人进行批评来有效地约束村民的行为，从而对其周边的村民产生一定的道德规范和约束作用。另外，乡村民间组织具有道德调节的功能。乡村民间组织具有在相对狭小的乡村社会空间范围内发挥道德调节功能的天然优势。

（三）用特色小镇旅游活动对乡村凝聚力进行塑造

乡村公共空间的文化活动是信息传播的中枢，会在村民之间产生强烈的社会共鸣效应，并进一步形成共识，从而产生一种普遍的认同感，表现出极强的凝聚力。通过乡村公共空间的文化活动，可以实现对农民个体的有效组织，团结单个的农民，克服农村社区生活的离散性，加强乡村内部团结和文化凝聚力。但是，我们必须承认一个事实，造成当今乡村社会中大部分农民思想涣散、精神生活贫乏和空虚的原因之一在于乡村公共文化事业的落后，以及乡村公共空间组织的涣散。年富力强的村民们选择外出打工，儿时形影不离的伙伴，现如今也难得在村里面碰上一面，更谈不上亲密接触，大家各忙各的，村民与村庄之间的关系产生疏离，村民之间的关系越来越趋于分散。鉴于以上情况，笔者认为应注意以下几个方面。

首先，通过正确引导乡村公共空间的社会舆论来达到大众的一致认同。公共空间的社会舆论，不同于乡村社会"东家长西家短"的背后的议论。一般来说，乡村民间组织为农民提供了交流的平台。农民聚集在一起，从个体单打独斗到积极参与集体合作组织的活动，不仅增加了相互之间合作的机会，而且也增强了组织成员的共同体意识，强化了群体的同质感和连带感。

这种认同感形成一定的不局限于邻里之间的家长里短和家族中的家长决议，也不局限于村支部发布决定的社会舆论，成为公共行动的评判标准和合法依据，在村庄中形成强有力的舆论力量，从而强化了村庄内聚力，有助于形成良好的村庄发展秩序。

其次，集体性的文化活动是乡村生活伦理维系和再生产的载体。集体性的文化活动具有一定的组织规模，在农民群体中具有较高的声誉，承担着净化农村文化与社会环境的重任，同时也是乡村旅游一个最重要的吸引物。它能够促进人们之间的交往和沟通，增加人际互动，有利于农民们彼此间的交往和沟通，增强乡村凝聚力，甚至能为整个乡村创造经济和文化价值。由于乡村文化活动的开放型、民间化、自我组织、自我管理的特征，几乎每一个农民都可以参加。这让农民建立起既自然又紧密的联系，在活动中锻炼自身的组织管理能力，切身体会到组织的力量，学到合作的知识，更好地促进其他各项活动的顺利开展。

最后，在乡村公共文化建设活动中尊重农民的主体地位。将国家发展农业的需求与农民自身的兴农积极性有机结合起来，把提高村民组织化水平看作是实现农村现代化的基础。乡村公共文化活动应当充分尊重农民群众的主体地位，要让农民自己说话，自主办事，鼓励群众主动参与、广泛参与和自我管理，并在此基础上培育服务性、公益性、互助性社会组织，实现其教育功能和文化整合功能。乡村公共文化建设的一切外部协助力量，其作用都是对作为主体的农民进行引导，其目的都是为了引发农民群众内在的变革力量和创造性、主动性。如果外来力量变成管理者和主体，就一定会影响农民积极性的发挥，造成乡村对外部力量的依赖，从而阻碍农村自我变革、自我发展的力量得到真正的成长。因此，必须鼓励农民群众自办文化，并以政策扶持开展各种面向农村、面向农民的公共文化事业和文化经营活动，使广大农民群众真正成为乡村文化建设的主体。

（四）推广以特色小镇为代表的文化产业链

乡村文化产品的生产和传播，也要遵循市场规则，通过市场流通和商品交换，转化为群众的消费，这样才能最大限度地实现文化的宣传教育功能，强化它的意识形态属性，达到以优秀作品鼓舞人的目的。党的十六大报告中首次将文化事业和文化产业进行了划分，这标志着文化产业正式被国家承认，意味着国家对文化产业运用产业化手段创作和传播文化功能的肯定。作为社会主义文化建设的重要组成部分,文化产业依然具有文化事业的基本功能,肩负着解决农民文化活动偏少、文化消费单一的重任。社会效益是其首要要素,其后才是努力通过市场实现文化产品和文化服务的经济价值。从当前情况来看,中国文化产业的发展重点还是集中在城市地区。相比较而言,大多数农村文化产业尚处在萌芽阶段,市场化程度还比较低,乡村文化产业发展格局和产业链条还远未形成。因此,通过旅游来开发以特色小镇为代表的乡村文化产业,应该从以下几方面着手:一是加大对特色小镇以及周边乡村文化产业的政策扶持力度,积极利用人力资源市场的配置功能,创造良好的农村就业发展环境,吸引城市文化人才(如学有专长的大学生)向农村有序转移,为乡村文化产业实施重大项目提供人才储备。二是建立健全公开、透明、平等的特色小镇和周边乡村文化市场准入机制和公平公正、自由竞争的文化产业生态环境,同时制定和落实相应的优惠政策,以此来吸引民资和外资发展乡村文化产业。三是发展乡村文化产业时不能扭曲或脱离非物质文化遗产的文化特性。要有文化传承和文化发展的意识,在保持文化遗产传统性的同时,用发展的眼光在非物质文化遗产中融入合理的时代元素。四是发挥特色小镇文化引领作用。将特色小镇作为乡村文化扩散的释放点,通过旅游活动开展促进乡村文化交流以及保护和普及,同时在小镇中构建绿色高效的旅游以及与旅游相关的文化产业链。

乡村文化振兴关系到我国传统社会文化的延续,同时也关系到国际民生,是我国社会经济发展的重要方面。如何有效发挥特色小镇以及特色小镇旅游的推动作用,将我国广大乡村文化推向新的发展高度仍然是一个任重道远的问题。

第四节 特色小镇旅游与乡村协调发展

特色小镇的提出背景就是促进小城镇与大中小城市协调发展,同时在广大乡村与城市之间建立一个连接纽带,发挥小城镇"小、精、专、特"的优势,形成差异化定位、错位竞争、互补发展的格局。乡村振兴战略,也是在我国实施"统筹城乡发展""美丽乡村""农业供给侧结构性改革"一系列举措后提出的实现乡村整体提升的综合战略。特色小镇是为了推进我国乡村振兴战略而提出的。可以这样说,特色小镇的诞生推动了乡村振兴战略发展,而乡村振兴战略又为特色小镇的建设提供了平台。

一、小镇与乡村协调发展的作用机理

特色小镇的核心内涵契合乡村振兴战略的目标要求。立足特色小镇的"产业＋文化＋旅游＋社区"发展模式，着眼于乡村振兴的目标导向，其作用机理表现在：特色产业为载体促进农村产业兴旺、特色小镇为窗口引领乡村文化兴盛、特色小镇为平台带动乡村生活富裕、特色小镇为示范拉动乡村生态宜居等方面。

（一）特色产业是特色小镇的载体

特色产业是特色小镇的灵魂所在，而特色产业的遴选是根植于区域的独特资源禀赋，具备产业发展基础和未来发展空间。小镇特色产业的竞争力提升势必要求延长产业链、提升价值链，而这与我国乡村振兴要求的一、二、三产业融合发展相一致。我国乡村地区的特色产业以农业为主体代表，某些乡村地区以特色养殖种植业为主要表现形态，当然除农业以外也有其他一些形式例如加工业、金属制造、交通方面等产业。特色产业在构建现代产业体系引领下，对乡村的产业组织、产业技术、产业结构、产业布局、产业关联等方面都起到了积极的推动作用。从市场方面来看，市场主体的不断壮大优化了产业组织、提高了产业集中度；现代信息技术的运用、科技成果的转化推广提升了产业技术水平；特色产业的新产品开发、新业态孕育、新模式迭代升级了产业结构；特色产业的规模效应和范围经济促使产业集群式布局，有利于高效利用土地、促进生产生活生态的空间协调；特色产业价值链条延长后，产业关联不断优化，可以避免农产品滞销和短缺带来的利益损失。

（二）引领乡村文化兴盛的窗口

乡村振兴不仅是经济的振兴，更是文化的振兴、生态的振兴。我国乡村地区在经历城镇化的快速发展后，文化消费、精神诉求、感情寄托日益成为人们追求的心灵感悟。我国农耕文明底蕴深厚，弘扬乡村文化积淀、传承乡村文脉是乡村振兴的重要组成部分。特色小镇要想区别于以往小城镇的发展模式，就是要突显其文化内涵与魅力。不同主题类型的特色小镇挖掘各自不同地域文化的深厚底蕴，植入传统文化元素、嫁接文化创意表达方式，使特色小镇避免同质化倾向。例如，农业型特色小镇展示传统农耕文明的演变历程，或将文化创意植入农产品的品种研发和包装设计；历史经典产业型特色小镇兼顾文化传承与现代产业发展，展示经典产业的生产工艺变迁；旅游主题型特色小镇挖掘历史文化内涵，形成独特文化标签。众多的文化元素通过特色小镇的扩散，不但促进了乡村文化产业的发展，对认识乡村文化价值、健全公共文化服务，而且增强当地居民对乡村文化的自信与自觉起到了窗口示范作用。

（三）促进乡村经济发展的平台

特色小镇首先应该是基础设施完备，其作为村镇地域系统的增长极，具有联结城市与乡村的区位优势，在承接城市产业和文明向乡村转移和辐射过程中创造了更多的就业机会，并开阔了乡村居民的视野。特色小镇特色产业的发展会吸纳周边乡村的劳动力转移和本地就业，让更多农民参与二、三产业，开辟多元收入渠道；特色小镇还是创新创业的平台载体，一些在外务工多年的农业转移人口，在发达地区现代化企业中工作积累了技能逐步具备自身创业的能力，特色小镇围绕特色产业衍生出更多的市场需求和产业发展机会，吸引外出务工人员返乡创业，小镇体制机制灵活的政策优势给返乡创业人口提供了舞台，通过创业带动就业，促进农民增收和生活富裕；特色小镇旅游业在人口聚集方面有其自身巨大的优势，如果应用在特色小镇产业发展方面的话，能够成为乡村发展新的平台。

（四）乡村生态宜居示范效应

特色小镇通过科学的规划引导，在紧凑空间里高效利用土地，兼顾生产生活生态的协调有序发展的优势，这对周边乡村社区是一种正面示范作用。将小镇与周边乡村统筹衔接，进行合理土地利用总体规划、农村社区建设规划，同时提高规划的指导性和操作性，将大大提升特色小镇宜居生活理念对于周边乡村引导效果，对我国乡村社会经济发展起到积极作用。乡村环境的改善以特色小镇为样板，逐步推进乡村生活垃圾处理、生活污水处理、改善村容村貌。特色小镇凭借特色主题、生态优势、文化内涵发展起来的乡村民宿有力地支撑旅游业发展，这为广大农村农家乐的发展升级提供了参照，这些都将有效促进乡村振兴实现生态宜居的目标。

二、小镇旅游与周边乡村的竞争关系

前文中提到学界存在一种观点认为，乡村旅游发展与特色小镇旅游的建设存在着激烈的竞争关系。实际的研究中我们发现某些范围内这两者确实存在竞争且竞争关系相对激烈的情况。主要有以下几方面。

（一）客源市场的竞争

我国乡村旅游的目标市场是居住地域环境、生活方式及经历、劳作方式等有别于当地乡村社区的居民。乡村性是乡村旅游区别于其他旅游活动的最重要特性。乡村旅游活动的乡村性主要是指乡村景观的整体意象，包括乡村城镇化水平、乡村聚落形态、乡村土地利用方式、乡村生活方式和节奏。另外，自然体验与文化体验紧密结合，更强调深层次的文化体验。旅游者到乡村地区进行旅游活动，经历了一个从休闲度假—自然体验—文化体验的层次逐渐加深的过程，使乡村旅游的体验得到了升华。

而就目前来说，特色小镇凭借其优越的地理区位，发达的交通体系，其客源市场既可以是近邻的大都市，又可以是位于市区内的优势区域，还可以是附近的偏远村落，而且特色小镇还可以发挥自身的一些优势功能和城市共建共享发展。

"特色小镇不是传统意义上的镇，也不是开发区和旅游区的概念，而是具有明确产业定位、文化内涵、旅游和一定社区功能的发展空间平台，是在有限的空间内通过特色产业链聚集和公共服务配套跟进，实现优化生产力布局，进而破解高端要素聚集不充分，带动区域经济繁荣的有效模式。"① 从目标市场的角度来看，二者的旅游客源市场存在着趋同性，因此乡村旅游与特色小镇旅游在客源市场层面形成激烈的竞争关系。

（二）自身吸引力的大小

由于自身资源禀赋的差异的存在，从自身吸引力上来说乡村旅游是无法与特色小镇相提并论的。

特色小镇具有人才、技术、资本的集聚效应，可以激发出小城镇的无穷力量，而多数乡村地区并不具备集聚效应的条件，这正是特色小镇吸引人才集聚的基础，更是集聚产业为大量乡村人口提供了更多更具诱惑力的工作，使得特色小镇在吸收乡村人口和解决就业压力问题上表现出卓越的力量。因此，大量的乡村人口外流，造成乡村旅游的发展人才短缺的现象。如果不能有效地调节两者之间的关系，就会造成乡村旅游与特色小镇发展失衡的现象。

三、中国乡村与特色小镇旅游协同路径

乡村与特色小镇旅游集聚着我国农村发展的重要因素，通过其协同发展

---

① 王振坡，薛珂，张颖等. 我国特色小镇发展进路探析[J]. 学习与实践. 2017（04）：23-30.

可以提高人民生活水平质量，形成拉动城乡经济发展的新动力。对于如何实现乡村社会经济与特色小镇旅游发展的协同，本书在总结前人基础上得出以下六个方面的发展路径。

（一）构建城乡旅游带

把特色小镇旅游嵌入城市周边乡村社会经济发展中，在共建共享下使得两者积极协同发展。城乡旅游带与特色小镇在空间格局上应该是互动联系的，从而对乡村旅游起到良好的辐射带动作用：一方面，在空间上乡村区域靠近特色小镇，由于优越的地理位置关系，乡村旅游在发展中可以与特色小镇共同分享客源，从而带动乡村旅游消费，增加乡村经济收入；另一方面，城乡旅游带可以吸收特色小镇优秀的文化，依托特色小镇完善自己的功能，打破以往发展的格局，这对于加快推进新型城镇化建设具有重要的意义。

（二）构建旅游服务要素多元化

旅游消费具有极大的综合性，通常包括行、住、食、游、购、娱等旅游六大基本要素方面的消费。因此，小镇周边乡村和特色小镇旅游开发建设时应充分利用各自独特的旅游资源，并结合自身的条件与发展目标在旅游的基本要素服务领域内进行多元化整合。同时，在当今消费升级的新时代下，乡村和特色小镇旅游在发展建设的过程中应满足市场发展的新需求，与时俱进地将商、养、学、闲、情、奇等新的要素进行整合包装，最终实现真正意义上旅游要素的多元化整合。

（三）构建地区人才合理流动体系

在特色小镇与乡村地区范围内建立有效的定点帮扶体系，使得旅游人才信息能够互通交流。特色小镇组织本地人才就近进行乡村旅游服务、管理运营等专业培训，重点培养一些具有带头作用的乡村旅游人才。例如，小镇旅游精英可以定期指导乡村旅游精英，从而为乡村旅游注入生命力，也可以聘请乡村旅游精英人才为特色小镇旅游服务人员进行培训讲解等。可以说，乡村旅游精英人才和乡村旅游需要同步壮大，才能达到良性循环发展，从而使特色小镇和乡村地区在旅游人才分配上更加科学合理，促进两者协同发展。

（四）旅游产品类型多元化互补

多元化的旅游产品类型是特色小镇旅游增强产业集聚效应的重要途径。乡村旅游在开发建设的过程中应充分利用"六农"旅游资源，不仅注重观光型旅游产品的发展，还要更多开发创新型的旅游产品，如参与体验型旅游产品和养生型旅游产品等，才更能发挥出乡村旅游"乡村性"的价值效应。特色小镇应充分利用自身特色产业优势，在开发主导型产品的同时，应加入一些文化创意型的特色旅游产品，构建特色产品体系。乡村性的旅游产品和特色产业性产品互补互动相结合，共同应对不断升级的消费需求市场。

（五）旅游产业链的多元化整合

特色小镇旅游与乡村产业链进行多方面多领域的整合。特色小镇可以凭借自己优势的产业化结构，通过一些积极的途径，使两者之间的相关产业进行充分和最大效应的结合，进行一体化联动发展，打破以往不良的竞争发展态势，使各产业在区域范围内能够实现有机整合，使特色小镇旅游和乡村区域成为协同发展的有机生命体，实现产业与旅游的联动与融合，强化旅游产业集群创新能力，从而增强特色小镇和乡村共同的发展活力，形成特色小镇旅游产业与乡村旅游产业抱团发展，共同推动区域经济发展。

（六）扩展旅游产品生命活力

是否能更多地获得游客的停留时间是旅游发展的重要参考标准。特色小镇经济的增长可以通过旅游来创造，因此如何发挥旅游的带动作用是特色小镇发展的关键问题。乡村旅游依靠政府的行政手段推动发展，在项目创新方面缺乏有效经验。因此，乡村旅游和特色小镇旅游在发展中可以根据各自特色进行特色项目打造，例如，乡村旅游依据其"乡村性"发展特色乡村民俗活动和进行夜景设计；特色小镇则发挥产业优势，打造特色商业街区。乡村和特色小镇通过互融经济活动进行互动发展，增强协同发展的生命力。

四、乡村振兴导向下的特色小镇旅游开发对策

特色小镇的创建源于我国对小城镇发展模式的探索与创新，因此特色小镇发展主旨不能偏离我国小城镇发展的初衷。在国家实施乡村振兴战略的大背景下，特色小镇旅游的发展应立足大中小城市与小城镇协调发展，通过村镇地域空间结构优化、特色产业素质效益提升、乡村文化兴盛与创新、创新创业平台搭建、乡村人居环境改善等一系列措施提高小镇旅游产业的发展质量，最终以特色小镇社会经济的科学发展来促进乡村振兴战略落实。笔者认为，特色小镇应该从以下几个方面制定对策，以应对未来社会经济发展。

（一）将特色小镇作为区域增长极

通常，地区经济的发展需要某个点的突破作为引领，特色小镇作为县域

经济内部的增长极,在产业素质、要素集聚、基础设施等方面均具有内引外联的比较优势,依托特色小镇为增长极可以引领村镇地域系统要素的整合与经济发展,促进县域内部形成城关镇、特色小镇、中心镇、集镇等多中心极点支撑的空间结构,通过集聚效应与扩散效应的作用机制,辐射带动乡村经济社会的发展。基于此,特色小镇的产业定位、空间联系不能脱离乡村腹地,需要着眼于乡村产业发展、密切城乡联系的角色担当,在特色小镇吸引高端生产要素集聚、产业竞争力提升、展示乡村文化底蕴的过程中积蓄发展势能。在特色小镇成长发展中需要同步统筹规划联结特色小镇与乡村腹地的基础设施、商品流通网络、信息共享平台、人才服务渠道,以便于尽早充分地发挥特色小镇的扩散效应,避免使特色小镇成为村镇地域系统的孤岛和飞地。

(二) 小镇特色产业驱动农村产业融合发展

农村产业融合发展是拓展农业多种功能、实现产业多重效益的必然途径,也是乡村振兴产业的必然要求。农村产业融合发展需要培育融合发展主体、丰富产业融合方式、构建产业融合的利益联结机制、健全产业融合的社会化服务。而特色产业是村镇具备资源禀赋、发展基础、文化基因和增长空间的优势行业,在农村产业融合发展过程中起到引领和驱动作用。特色产业也正是特色小镇的个性标签和产业支撑,特色小镇特色产业的产业链延伸和价值链跃升,为农村产业融合发展起到示范效应,在催生产业融合发展主体成长中体现产业融合的规模效应,在探索产业融合多样化方式中体现产业集聚效应,在稳固产业融合利益联结机制中形成共享效应,在拉动服务业专业化分工中形成溢出效应。特色产业驱动农村产业融合发展的作用机制和多重效应会进一步提升农村产业素质和竞争力,强化乡村振兴的产业支撑。

(三) 挖掘乡村文化基因升华小镇文化品位

我国农耕文明底蕴深厚,乡村作为传承农耕文明和乡土情怀的精神家园,承载着田园诗歌、寻根回忆、乡愁依恋的职能。现代化文明的模式化和城镇建设的复制化,在一定程度上侵蚀着传统文化的根基和地域文化的传承。以往农村脏乱差的村容村貌弱化了乡村乡愁依恋的功能发挥,使得人们一想到农村就是凋敝、萧条、落后的直观印象。特色小镇不仅有特色产业支撑作为经济发展的基础,更有文化元素的注入和文化气质的扩散来凸显魅力和品位,这与乡村振兴要求的文化兴盛相一致。特色小镇文化品位提升需要根植于乡村地域特点,挖掘乡村文化基因,依托历史人文资源、文化遗址遗迹、古镇建筑群落、非物质文化遗产等载体弘扬乡村文化，并在特色小镇的产业发展、产品开发中嵌入文化创意元素，对乡村文化创造性转化、创新性发展，让广大村镇居民通过特色小镇"文化＋"的发展实践与产生的多重效益，切实增强对乡村文化价值内涵的认识和保护传承的自觉。

（四）搭建返乡务工人员创新创业平台

返乡务工人员回到乡村创业创新为乡村发展注入活力、培育乡村农业发展的内生动力。特色小镇在"大众创业、万众创新"的时代背景下应运而生，承担创新创业平台载体的职能。特色产业有大中型企业作为专业化运营商主导，而在特色产业链条拉长的过程中，又衍生出更多的创业机会和市场需求空间，返乡务工人员了解本地区发展基础，有扎根于本地发展的情怀，依托特色小镇、围绕特色产业的产业链配套进行创业创新，这对乡村振兴的产业发展起到重要的促进作用。着眼于吸纳返乡务工人员创新创业，特色小镇需要发挥体制机制灵活便捷的优势，在农村产权制度逐步完善的基础上盘活农村的资源与资产，为创新创业主体提供符合需求的信贷产品、服务模式等融资方式，提高对创业主体的培训实效，帮助他们认识宏观经济形势、捕捉市场信息、把握竞争机会、提高职业技能，并依托特色小镇特色产业的升级需求适时引入科研平台，提高产业发展的科技含量，发挥科技创新的外溢效应，带动农村产业的科技创新和业态升级。

（五）统筹规划改善农村人居环境

农村人居环境是村容村貌的空间体现，特色小镇统筹生产生活生态空间布局，以生态宜居的环境优势成为乡村振兴的参照。特色小镇在提升自身环境和谐宜居功能的同时，需要统筹规划联结乡村的基础设施，采用PPP模式规划建设村镇垃圾处理、污水处理等市政设施，结合市场与政府的优势，提高运营管护效益。通盘考虑生活垃圾的分类处置和回收体系、农业生产废弃物的循环利用；开展厕所革命，将畜禽养殖废弃物纳入处理体系并资源化利用；以特色小镇为节点推动城镇污水管网向周边村庄延伸覆盖，积极推广生态处理工艺等低成本、低能耗、高效率的污水处理技术；立足村庄自然村落肌理、围绕特色小镇主题编制村庄建设规划，引导村镇建设布局、建筑风格和公共空间，以人居环境的改善作为乡村生态宜居的底板，形成特色小镇发展扩散的腹地。

第四章　特色小镇旅游项目开发管理

作为旅游目的地来说，它在整个旅游业中占有非常重要的比例，我们知道旅游目的地是满足旅游者基本需求的辐射中心，同时也是为旅游者在整个旅游活动中提供服务和生活设施的中心。中国特色小镇作为旅游目的地而言，其旅游产业的发展表现出巨大的经济和社会效益。但是，在我国资源贫乏的乡村小镇依然数量众多，很多乡村小镇在发展中采取简单的"照搬"模仿，致使同质化的特色旅游"小镇"遍地开花却没有创新之处。"小镇"之间的相互模仿，众多旅游产业区存在严重的同质化竞争的现象，一定程度上制约了乡村经济发展。特色小镇旅游项目前期的开发与设计，以及中后期产品生命周期的延续将决定特色小镇日后的社会经济发展走向，这是特色小镇旅游产业发展的核心。

第一节　特色小镇旅游项目分析

某个区域内的旅游在其发展过程中，旅游资源赋存状态是决定旅游地发展方向和发展规模的一个基本的方面，是旅游发展中基础性的因素。但是我们同样不能忽略旅游活动或项目在旅游发展过程中的巨大作用。特色小镇的旅游资源所提供的只是一种旅游的可能性，要能够真正吸引旅游者，还需要通过旅游规划与开发过程将旅游资源设计、开发成为旅游产品。特色小镇旅游资源的规划与开发中，旅游活动或旅游项目的设计是一项十分重要的基础性工作。因此，小镇管理者在做出规划设计的决定之前，首先必须掌握旅游项目最基本的概念，以及旅游项目和其他相关概念之间的关系。

一、特色小镇旅游项目概述及分类

在旅游者心目中一般都会有一个常识性的心理感知，即那些实际存在的可以触摸和感觉到的设施，如游乐场所各种吸引人的新颖娱乐项目设施等。但是这些只是旅游项目中的很小部分，旅游项目的概念和内涵远远比这些理解广泛得多。中国特色小镇旅游规划与开发中所说的旅游项目是一个外延广泛的概念。一个旅游地的资源中包括各种自然与人文历史资源（由各种现实和潜在的旅游资源转化而来），它们是能够通过发掘创造现实价值和财富的吸引物。我们所说的特色小镇旅游项目并不是简单的旅游资源，而是要将已存在的现实资源经过人为开发和设计，最终使其深层魅力释放出来吸引游客进行旅游活动。

本书所指的小镇旅游吸引物是一个广泛的概念，既包括传统意义上的旅游线路和旅游景区以及旅游景点，同时也包括小镇中传统的节庆活动、土著文化背景以及小镇和周边地区生产或者销售的旅游商品等。广义的旅游项目是一个庞大的体系，它涉及旅游的食住行、游购娱等各方面，既包括旅游吸引物本身，还包括为旅游活动的开展提供服务的外围辅助项目。因此，下文所谈到的旅游项目如无特别说明一般是指广义的旅游项目。学界对旅游项目的概念进行过多方位的界定，其中一个比较具有典型的代表性：华尔士和史蒂文斯在1990年[1]，将旅游项目描述成具有如下特征的吸引物。

1. 吸引旅游者和当地居民来访，并为达到此目的而经营。

2. 为到来的顾客提供获得轻松愉快经历的机会和消遣的方式，使他们度过闲暇时间。

3. 将发展的潜力发挥到最大。

4. 按照不同项目的特点来进行针对性的管理，使游客的满意度最大。

5. 按照游客的不同兴趣、爱好和需求提供相应水准的设施和服务。

从上面给出的对旅游项目的表述中，我们可以总结出如下一些特点：第一，旅游项目应该为旅游者提供消遣服务以便度过闲暇时间；第二，旅游项目的吸引力应该保持长久，并且其吸引对象不仅仅是外来旅游者和一日游客，当地居民也应该是旅游项目的吸引对象；第三，旅游项目需要一定的管理，并通过一系列经营方式来创造出经济效益。

至此，我们对于特色小镇旅游项目的界定应该有一个比较清晰和完整的认识。实际上，以上三点在整个特色小镇旅游构建中是比较重要的切入点。

---

[1] 赖坤．旅游功能区规划优化模式设计研究[D]．华东师范大学．2004．

特色小镇旅游项目是以拥有小镇自身特色的自然和人文历史以及文化资源为基础，将外来游客和当地居民作为吸引对象，提供休闲消遣以及认知来获取服务，以实现特色小镇以及周边乡村整个经济、社会和生态环境效益为目标的旅游吸引物。

特色小镇旅游项目是以一个完整系统而存在的，其范围包括了景区内部的方方面面。目前中国特色小镇旅游项目大致包括以下几类。

1. 民俗旅游项目

中国是一个民族资源丰富、历史资源悠久浓厚的国家，不同地域的民族有着不同的历史和民俗文化，例如蒙古族的那达慕、傣族的泼水节、汉族的赛龙舟大会、清明踏青游等；甚至在同一区域之内存在着众多民族共荣共生的局面，如甘肃一个省境内现存少数民族多达54个，人口将近200万之多。

一些较著名的历史名城，历史遗迹和文物众多，文化厚重，涉及范围广阔，对游客有着强烈的吸引力。

2. 文化精品旅游项目

中华民族在长期繁衍生息过程中创造出无数享誉世界的历史文化遗产，为中国旅游以及文化旅游发展奠定良好的基础。例如中国戏剧、武术、传统建筑、烹饪技术、中医中药、书法国画、茶艺、剪纸等，每一个门类都具有丰富的历史文化和鲜明的特色。

另外，中国宗教文化及其所表现出来兼容并蓄、和谐包容的思想性，在长期发展中形成了中华民族中庸和善的性格特征。图腾崇拜、祖先崇拜、佛教、道教、儒教等在传袭的过程中，留下许多有形或无形的文化遗产，至今仍影响着中国人的思想。中国特色小镇的旅游项目数量较多、举不胜举，而众多的宗教旅游项目广泛地分布在广大乡村地区范围内，而它们表现出的历史性文化性的基因使得这些项目与外国特色大相径庭，以其独特奇逸吸引众多异域游客前来游览观光。

3. 自然风光旅游项目

中国国土广袤，所跨的经度和纬度范围很广。地处热带、亚热带和温带以及寒带的不同特色小镇旅游项目，蕴藏着多样优美的自然风光，也包含无数的名山大川。中国国土所跨域的自然地带较为丰富，因此自然风光类型旅游资源种类繁多，而特色小镇就广泛分布在各个自然带中，这使得我国特色小镇在发展自然类型旅游项目过程中具有得天独厚的先天优势。

4. 极限类旅游项目

当今户外探险和极限运动类旅游正成为很多中青年的选择，这一类型旅游统称为极限类旅游。户外探险和极限旅游不仅需要个人生理、心理过硬，还需要团队合作精神和线路选择准备。目前中国境内最热门的探险线路有：楼兰古国－罗布泊丝路、塔克拉玛干沙漠、茶马古道、两江源头等，这些线路上都不同程度地分布有特色小镇。而在沿海地区的冲浪、滑沙、蹦极、动力伞等极限性旅游项目同样能在沿海特色小镇中看到。

5. 限量类旅游项目

限量类旅游的内容可谓五花八门，该项目并不以游客数量来判定，恰恰相反的是，此类项目对于游客数量和游客素质是有很多限定的。该类项目对小镇以及小镇住宿及餐饮，出游的主体也包括家人和朋友等不同的群体有较高的经济方面和时间方面的要求。例如，某一线城市的旅游公司可能一年只接待一次某一旅游线路的旅游团，且限定人数为20人，团队行程为1个月，但是每位团队人员收取费用却是普通大众团队的五倍甚至是十倍。

二、特色小镇旅游项目的特点

旅游业自身存在有很多的特性和特色，而特色小镇旅游项目在一般旅游活动基础上建立，同时存在自身的特色，这就需要我们对小镇旅游项目进行多方位的考量。通过归纳得出中国特色小镇旅游项目主要特点如下。

（一）小镇旅游项目普遍具有季节性

我国处于温带季风气候区，由于气候和季节的原因，我国范围内绝大多数特色小镇的旅游项目都具有很强的季节性，即具有明显的"旺季"和"淡季"之分，旺季人满为患，淡季则鲜有游人光顾，造成资产和设备的闲置浪费，徒增经营成本。例如我国北方依靠冬季项目进行旅游活动的小镇，冬季是冰雪游的旺季，夏天天气炎热，冰雪游难觅踪影，但冰雪景区却依旧需要必要的维护，从而增大经营成本，降低项目收益。

（二）旅游项目资金投入高，回收期长

特色小镇旅游项目需要各种功能齐备的配套设施相互配合，从而能更好地为游客提供服务，但这也无形中增加了投资成本。多数小镇本身由于资金资源有限，无力承担某些高昂的投资费用，需要及时引入社会资金才行。

（三）旅游项目专用性强

小镇规划旅游项目的专用性非常强，例如黑龙江省漠河县北极镇，其冰雪旅游投资项目仅可用作冬季冰雪游，闲时很难用作它途，且项目退出门槛高。这种专用性特点，使得投入成本增大、风险提高，一般的特色小镇规划中，开发商很难做出投入的决定。

（四）有很强的关联性

特色小镇旅游业与交通运输业、住宿行业、餐饮行业、地区零售业等具有正向联动性，旅游产品必须通过配套行业的支持才能得以实现。这种关联性使得旅游投资项目与配套项目的投资息息相关，这也是旅游投资项目存在的潜在风险因素。

（五）有强烈的市场导向性

旅游项目需要对消费者的需求和旅游行业的发展趋势进行全方位评价，从而做出准确的市场定位和投资构想。准确地把握旅游市场动向，准确地找出旅游项目的消费主体，才有可能实现既定的投资目标，反之则会产生投资风险。

三、特色小镇旅游项目与相关概念辨析

旅游业中的任何组成部分都可以在某种程度上与旅游项目联系起来。笔者从旅游项目与旅游资源、旅游产品和娱乐项目的比较入手解释小镇旅游项目与之的区别和联系。

（一）小镇旅游项目与旅游资源的关系

旅游资源是特色小镇旅游业开发的基础条件，也是旅游开发规划的前提。而旅游项目则是小镇和周边乡村地区旅游业发展的重要支撑，旅游项目对于旅游业的开发起到了支撑和推动的作用，拥有成熟的旅游项目才能促进小镇旅游产业的健康发展，才能促进小镇与周边乡村经济社会水平的有效提升。

首先，特色小镇旅游资源的经济性是潜在的，对其开发需要深度发掘。旅游资源本身不能够吸引游客到来，它必须经过一定的开发、包装或营销宣传，才能吸引旅游者，产生经济效益。特色小镇旅游项目与旅游资源相比，其经济性的特征具有更强的现实性。因为旅游项目是基于资源基础上开发形成的，它通过一定数量的资金和人员投入而最终产生，开发建造旅游项目的

目的是能够为特色小镇带来经济收益。因此,旅游项目的经济性是可以通过具体的经济指标来加以衡量的,旅游投资者可以从旅游项目的运转情况来判断其盈利性大小。

由于旅游资源的不可再生性和旅游价值的个体差异性,各地的旅游项目也有较大差异。旅游项目一般来说是经过人工开发而成的,可以被重复建设;旅游项目的旅游价值也应该是较大范围内被人们所认可的。

其次,特色小镇旅游资源所具有的空间特征在旅游项目上的体现也不明显。旅游资源由于其自然属性决定了具有空间属性的特征,即地域性、不可替代性、综合性、组合性、相似性。但这些特征在旅游项目上没有太大的体现。旅游项目在地域空间上是可以被重复建造的,一地所拥有的旅游项目在另一个地方同样可以见到,诸如主题公园、迪士尼乐园和方特乐园……在全球的扩张就是一个典型的例子。这些旅游项目具有相同的特色,相似的旅游项目之间具有较大的相互替代性,它们同样能够满足旅游者在某些方面的需求。

最后,旅游项目比旅游资源具有更强的文化特征。旅游项目是人为设计建造出来的,它的设计过程可以体现设计者的一种理念,由于成型的旅游项目能够映射出特色小镇特色的文化内涵,因此具有较强大的地域文化特征。而特色小镇旅游资源和旅游项目之间是一种相互依存关系,也就是说旅游项目的开发要以当地旅游资源的存在为基础,而将旅游资源吸引力转化为社会经济效益又需要旅游项目来完成。可以说,特色小镇的旅游资源是当地旅游业产生所必需的原材料,而旅游项目是特色小镇旅游业产生过程中的初级产品,两者都是中国特色小镇旅游业开发过程中不可缺少的组成部分。

(二) 小镇旅游项目与旅游产品的关系

特色小镇旅游产品是旅游开发中经常触及的一个基本范畴,旅游产品和旅游项目之间实际上应该存在一种类似于点对线的关系。小镇旅游开发中的旅游产品具有广义和狭义的区别。广义的旅游产品指旅游线路,也就是在旅游开发中,人们将旅游景点、景区以及景区内的节庆活动等旅游项目串联起来,为旅游者提供满意和印象深刻的旅行,使得旅游者能够获得美好的经历。而狭义的旅游产品指单纯意义上为旅游者提供物质和精神享受的那些旅游景点或节庆活动,其设计范围较为单一和狭小。广义的旅游产品将旅游活动看作一个有机整体进行串联打包,同时看作一个系统来运作。而狭义的旅游产品仅仅只是将着眼点放在单一的旅游活动之中。

特色小镇的旅游项目与旅游产品十分相近，但同时又存在一定的区别。一方面，小镇旅游产品所包含的内容比较广，而旅游项目的内涵偏小。广义的旅游产品被分为核心产品、中间产品和外围产品这三个产品层次，三个产品层次组合起来就构成了整体旅游产品。三种产品层次由内而外分布，设计数量和范围较多，为特色小镇提供各种基础性条件来完成小镇收益。小镇旅游项目一般包括旅游景区景点、旅游节庆活动、旅游产品甚至某些旅游服务在内的各种旅游吸引物。旅游项目是构成旅游线路的基本要素，旅游项目涵盖旅游产品，其相比旅游产品的范围更大更广。另一方面，小镇旅游项目内容更加具体和实际。旅游项目是由一个个具体的能够为旅游者带来较多感知的旅游吸引物组成，而旅游产品却更加抽象，无法具体到某一个个体上。旅游者在离开居住地出游之前，一般都很难十分真实确切地感受旅游经历，并且旅游产品在其生产的过程中不仅受客观条件的限制，而且还会由于人为因素造成旅游过程中存在一些不确定性。这种情况在旅游项目上就很少出现，旅游项目能在一定时期内保持相对稳定性，受外界干扰较少。

（三）小镇旅游项目与娱乐项目的关系

特色小镇娱乐项目是为帮助人们度过闲暇时间，给人们提供精神和物质享受的服务和娱乐设施，它以营利为目的。由于小镇所辖区域有限，所以这样的娱乐项目主要存在于一些小型游乐园以及酒吧歌厅等地方。显然，这些娱乐项目不一定是为旅游者服务的，只是为人们提供一些休闲娱乐场所以及设施。旅游项目则不同，它不仅包括了娱乐项目，还包括其他一些涉及食住行游购娱等方面的设施和服务。特色小镇娱乐项目属于小镇旅游项目中的一种类别，为人们提供与娱乐相关的设施和服务，它与旅游项目的关系是部分与整体的关系。

特色小镇旅游项目与其他几个与之相关的概念之间既有区别又有联系，通过比较可以进一步认识特色小镇旅游项目的内涵，将对今后的特色小镇旅游项目的规划与开发产生深远影响，同时也具有十分重要的意义。

第二节　特色小镇旅游项目的生命周期

特色小镇作为旅游目的地而言，其旅游的开发必然需要与旅游项目紧密联系。小镇的存在为周边地区旅游活动提供了空间和载体，而旅游带来的经济社会效益又进一步促进了特色小镇的发展。中国特色小镇旅游项目的开发也有一定的生命发展周期，整个过程大致经历出生、发展、成熟、最终衰亡的过程。人们通常将这个过程称为旅游目的地的生命周期。

一、S型理论模型在特色小镇旅游中的作用机制

巴特勒于1980年提出了描述旅游目的地生命周期的S型理论模型，之后一直被学界广泛引用和研究。巴特勒的旅游目的地生命周期理论模型将旅游目的地的发展分为五个阶段：探索期、参与期、发展期、固化期和停滞期（见图4-1）。根据这一理论一个新兴的旅游目的地是逐渐被人们认知熟悉的，在旅游目的地的发展的最初阶段，到访的旅游者的数量非常有限。随着人们对旅游目的地的进一步了解和熟悉，到访的旅游者的数量将会逐渐增加，旅游者带来的经济社会收益进一步促进旅游目的地的设施和景区（点）建设，增加其吸引力。

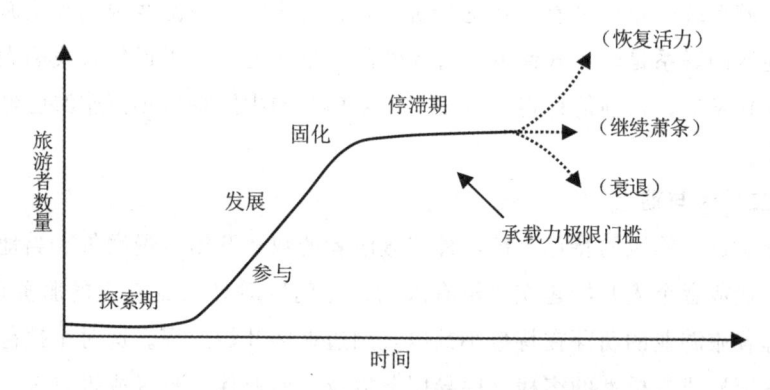

图4-1 旅游目的地生命周期模型

资料来源：Butler, R.W. (1980). The concept of tourist area cycle of evolution: Implications for management of resources. The Canadian Geographer 24, PP. 5—12.

我们可以将这一理论模型放在特色小镇框架下进行研究，通过分析特色小镇旅游项目开发不同阶段的表现和特点，来为中国特色小镇旅游开发提供普遍意义上的借鉴。

（一）探索期

处于探索期的小镇只有少量的旅游者到访，这些游客分散在小镇和周边乡村各处，且停留的时间比较长。通常来说，这个阶段小镇的旅游业几乎是

不存在的，因为旅游者的数量太少，几乎没有任何与旅游相关的收益，当地居民也不存在开发旅游的想法，同时对于小镇管理者来说也不值得为少量游人设立专门的旅游设施和旅游服务设施。进入目的地少量的旅游者都属于探险型、多中心型，他们到访的目的是体验真实的文化和自然旅游吸引物。这些旅游者来自各个不同的客源地，进入目的地的模式显示不出任何季节性。

在这一阶段，旅游在特色小镇经济中所占的绝对收入非常少，但却与当地经济联系很广泛，所以乘数效应很大。特色小镇内的居民在这个阶段处于主导地位，旅游者与他们的接触很密切，他们与旅游者的关系也是非常真诚的，因此旅游者通常被认为是非常稀少来自异地的尊贵客人。而旅游者的旅游活动对小镇经济、文化和环境的影响非常小。

特色小镇的旅游探索期可以被称为"前旅游时期"，因为，在这个阶段不存在任何正规形式的"旅游"。小镇范围内也没有专门针对旅游者的住宿服务设施，因此，旅游者只能住在那些为当地人提供服务的住宿设施中。从整体旅游系统的角度来看，在这个阶段，特色小镇与旅游客源地和旅游过境通行地区的联系是非正式性的或边缘性的。事实上，由于近年来我国大众旅游的迅猛发展，目前能称得上处于"探索期"的中国特色小镇旅游已经所剩无几了。

（二）参与期

处于这一阶段的特色小镇，外来旅游者的数量开始缓慢增长。当地以及周边企业或者个人开始建立数量有限的、专门针对外来旅游者的服务设施。这标志着旅游业的萌芽在特色小镇以及周边地区开始出现。这时小镇范围内开始逐渐形成规模性的客栈、向导服务以及半商业性的景区或景点等。当然这一阶段中，无论是游客旅游活动还是小镇及周边小规模商业性活动都不会对特色小镇的原生资源和原生景观产生任何消极影响。

参与期通常与"激怒指数"的"欣快"阶段相关联。原因主要有两个方面：旅游者的数量很多，可以为特色小镇创造很可观的经济收入；旅游业在当地显示出很广泛的后向联系作用（例如，与农业和其他部门的后向联系），因此旅游业的乘数效应很高。另外，由于旅游者的宣传作用，很多中间型的旅游者受其鼓动，开始在旅游经营商的组织下，成批地进入小镇区域内。这些活动的发展表示特色小镇旅游项目正逐渐有机地融入整体旅游系统当中。

引发特色小镇旅游从探索阶段向参与阶段转变的因素包括来自小镇的内

部和外部两方面。内部因素主要来自小镇社区本身，例如，富有冒险精神的当地企业家修建宾馆或招待所，并对外进行广告促销宣传。外部因素包括两个方面：其一，来访旅游者返回家乡后的正面口头宣传；其二，一些发行量比较大、比较著名的出版物（例如，一些旅游指南）刊登的有关特色小镇旅游的介绍文章，这种宣传性文章可以激起很多人的出游动机。

在这个阶段，特色小镇的管理者必须决定是否鼓励旅游开发。如果决定鼓励开发旅游业，就要确定所开发的旅游项目的类型和规模，并制定相应的政策控制旅游承载容量，以保证小镇旅游的可持续发展。

（三）发展期

这一时期内小镇旅游业增长迅速，小镇范围内旅游部门的各个方面都在短期内发生变化。大量的旅游者涌入小镇，在旅游旺季，旅游者的数量达到甚至会超过当地旅游接待能力。由于特色小镇迅速地融入正规的旅游系统当中，因此一些非当地的、全国性的企业会进入小镇旅游领域，并对旅游业实施比较强的控制，使旅游活动的安排变得规范、组织性强。这样就吸引了大量的中间型旅游者，因为这些人乐于参加那些组织正规的、预先安排好的包价旅游项目。

同时，特色小镇范围内宏观景观发生了迅速的变化，例如，小型旅馆被高层度假饭店取代；农田被开发为高尔夫球场或主题公园；海滨和山谷旁增添了许多旅游休闲区。由于旅游活动不断的增多，特色小镇的环境压力变得非常突出，旅游资源和公共设施的过度使用，导致了旅游者对整体旅游质量和愉悦体验感的下降。小镇内居民的激怒指数也发生了变化。随着旅游者的不断增多，对旅游承载力的挑战越来越严峻，当地居民对旅游态度的激怒指数就会从"冷漠"转变为"烦扰"。

（四）固化期

到达这一时期后，异地游客进入的数量和小镇旅游产业增长速度开始有所下降。这时的小镇旅游业开发已经非常的成熟，小镇与周边乡村旅游产业形成体系并与整个大的国家旅游体系相融合，而繁荣的旅游开发也为小镇带来巨大的经济社会收益。大量的旅游者通过大型旅游经营商或连锁酒店集团的安排，以包价旅游团的形式进入该地区，在高密度的旅游休闲商业区进行度假休闲活动。专门针对旅游者的人造娱乐吸引物的数量和重要程度都超过了特色小镇曾经引以为豪的人文和自然景观。

除此之外，特色小镇旅游开发的水平和规模都开始超过当地环境、社会、经济等方面的旅游承载力，因此旅游活动给该地区整体环境带来了消极的负面影响，导致旅游产品的质量下降和旅游增长减缓或停顿。

（五）停滞期

这时小镇旅游者的数量达到最高点，与旅游相关的设施（例如，住宿等服务接待设施）的发展水平也达到最高点。小镇接待能力出现了"过剩"现象，因此需要进行大量的促销活动来避免接待能力闲置，这就会导致特色小镇旅游业出现价格大战等激烈的商业竞争，最终使旅游产品质量进一步下降或导致经营不善的旅游企业破产。在这个阶段，小镇旅游实际上已经失去对新游客的吸引力，并且面临着来自其他旅游目的地的竞争压力。

基于S型理论模型的特色小镇旅游是一个综合性的整体，可以同时将旅游开发经历的各个方面结合在一起。表4-1概括总结了特色小镇在旅游开发生命周期模型各个时间段的特点。

表4-1 旅游目的地生命周期模型中各个不同阶段的特点

变量	探索期	参与期	发展期	固化期/停滞期
旅游系统地位	边缘性	逐渐结合	完全一体化	完全一体化
增长率	低水平的平衡	低增长率	迅速增长	高水平的平衡
空间模式	分散	分散、某种程度的集中	集中	高度集中
吸引物	文化/自然、面向当地居民	以文化/自然为主	主要并专门面向旅游者	专门面向旅游者
所有权	当地	当地	已非当地为主	非当地
住宿	没有专门的住宿设施	小规模、不显眼的住宿设施	以大规模的住宿设施为主	大规模的"国际化"住宿设施
市场来源	多样化	不太多样化	集中化	集中化
心理分析	多中心型	多中心型至中间型	中间型至自我中心型	自我中心型
季节性	无季节性	即时发生的	有季节性	高度季节性
停留时间	停留时间长	比较长	比较短	短暂
旅游的经济地位	不重要	次要，补充地位	占支配地位	过度依赖
旅游收入	非常少/稳定	数量少/不断增长	数量大/不断增长	数量大/稳定
乘数效应	非常高	高	呈下降趋势	低
联系性	当地	以当地为主	以非当地为主	非当地

续表

变量	探索期	参与期	发展期	固化期/停滞期
漏损	无	次要	主要	非常高
商品化	非商业化/真实性	某种程度的商业化/以真实性为主	商业化/人为设计性不断增加	高度商业化/人为设计性
激怒指数	前"欣快"阶段	"欣快"阶段	"冷漠"阶段、"烦扰"阶段	"对抗"阶段、"顺从"阶段
环境压力	非常低	低	高	非常高

资料来源：Weaver, D. and Oppermann, M. (2000). *Tourism Management*. Milton, Australia: John Wiley & Sons Australia, Ltd., p.319.

从理论上来说，停滞期可以无限期地存在，但是巴特勒认为，旅游目的地最终可能朝两个不同的方向发展：衰退或恢复活力。而特色小镇旅游的可持续发展以及如何保持小镇旅游吸引的活力，我们将在后续章节中讨论。

（六）衰退

这一时期，很多过去的常客不再光顾，并开始寻找新的旅游目的地。对于特色小镇来说，大多数到访的旅游者也都是在较小的范围内进行一日游活动或周末休闲游览活动。其结果是很多酒店和其他专门为旅游者服务的设施由于没有游客光顾而被废弃或改变用途。由于雪球效应，一个大型酒店或旅游休闲设施的倒闭会对周围的其他住宿设施或其他旅游休闲设施产生消极负面影响，增加这些设施衰败的潜在危机。特色小镇中原来的以旅游业为主体的经济体系发生了根本变化，旅游业不再是主导经济行业。

特色小镇旅游业最终走向衰退是多种因素共同作用的结果，导致衰退的主要因素包括：

1. 重复来访的老游客对现有的旅游产品不再感到满意，而目的地又没有采取有效的手段吸引新游客；

2. 旅游目的地中的各种利益相关者没有采取有效措施使当地原有的旅游产品焕发新的活力。也可能采取了一些为原有的旅游产品注入活力的措施，但是都没有成功；

3. 旅游目的地当地居民对外来旅游者和旅游活动的"对抗"态度发展成为明显的和普遍的敌意倾向；

4. 出现了新的竞争对手，将传统的客源市场分化瓦解或夺走。

（七）恢复活力

这时的特色小镇旅游可以通过采取若干振兴措施的手段使旅游业恢复活

力，重振雄风。可以开发和引进全新的旅游产品，或者重新树立现有旅游产品的形象，这样才能恢复竞争力和独特性。除此之外，不仅要保持原有的市场，还要寻求和开发新市场和新产品，力求稳定客源，最大限度地降低季节性的消极影响和对某些细分市场的过度依赖。

特色小镇旅游产业恢复活力，需要公共部门和私有部门的共同努力与合作。公共部门为小镇提供市场营销保障和适当的公共服务，对公共旅游景区（点）进行管理；而私有部门则在旅游业的各个部门发挥主导作用，例如，住宿业、餐饮业、旅游经营部门、交通运输业和一些旅游吸引物的经营单位。

二、特色小镇旅游生命周期理论应用价值和缺陷

S型模型生命周期理论提出后，被众多研究人员和学者所接受并在日后的研究实践中广泛加以引用，主要原因是他们认为旅游目的地的生命周期理论具有一定的普遍性和应用价值。其优势在于以下几方面：

一方面，这个理论基本上符合旅游目的地的发展趋势。从整体上经过一个时期后，旅游者的人数可能会减少，但一段时间之后，还可能继续增多，用"生命周期"的模式来描述旅游目的地的发展是恰当的。

另一方面，根据目的地的生命周期理论，旅游主管部门可以在适当的时机采取恰当的措施，以延长旅游目的地的成熟期，推迟或阻止旅游目的地进入衰退期。例如，采取新的营销手段，吸引更多的旅游者；更新改造旅游和服务设施，提高游客的满意度。

但是，通过一些研究证明，S型生命周期理论在真实条件下的应用还是很有局限性的，特别是在实证研究中，存在偏差的可能性。由于现实社会是不断变化的，是多样化的，因此这个理想的模型无法涵盖所有旅游目的地的全部条件，具有很大的局限性。如果将这一理论放在中国特色小镇范畴内，我们也可以发现其存在的一些缺陷，主要内容如下。

1. 旅游目的地的生命完全来自旅游者，没有旅游者的到来，目的地就不会有生命。例如，特色小镇旅游的生命来自旅游客源地，因此，单纯地针对特色小镇，用生命周期的理论来解释小镇旅游开发是不完全的，如果将生命周期的理论应用到整体旅游系统中的话，会更合适一些，而整体旅游系统又是与内外部环境密切相关的。

2. 在特色小镇长期发展的过程中出现短期的到访人数增加或减少,并不一定意味着该地区长期发展的过程中出现短期的到访人数增加或减少,也并不一定说明该地一定会走向繁荣或衰落。因为,即使是某一个时期的最精确的统计数字也无法作为确定旅游目的地在其生命周期进程中所处位置的依据。

3. 某些特色小镇的到访旅游者数量的变化与其自身条件的变化并没有必然的联系,而是受外部环境变化的影响。旅游客源地的繁荣通常会促进旅游目的地旅游业的发展,同样,旅游客源地经济的衰落也常常会对旅游目的地产生消极负面的影响。来自旅游客源地的其他因素,例如,自然灾害、社会的政治变化、政府的政策变化等因素,也会影响旅游目的地的发展。这些外部因素与旅游目的地内的那些影响旅游产品生命周期的因素之间没有任何关系。

4. 由于外界因素的影响,特色小镇生命周期曲线有多种可能的形式。曲线有时是加速型的,有时是延迟型的。尽管可以用游客增长率的变化、游客的消费量、游客类型、市场占有率或营利能力来帮助判断,但是仍然很难清晰地划分特色小镇旅游所处的阶段。

5. 不同的特色小镇(包括新发现的或已经开发的)的每个阶段的延续时间及周期长短是不一样的。另外,特色小镇生命周期曲线还存在多种变形,例如,一个迅速从衰退阶段走向复苏阶段的地区,其生命周期曲线则是锅底形的。

基于以上 S 型理论模型的优缺点以及中国特色小镇自身的现实条件,在前人研究的基础上我们发现,旅游目的地的旅游承载力极限门槛在特色小镇旅游的发展过程中起着至关重要的作用。在巴特勒的旅游目的地生命周期发展曲线中,旅游开发的态势呈逐步上升的趋势,直到超过了旅游承载力极限门槛为止。但是,旅游目的地政府和社区可以采取若干措施确保旅游活动不对目的地产生消极负面影响。鉴于此,特色小镇管理者可以采取一些措施,例如,采取措施限制小镇内住宿设施的规模和接待人数;在特色小镇中划出部分区域用于旅游开发;在小镇内禁止扩建那些有可能增加游客接待量、促进旅游发展的基础设施等。这样就减缓了旅游发展的速度,模糊了特色小镇旅游"参与期"和"发展期"的界限,使之保持在现有的旅游承载力极限门槛之下,始终不超过旅游承载力极限门槛。(如图 4-2)

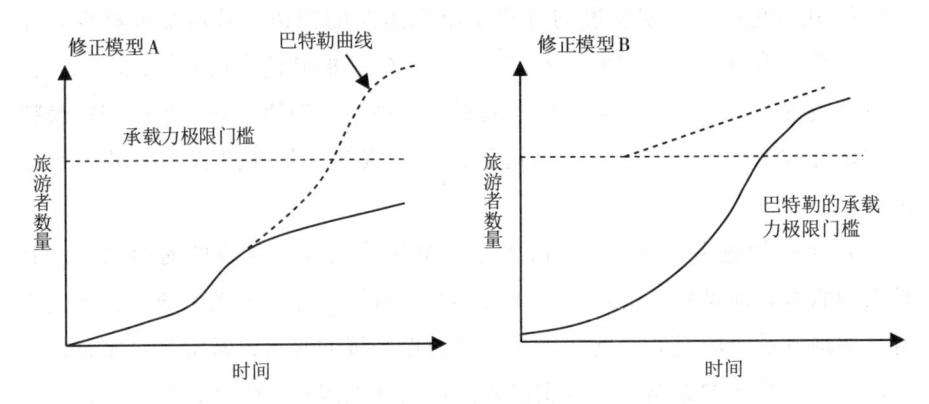

图 4-2 旅游目的地生命周期的修正模型

资料来源：Weave, D. and Oppermann, M. (2000). Tourism Management. Milton, Australia: John Wiley & Sons Australia, Ltd., p.329.

另外，特色小镇还可以通过采取措施提高旅游承载力极限的门槛，使之与来访旅游者数量增加的趋势保持一致（如图 4-2）。提高小镇承载力极限门槛的措施要涉及社会文化、环境、经济等多个方面的努力。例如，在社会文化方面，可以在小镇范围内划定"前台"和"后台"的界限；在环境方面，可以预先采取应对措施减少环境的压力（例如，建立垃圾和污水处理系统等）；在经济方面，可以采取措施鼓励当地与旅游相关的"后向联系"企业的发展。

第三节　旅游项目开发原则与设计的影响因素

特色小镇旅游开发与规划的最终结果是使得小镇通过旅游项目的开发设计达到吸引旅游者到本地旅游，最终为小镇和广大乡村地区获取经济、社会和生态环境效益的目的。特色小镇旅游项目的开发设计工作是一个系统、繁杂的工作过程，它需要旅游规划的专业人士在充分地分析区域资源优势与社会、经济、文化背景的前提下，根据实际情况进行的创意设计。

一、旅游规划与项目创意设计的原则

特色小镇旅游项目的规划和开发设计过程中必须遵循一定的原则，用成熟完善的原则来指导小镇旅游项目开发设计，才能使小镇旅游项目建设稳定

健康的发展。

(一)旅游项目创意设计的总体原则

旅游创意是创新的一种形式,特色小镇在依靠自身特色资源条件下,通过项目表现形式或内容的变化与更新,使新的旅游项目更适合特色小镇的旅游开发。在完全竞争性市场环境中,旅游项目的更新和创新必须遵循一个最基本的原则,这个原则可以用一句话概括为"人无我有,人有我新,人新我变。"具体解释如下。

1. 人无我有

特色小镇的"人无我有",指在小镇范围内创造一个其他旅游地或旅游景区从来没有过的旅游项目,属于完全彻底意义上的创新,也是创新的第一个层次。想达到这种旅游项目创新的水平也非一日之功,必须对特色小镇内旅游资源赋存状况、发展现状以及旅游项目的现有情况做一个基本的调查和了解,才能根据当地所特有的优势创造设计出新的旅游项目。

在特色小镇旅游规划的实践过程中,这种完全意义上的创新性项目设计越来越少,其原因可归纳为两点:一是从旅游项目创造的可能性来说,现在大多数旅游地开发都参考了世界上旅游发达地区的旅游项目,因此,旅游项目的空白面较小、留给人们进行创造性的旅游项目设计的空间不大。二是从特色小镇可供开发的旅游资源来看,旅游项目的设计需要旅游资源作为基础,由于某些旅游资源所具有的普遍性和类似性,大多数特色小镇并不属于具有明显优势旅游资源的地区,因此,在进行旅游项目的设计时,人们很难跳出许多地方都有的同一类旅游项目,更不用说进行创造性的项目设计了。

虽然在目前条件下进行特色小镇旅游项目的创造性设计存在一定的困难,但是,"人无我有"作为指导特色小镇旅游规划与开发的项目创意设计的首要原则是应该被人们所重视的,它是旅游项目创意设计的基础。

2. 人有我新

"人有我新"是特色小镇旅游项目创意设计的另一个重要的理念,人有我新是从创新性上对小镇内旅游项目的创意设计进行了具体的阐释。即如果特色小镇内一个旅游项目在其他的旅游地或旅游景区已经存在了,或者已经在旅游者中比较流行了,那么在该小镇旅游项目的开发过程中,我们应该考虑是否继续将该旅游项目原封不动地照搬借用过来,还是将其做一定的改进后再引入。

在"人有我新"原则的指导下，一个旅游项目在一个地方适合，在另一个旅游地却不一定是适合的。因为不同游客的需求取向是不同的，不同旅游地的旅游氛围和文化背景也是不同的。特色小镇旅游项目规划设计时，只有针对小镇内的实际情况进行旅游项目设计，才能真正把握小镇特色和旅游者的需求爱好。

同时，在特色小镇旅游项目规划中应注意旅游项目的差异性。我们常说，旅游者的动机就是求新、求异、求知，那么应设计一些与众不同的旅游项目来吸引旅游者。这些特别的旅游项目的来源主要有两个：一个是创造一些新颖的旅游项目，这也是在第一个原则指导下进行的旅游项目创造性创新。另一个就是将其他旅游地所拥有的旅游项目进行本土化改造，使其充满浓郁的本土风情，从而与其他同类型的旅游项目形成差异，成为一个新的旅游项目，吸引游客。这第二个获取新颖旅游项目的方法就是"人有我新"原则的体现。在改造性的创新中，既可以是从旅游项目的硬件基础上加以创新，如提高旅游项目中的科技含量，采用新兴的科技，也可以从文化氛围或其他的软件条件上对旅游项目进行改造。

3. 人新我变

当一个同样的旅游项目在其他地区已经存在，并且以目前小镇所具备的经济和社会状况无法通过创新手段让小镇的旅游项目水平超过其他地区的时候，特色小镇就应该主动地放弃这种旅游项目，去开发新的旅游项目。

旅游市场的竞争是激烈的，要退出一个市场和进入一个市场的难度同样巨大。因此，特色小镇管理者在对旅游项目进行设计时要努力挖掘旅游资源的内在潜力，力求所设计的旅游项目能在原有的其他旅游项目的基础上有一定的创新。当这种创新性的项目设计无法形成时，就应该及时地转向另一个旅游项目的设计，以求在新的旅游市场上形成自己独有的旅游项目，获得旅游者的认可，以此提升本旅游地的旅游竞争力。

"人有我有，人有我新，人新我变"是特色小镇旅游项目创意设计中必须坚持的原则，它们从旅游项目设计的角度讲述了旅游项目设计时应以创新性为设计的标准，体现了旅游市场竞争力的核心就是创新力的竞争，因此特色小镇旅游项目创意设计必须充分考虑小镇自身资源特色性，在结合实际情况基础上设计出与其他地区的旅游项目之间产生一定差异的项目。而当小镇旅游项目创新性的创造或改造都无法提升小镇旅游吸引力的时候，小镇管理者就要通过寻找新的旅游市场作为突破口，设计出既能满足旅游者的需求，又具有本地旅游特色、与其他旅游地相区别的旅游项目。

二、旅游项目开发设计的其他原则

特色小镇旅游项目开发设计过程中除了要遵循以上主要的创意设计原则之外，还应该遵循下列几项指导性的原则。

（一）因地制宜的原则

游客进行旅游活动是为了追求奇异，旅游者希望到与自己生活和环境差异较大的地区进行游览，以便达到放松心情愉悦身心的目的。由于不同的特色小镇所处地理环境、历史发展、人口资源、民族特色等构成条件不同，必然会导致不同小镇之间存在显著差异。即便是同一类型的自然或者是人文资源，在不同区域的小镇内也会呈现出不同的特色性。因此，特色小镇旅游项目更多的还是要结合自身所具有的自然和人文特色资源来进行设计。

进行特色小镇旅游项目的开发设计时，对于小镇各种资源要进行充分了解和调研，只有在充分研究了解各种资源条件的基础上，才能因地制宜地开发设计出具有鲜明特色的旅游项目。

（二）系统优势的原则

特色小镇旅游项目开发设计要服务于全国的、区域性的旅游经济发展需要，不能盲目地不切实际地扩大发展，应从整体利益最大化来进行设计，对于一些工业、农业特色的小镇本身不具备旅游开发条件，或者开发条件相对较低，是不能强行发展旅游的。而对有利于开发旅游的特色小镇来说，在旅游项目的设计上要充分调动区域内的旅游资源以及食、住、行、游、购、娱等行业来实现旅游地以及更大区域内的旅游、经济大发展。

（三）综合设计的原则

特色小镇内部的各项资源不是相互孤立地、无联系地排列的，而是相互影响、相互关联的一个整体系统。因此，特色小镇旅游项目创意设计中，对各项资源的不同配置、不同组合，都会对旅游项目系统的整体功能产生影响。尤其是创意设计的旅游项目是以自然旅游资源为基础时，旅游项目与环境有着密切的关系。经过了漫长岁月的自然发展和系统的自我组织作用，自然旅游资源与环境已经处在了一种稳定的循环的动态平衡状态之中。利用自然旅游资源进行旅游项目开发设计的特色小镇，其旅游项目可能会打破小镇以及周边地区自然环境之间的动态平衡状态。因此，为了维持小镇内各项资源之间稳定的联系，使小镇经济发展呈现出持续发展的势头，在旅游项目创意设计时要遵循的另一个原则就是要综合考虑所设计的旅游项目对周边环境和旅游资源本身的影响。

（四）长期性的原则

特色小镇旅游项目的开发设计对于小镇旅游开发来说是十分重要的一项工作。在开发设计工作中要尽量避免短期行为的发生，一些简易的临时性的旅游项目是必须杜绝的，应该通过合理规划设计达到为小镇带来经济社会效益以及日后可持续开发的目的。因此，开发设计者必须重视小镇发展的远景目标，力图设计出能够代表未来发展趋势的新型旅游项目而不是过时的无法实现社会经济效益的项目。

（五）三大效益的原则

三大效益的原则是一个关系到特色小镇可持续发展的问题，旅游项目的创意设计就其目的而言，是为了获得巨大的经济利益、促进当地经济发展、满足人们对休闲生活的需求。因此，特色小镇进行旅游项目设计时要保证将社会、经济、生态环境三大效益统一起来综合考虑。

二、影响特色小镇旅游项目设计的因素

特色小镇旅游项目规划设计上凝结了旅游规划工作者的辛勤劳动，是对旅游资源的再创造过程。由于人与人之间存在一定程度上的差异，对同一事物的认识也会因为人们看问题的角度不同或是对问题认识的深浅不一而相去甚远。在特色小镇旅游项目的设计过程中，面对同样的一个内容，每一个旅游规划者都会有自己的独到的见解和设计思路。但同时，应该注意项目设计中存在的影响因素对于设计者产生的影响，以便客观全面地完成规划设计工作。

需要注意的是，特色小镇旅游项目设计中存在的三个重要因素，对旅游项目的质量以及吸引力能产生巨大影响。这三个因素为：特色小镇管理者与开发商；特色旅游资源的赋存状况；周边旅游市场状况。

（一）特色小镇管理者与开发商

特色小镇管理者和旅游项目的开发商是旅游项目创意设计中的一个最主要要素，小镇旅游管理者只有充分调动规划设计人员的积极性和热情，才能

保证将其工作效率和创新精神发挥出来。设计人员在进行特色小镇旅游项目设计时最为重要的素质是对于项目设计的经验和信息的处理工作。

1. 规划设计者的工作经验

优秀的旅游项目创意需要一支优秀的旅游管理规划队伍作为保证。有经验的旅游规划队伍应该包括具备各方面知识的技术人才，这些规划组成人员应该有充足的规划经验，能够在市场分析的前提下进行科学的判断，明白什么样的旅游项目适合什么样的旅游市场环境。从某一方面来说，旅游规划工作是一种对经验要求比较高的工作，较为丰富的规划经验可以在进行规划时为旅游规划工作者提供更多的思路。因此旅游规划工作者要善于在实践中学习，见多识广才能够胸有成竹。但是，旅游项目设计中的创新性要素是不能缺少的一个重要方面，而这种创新性的工作对于年轻人来说是比较合适的。因此，在旅游规划组的成员构成中要注意年龄合理搭配。

综上所述，小镇旅游项目的开发设计是一项创新性极强的工作。要保证设计出令游客与当地居民满意的旅游项目，旅游规划团队的人员组成就非常重要。团队在注重管理设计经验和能力的同时，还要注重设计团队人员结构的搭配，以便能够将经验性开发和创新性设计完美组合起来。

2. 开发规划工作的信息度

特色小镇旅游开发规划工作的信息度是指在进行小镇旅游项目设计的时候，规划工作人员对各方面信息的敏感程度和处理效率的高低。特色小镇旅游项目的创意设计实际上是一种信息导向型的设计过程，它一方面要了解旅游市场上需求方面的信息，另一方面要了解旅游市场上供给方面的信息，只有充分掌握了这两方面的信息，才能设计出新颖别致、具有独特魅力、满足旅游需求的旅游项目。

小镇旅游规划设计者的信息度要从其硬件和软件两方面来考察。首先，信息处理的硬件。硬件包括的内容主要是对各种信息数据收集整理时所使用的仪器、设备等。如果这些硬件设施条件优良，则在旅游项目设计时可以大大提高信息收集和整理的效率。其次，信息处理的软件环境。信息处理的软件包括与信息处理硬件相配的软件和高素质的信息管理人员以及信息收集的网络，这些方面都对旅游项目设计产生一定程度的影响。

3. 开发商的实力

从过去的特色小镇旅游开发实践来看，小镇旅游项目设计是一个耗费资金和时间的过程，旅游项目的开发设计和建设以及经营管理的各个环节中都需要大量的资金作为支撑。因此，小镇旅游项目开发商的经济实力对小镇旅游项目的开发设计也会产生一定影响，开发商经济实力不仅影响旅游项目开发设计的质量以及建成时间，还会对旅游项目的经营产生长远影响。因此，我国多数特色小镇的旅游项目都是小镇管理者或地方上级行政部门出面主持开发的。

(二) 特色旅游资源的禀赋状况

特色小镇旅游项目的设计是以小镇自身所具有的自然和人文历史资源为基础的。这些特色资源为小镇旅游项目提供文化氛围、背景等，或者特色资源自身经过一系列开发成为旅游项目的一个组成部分。如果缺少了旅游资源的支撑，特色小镇旅游项目的创意设计将变得十分空洞和苍白。一般在旅游项目的创意设计之前要先对旅游地进行详细的旅游资源调查和市场调查，这就从设计程序上表明了旅游资源对旅游项目设计的基础性影响。可见，没有较高品位的旅游资源，仅仅依靠人造的几个景点和几个参与性的活动是不可能吸引旅游者的，更难以创造出巨大的经济效益。

因此，特色小镇旅游资源赋存状况将从素材上限制旅游项目的设计，这就导致了我国许多旅游资源丰富而且集中的旅游地或景区发展速度越来越快，经济效益越来越好；而旅游资源匮乏的地区试图发展旅游业却难以获得成功的原因。可以说，旅游资源的赋存状况对特色小镇旅游项目创意设计的影响是绝对性的，没有了创作的素材，再高明的设计师也难以设计出有创意、吸引力强的旅游项目。

(三) 周边旅游市场状况

一个旅游项目设计出来并付诸实施后，成功与否最终还是要到市场上去检验。因此，在众多特色小镇旅游项目创意设计的影响因素当中，小镇周边旅游市场状况是最为重要的外部影响因素之一。

市场经济条件下，任何商品都要到市场中去体现其价值，旅游项目同样要到旅游市场中去实现其自身价值，只有在旅游市场上受到旅游者青睐的旅游项目才能说得上是成功的。旅游项目的开发设计和旅游规划与开发的市场定位息息相关，特色小镇在规划和开发时应该有自己的旅游市场营销战略，其中市场的定位就确定了该小镇旅游目标市场范围。在进行旅游项目创意设计时，旅游项目设计人员要分析旅游目标市场消费者的消费心理和消费习惯并进行针对性的设计，只有这样才能保证旅游项目定位与旅游地发展目标保持一致。

总之，特色小镇旅游项目规划设计是一项十分复杂的工作，涉及的方面比较多，只有将各个方面都尽可能考虑到并予以完善，才能使设计出的旅游项目获得政府、企业、旅游者的广泛认可，为小镇社会经济创造效益。

第四节　小镇旅游项目开发风险管理

由于旅游项目前期投资较大，所以任何旅游项目的经营与管理都面临着风险问题，特色小镇旅游项目开发同样也存在一定的风险。对于小镇旅游项目经营者和管理者来说，如何识别风险并及时采取措施避免风险发生，将会对小镇旅游项目的合理设计与健康开发起到积极作用。小镇旅游项目开发风险识别的意思就是确定项目风险来源和产生的条件，同时确定某些风险事件可能会影响到项目开发，以便管理者进行规避调整。

一、小镇旅游项目的开发风险

在特色小镇旅游项目整个开发过程中，对项目建设中存在的各种风险进行尽可能准确的识别，是小镇旅游项目风险分析和评价的重要前提和关键环节。在探讨风险识别和规避措施之前，我们需要了解特色小镇旅游项目开发的风险特点以及识别方法。

（一）特色小镇旅游项目开发风险的特点

通过对前人特色小镇旅游项目开发的研究，归纳出一些特色小镇旅游项目开发风险的特点，具体如下。

1. 风险的即时性

旅游项目开发中的风险产生并不是一次性的，也不是产生和纠正后一劳永逸的，可以说风险会随时随地出现在小镇旅游项目开始到建设完成的各个阶段，同一项目不同阶段面临风险不同，同一项目在同一阶段所面对的风险系数也是不一样的。项目设计和管理者需要根据旅游项目外部环境、内部因素和项目建设过程中表现出的实际情况，来有效识别项目开发过程中的风险。

2. 风险的全域性

小镇旅游项目开发过程中，每位开发人员都会面临不同程度的风险，而项目风险会出现在旅游项目的各个区域范围内。所以对旅游项目风险识别不只是某个项目经理或是个别人的任务，而是整个项目团队全体成员参与并共同完成的工作。由于旅游项目开发过程中任何一个环节出现风险漏洞都有可能导致整个项目开发设计的失败，所以对于项目风险的识别和规避，需要全体设计与管理人员相互协作共同完成。

3. 信息的及时性

在旅游项目开发设计过程中，设计团队需要对信息进行准确、及时的掌握，以便随时对项目设计进行修正，来规避项目风险的产生。适时地对项目进行风险识别有助于小镇旅游项目开发正常有序进行，同时能够避免开发设计中风险的发生。因此，小镇旅游项目前期筹划工作，需要搜集大量的数据资料以便有效规避风险。

(二) 小镇旅游项目开发风险识别方法

旅游项目的不确定性和投资损失巨大是项目风险识别的两个主要原因。特色小镇旅游项目开发设计风险识别应该按以下三个步骤进行。

1. 全面的数据资料收集

数据和资料是否详细必然会影响到小镇旅游项目开发工作，详细的数据资料能够保障开发设计工作顺利进行，如果前期数据资料缺失，可能会增加项目投资或者推迟项目竣工时间。而详细的数据资料也能够帮助项目设计团队识别和避免开发风险。数据资料包括下列内容：旅游项目说明书、商业计划书、可行性研究报告、旅游项目的制约因素、与本项目类似的案例等。

2. 风险形势评估报告

小镇旅游项目风险形势评估报告中，要有明确项目目标、战略发展规划以及实现项目的前提和制约条件、项目实施开发预期等。在整个风险评估报告中，设计团队要做到详尽细致分析项目内外部环境和条件，以便为小镇旅游项目风险规避提供详细的参考依据。

3. 识别潜在风险的机制

项目开发设计中要建立风险识别机制，使团队工作人员可以根据直接或间接的特征表象，参照机制中要求的工作内容将潜在的风险识别出来。风险识别机制需要对旅游项目可行性研究报告、项目计划、项目实施条件和制约因素等文档信息等进行综合会审。

二、特色小镇旅游项目开发风险要素分析

一般来说，特色小镇旅游项目开发风险主要包括经济、社会、自然和项目内部的管理风险四个方面。

（一）经济风险

小镇旅游项目开发的经济风险包括来自市场、通胀和利率三个方面的压力，它们之间既互有联系，又有各自的独立区域。

众所周知，某个市场的存在是由供给和需求双方共同构成的，而市场需求的强弱将直接影响市场的供给平衡，同时价格波动能够使供给和需求双方适时地进行自我调整。由于旅游行业涉及生产服务环节较多，所以在完全竞争市场中某个旅游产品价格的大幅上升或者是下降，都会对旅游项目运营产生巨大影响。产品价格风险是旅游开发企业开发工作的重中之重，不考虑游客实际消费能力的旅游项目是没有价值的。项目开发团队既要对产品价格风险进行评估又要考虑项目所在地居民的实际消费能力，得出目标地市场经济状况的真实水平。如果没有前期的风险评估盲目地开发新项目，将会面临较大的风险，特别是可能会引发较大的资金断裂风险。例如，某特色小镇在其范围内盲目投资建设高尔夫球场，既没有考虑到周边经济情况也没有考察自身实际的资源状况，最终导致建设资金断裂，自然环境破坏严重，前期投资浪费等情况的发生。

项目通货通胀风险主要是由于物价水平上升或下降导致企业开发投资增加或未来收益减少而形成的风险。由于旅游项目投资和建设时间较长，所以面临通胀压力较大。在项目投资开发过程中如果物价上涨的幅度和速度大大超过人们正常的预期范围，就会导致项目开发成本增加。其实，旅游项目开发中通胀压力是不可避免的，因为随着小镇旅游开发的进行，土地价格、建筑材料、人工费用都是呈现出上升的趋势（这主要与集聚效应有关），这些现象都是无法避免的，项目开发设计团队要做的是积极采取一定的措施来尽可能降低通胀风险。

与其他工业项目相比，旅游开发项目投资规模较大，周期较长。在一个较长时间和较高投资范围内利率波动会直接或间接造成项目成本增加、收益受到损失。由于涉及经营环节较多和经营成本较大，因此项目的投资回收期

也比较长，这就会使得项目投资方要承担很大的资金压力。如果银行的贷款利率发生变动的话，就会给小镇旅游项目带来非常大的影响。

（二）社会风险

特色小镇旅游项目的社会风险主要包括社会治安是否稳定、税收政策变化大小和开发商与原住居民关系程度三个方面。

社会治安是否稳定是旅游活动的基础。通常来说旅游业是国家和地区社会政治和生活安定的晴雨表。旅游业受外部环境影响非常明显，如果某个国家或地区在一定时间段内，受到政治动乱、战争、疾病及自然灾害（如地震、洪水、台风）等原因的影响，则该国家或地区旅游业则会表现得十分脆弱，例如中东国家伊拉克，20世纪70年代伊拉克以其丰富的自然人文资源一度成为整个中东和世界的旅游度假胜地，但是进入90年代后由于战争影响，整个国家旅游行业几乎瘫痪。因此，社会治安越稳定，特色小镇旅游业的发展就越好，旅游项目风险就越小。

在特色小镇旅游项目开发设计中，政府税收政策的变化对旅游项目和房地产开发等方面具有重大的影响。如果某个特色小镇所处地区政府对于外来投资持有开放和鼓励态度，其税收会降低或减免以鼓励外来资本进入本地市场；如果某一地区政府对于外来资本持有保守态度，就有可能通过提高税收来增加资金进入壁垒从而导致开发成本过高。对小镇旅游项目开发而言，政府税率上升会提高整个项目开发成本，使整个项目都面临税率上升带来的巨大成本风险，小镇税率的变化与当地政府对于市场开发的态度有很大关系。

对于开发商来说，小镇旅游项目开发之前应首先考虑解决好开发过程中小镇居民的拆迁和安置问题，在开发过程中做好沟通和补偿工作。另外，可以考虑让当地村民以入股的形式参与一部分项目开发，尽可能提高原住居民对小镇旅游项目的参与和支持度，减少原住居民对旅游项目的阻碍，以便降低公众负面情绪给旅游项目开发带来的风险。

（三）自然风险

自然界气候变化会影响旅游项目的正常进行，甚至由于恶劣天气（台风、地震等）给项目开发带来很大的损失，这种风险也是项目开发设计应该考虑的一个方面。自然风险具有偶然性，它可能存在于项目运营的各个时期，有时甚至会给小镇旅游项目带来毁灭性的结果。另一方面，小镇所处的地理和区位条件的优劣，也会给旅游项目开发运营带来巨大风险，例如一些交通便利区位条件较好的特色小镇,其旅游项目开发相对容易,投资收益较高,产生风险较小,而一些交通不便利或区位优势不明显的小镇,就需要认真考虑是否进行大型旅游项目投资了。

(四) 管理风险

旅游项目内部风险属于可控风险,其主要涵盖项目规划、营销策划和项目实施控制风险等内容。由于这些风险处于项目内部系统之中,可以通过建立有效的管理机制,人为进行控制规避。

特色小镇旅游项目的规划风险主要来自项目管理层,即高层管理者的指导方针等方面出现失误,从而导致该旅游项目出现不良后果。如果项目开发前期规划出现了问题,就会对项目开发极为不利,因为战略规划失误是灾难性的,有可能造成巨大的资源浪费,同时又无法弥补。

营销策划是旅游项目收益最敏感的因素之一,也是给小镇旅游项目带来风险最多的一个方面。对于旅游项目来说,即使其自身价值再高、内涵再丰富,营销策略以及营销手段的失败,都会导致小镇旅游项目停滞,甚至破坏旅游项目的持续开发。此外,营销宣传是否到位也是产生风险的另一个因素。

项目实施的过程中,如果开发团队对于风险控制手段不得力、控制措施不到位,都有可能导致工期拖延,最终给小镇旅游项目造成风险,影响项目的正常开发和运行。

三、小镇旅游项目开发风险规避措施

上文中我们讨论了特色小镇旅游项目开发的风险要素。从开发商角度来看,就以下三个方面来探讨规避小镇旅游项目开发风险的措施。

(一) 经济性诱因风险规避措施

经济性诱因的风险在小镇旅游项目开发过程中,产生的可能性较大,对于旅游项目的影响也较大,多数未完成的旅游项目问题现在无法有效规避经济风险之上。

1. 加强对项目开发的可行性研究

小镇旅游项目可行性研究报告对于旅游项目随后的施工建设具有指导性作用。一个完整的可行性研究报告应该包括旅游项目的建设原因、技术可行性、经济收益、社会效益以及环境生态效益等的综合评价等内容。为保证小镇旅游项目决策的科学性，小镇管理以及开发团队可以向较高水平的专业咨询公司进行咨询，同时进行详尽的市场调查，最终形成开发意见，从而避免盲目上马项目，为小镇旅游项目的开发决策提供可靠依据。这里需要说明的是，开发团队前期市场调查可以充分利用信息化手段，获得尽可能详尽的信息，将旅游项目风险的不确定性降到最低，以便较好地控制项目开发过程中的风险。另外，在可行性研究报告中需要对项目所面临的市场做详尽的市场分析，在细化产品市场基础上，做出正确的产品定位和价格定位，最终选择那些可靠性高、风险程度低、风险隐患少的开发方案。

2. 选择恰当的项目开发方式

特色小镇旅游项目一般都具有规模大、投资大、经营环节众多等特点，整个项目开发都存在较大的风险。因此，可以通过引入多个经营主体使经营主体多元化，将市场风险进行合理分散，把大的风险细分转嫁给各个较小的经营商，通过"报团取暖"的方式降低单个开发商的风险。例如，某小镇旅游项目开发商通过与其他有实力的经营商进行联合经营，或外包由其他单位自行经营，将项目细分打包出售，从而降低自身风险。对于像接待中心、饭店酒店等后期运营成本高的项目，也可以考虑引进具有高知名度的酒店管理公司来经营。另外，如果单纯依靠自有资金无法满足开发需要时，可以通过集资的方式筹集外部资金从而完成开发项目建设。但是在选择利用信贷资金时要谨慎考虑，因为短期投资风险极大，政策和市场的变动有可能导致无法弥补短期资金造成的资金缺口。当然，还可以在大项目下设立小的子项目，然后引进一些实力雄厚的企业，以确保项目能够顺利完成，降低项目开发的风险。

3. 用稳健经营手段来降低风险发生

前文中提到旅游项目开发的每个环节都不可避免地会遇到各种风险，都有可能导致项目收益的损失。健全开发设计团队自身管理机制，将那些不确定的或者是较大的损失转变为确定的、较小的损失，这时采用稳健的经营措施进行风险转移是非常必要的。在特色小镇旅游项目开发过程中立足于可承受范围内的资源和资金状况，不进行盲目扩张和投入才是最稳妥的开发经营手段。因为稳健经营可以将自己不能承担或不愿意承担的风险转嫁给其他经济单位，从而降低自身的损失程度。

（二）社会风险和政策法律风险规避措施

对于社会风险来说，可采取如下措施来进行风险规避。

一方面，开发商经营者应该积极与地方政府和主管特色小镇事务的管理部门协调，争取获得他们对开发小镇旅游项目的理解和支持，从人际关系方面化解众多风险因素，减少来自各个层面的干扰，确保小镇旅游项目顺利开发。在项目开发过程中还应该妥善处理征地、拆迁以及安置补偿等问题，在原则性前提下注重方法的灵活性以防止社会矛盾的激化。在提高旅游开发项目与当地居民的亲和度方面，开发商应多给当地居民提供就业岗位以便拉动相关产业发展，提高小镇当地居民对旅游项目的认知程度，进而获得居民的理解和支持。同时要加强治安管理力度，完善小镇旅游项目安全配套设施建设，减少治安风险；还要完善小镇基础设施建设，尽可能满足消费者的需求，从而增加游客进入性和提高游客满意度。

另一方面，对于政策法律风险来说，能够对国家政策起到决定推动作用的企业非常少，因此对于小镇旅游项目来说无法采取十分有效的措施完全防范政策风险。但是，这并不代表旅游项目在政策风险的应对方面就完全被动和无能为力。小镇旅游项目开发方应积极和政府相关部门做好沟通，聘请相关法律机构担任法律顾问，及时了解掌握政府对项目建设的规划变动情况，加强对国家宏观经济政策、产业政策的掌握程度，尽量将政策风险降到最小范围内。

（三）管理风险的规避措施

我们在前文中讨论过，管理风险属于开发机构内部风险，属于可控制风险，能够通过完善管理机制来有效控制。其规避措施如下。

1. 特色定位与产品多样性共存

一方面，当前我国旅游项目同质化现象越来越严重，单纯的模仿建造可以降低项目开发成本，也可以短期内获得收益，但也导致游客对旅游项目失去兴趣，扼杀旅游开发的持续发展能力，造成资源浪费。因此，小镇旅游项目在定位上不能使自身失去特色，要避免出现大众化和同质化的情况。应该根据每个小镇自身原生吸引物的特点来开发具有自身特色的旅游项目，以差异化经营的产品和项目来吸引游客。

另一方面，小镇旅游项目经营内容需要多元化。我国目前旅游市场存在旅游产品单一的问题，由此导致游客购物少、消费支出少，游客旅游热情降低等状况。鉴于此种情况，小镇的旅游开发企业应致力于丰富自有的和独特的旅游产品及娱乐项目，延长小镇旅游项目下属的产品线，在特色基础上拓展旅游项目种类，增强自己的市场竞争实力。

2. 用积极的营销策划来提高项目知名度

小镇旅游项目开发团队内部应该设立专门的营销机构，同时广泛吸纳代理人，充分利用代理人丰富的营销经验，来实现小镇旅游项目整体的营销策划工作。结合旅游项目特色，按照科学合理的方法设置营销策略，对营销策划方案进行充分论证和严格审核，把营销过程中预期产生的问题消灭在萌芽状态。在营销方案实施前，要对方案进行可行性论证；在营销方案实施过程中，不定期地对项目营销的成果进行考核，并与实际效果进行对比，如果发生偏差，应当立刻分析原因，并做出适当调整，使结果朝好的方向发展。

另外，在小镇旅游项目营销手段上注重技术创新，例如推行会员制、贵宾卡等方式，也可以与航运、陆运等大型公司进行跨行业结盟，实现对小镇消费资源最大限度的挖掘。同时在旅游项目内部开发一些具有中国传统特色的游览项目，提高游客游览兴趣的同时增加项目收益。

3. 谋求合理的管理运营

第一，小镇旅游项目日常管理中，可以聘请专业的管理咨询公司，对旅游项目产品日后运营管理提供咨询服务。同时加速培育和发掘旅游方面的专业管理人才，有效进行人才储备，这方面可以多学习和引用国外一些项目的管理经验，可以说未来中国旅游的竞争是人力资源的竞争。第二，旅游项目经营管理专用合同应聘请专业人士撰写并审查，合同运行和发挥效力应在法律法规允许范围内进行。特色小镇旅游项目合同签订时，应明确经营管理双方的权利和义务，避免合同出现漏洞影响日后项目正常运作经营。此外，加强合同的日常管理工作，通过有效的法律手段保证权责双方在日后经营过程中按规定行使权利和承担责任。如果承包管理一方不能按质按量和按期履行合同规定的义务而发生违约行为，开发商有权凭借合同要求违约方进行赔偿，以弥补因违约导致的损失。第三，小镇管理机构和开发商内部都要建立风险管理部门，适时地监督管理运作过程，及时地识别风险。同时，要求内部人员树立风险意识，重视和强化管理机构内部对风险管理理论的研究和学习。第四，特色小镇旅游项目管理运营过程中，要建立有效的风险预警系统，保证管理者及时发现风险，第一时间拿出应对计划，尽早采取风险规避措施。

第五章　特色小镇旅游的社会文化影响

著名经济学家于光远曾提出:"旅游是经济性很强的文化事业,旅游又是文化性很强的经济事业。"[①] 从某种意义上来看文化和旅游二者是相互交融的,而且在市场层面早已展开;对旅游发展中文化商品化、传统文化的舞台化呈现、文化遗产的保护、文化旅游或旅游文化等问题的研究也一直备受学界关注。通常,外来旅游者与小镇居民除了网上进行交流之外,基本发生在特色小镇区域范围内,而在小镇进行消费是二者之间最重要的交流形式,在商谈价格的过程中彼此的思想、观念会不自觉地影响对方思维。外来游客和特色小镇原住居民的这种交流必然会对小镇整个的社会文化产生影响,同时特色小镇原有的社会文化也会对旅游者本身产生影响,并通过游客将这些影响带到旅游客源地社会文化生活中的各个领域。

第一节　特色小镇旅游社会文化影响特征

旅游的社会文化影响是非常深远的,其具有两面性,既可能是有益的正面积极的;也可能是有害的,负面消极的。在分析旅游活动对于特色小镇社会文化影响的特征之前,我们需要特别注意以下四个概念:特色小镇文化的三个组成部分;旅游者对特色小镇造成的社会文化影响;小镇居民对外来文化的知觉演变;旅游者和小镇居民进行接触后相互影响要素分析。

一、特色小镇的文化组成

特色小镇的文化包含多个相关的元素,所有这些元素都可以使小镇本身

[①] 陈向红.四川休闲旅游发展研究[J].乐山师范学院学报.2005(12):88—91.

产生巨大的旅游吸引力。在总结前人研究基础上,我们发现特色小镇文化由三个部分组成,包括高雅文化、大众文化和多元文化。(如图5-1)

```
                    特色小镇文化
         ┌─────────────┼─────────────┐
       高雅文化       大众文化        多元文化
```

高雅文化	大众文化	多元文化
遗产 ●艺术馆 ●博物馆 ●历史遗迹	生活方式 ●烹调方法 ●社会环境 ●社会习俗 ●手工工艺 ●节庆活动	●语言
表演艺术 ●戏剧 ●音乐 ●舞蹈 ●事件	大众文化 ●购物 ●电影 ●娱乐 ●体育 ●电子大众传媒 ●本土建筑	民族象征 ●民族节日 ●社区庆祝活动 ●宗教事件

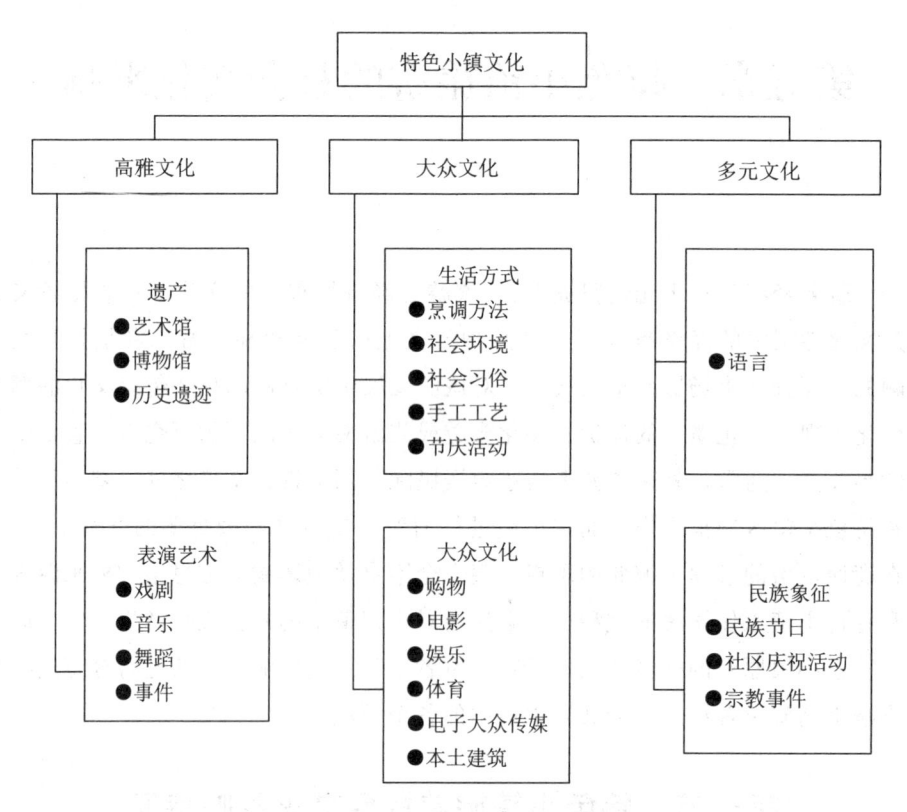

图5-1 特色小镇文化的三个组成部分

(一)小镇高雅文化

特色小镇高雅文化包括文化遗产与表演艺术两种类型。文化遗产中包括艺术馆、博物馆、历史遗迹等项目;表演艺术包括戏剧、音乐、舞蹈、事件等内容。尽管特色小镇文化的这三个组成部分都可以被改变或改造成旅游产品,甚至一些小镇只存在某一种类的文化组成。但是,在实际的旅游开发过程中,高雅文化更容易更简单被包装成旅游产品,因为旅游活动中的"文化"因素很容易与高雅文化中的某些内容联系在一起,博物馆、艺术馆以及展览馆中的"文化"因素非常容易与文化类型的旅游活动相关联。这意味着,我国特色小镇文化遗产中,能够拥有历史遗迹或者发生过著名历史事件,以及拥有地方特色剧种或是音乐的,将会在随后的旅游发展中占得先机。例如，福州市永泰县的嵩口镇，总面积为257.6平方千米，该镇拥有悠久的历史和深厚的文化积淀，其人文历史资源属于我们所说的高雅文化范畴。2008年10月嵩口镇被国家相关部委正式命名为"中国历史文化名镇"，成为福州市唯一的国家级历史文化名镇。早期的嵩口镇可以追溯到新石器时代，那时就已经存在人类活动，而在我国第一、第二次文物普查中就发现了下寨仔山等8处新石器时代遗址。从元代开始嵩口镇设立政府办公机构"潆门巡检署"；1915年成立了福建省第一个乡镇商会；到1918年时建立镇的行政机构，甚至一度自行发行纸币，设税卡和鸦片专卖局。悠久的历史文化积淀为嵩口镇成为历史文化名镇打下良好的基础。又如，上海市浦东新区新场镇，位于浦东新区南部，地处黄浦江东岸。新场古镇为"中国历史文化名镇"之一，被授予中国"全国环境优美乡镇"称号，连续两届获"国家卫生镇"殊荣。2018年5月24日，新场镇入选最美特色小城镇50强。

（二）小镇大众文化

特色小镇大众文化包括生活方式和大众文化两个主要方面。

一方面，生活方式包括了当地饮食烹调方法、社会环境、社会习俗、手工工艺、节庆活动等。生活方式作为旅游产品来推广的话，虽然不如小镇高雅文化来得直接，但是作为地区旅游吸引物的作用同样不可忽视。例如，辽宁省东港市的孤山镇，位于辽东半岛东北翼，其大众民俗文化底蕴深厚。清朝道光年间，号称"四大徽班"之一的三庆班首次在辽宁大孤山脚下的古戏楼登台亮相，如今戏台依然保存完好；每年农历四月十八日的大孤山庙会都吸引四面八方的民众云集于此，开展东北味道浓厚的民俗乡俗活动。另外，孤山的剪纸、版画、农民画因具有较高的艺术价值而驰名中外；而带有"黑土地"韵味的民族器乐、泥塑、民间文学等民间文化遗产在国内文化艺术界也都占有一席之地。孤山镇管理者在加强城镇建设管理，搭建城镇建设平台，发挥孤山特有的区位、资源等方面的优势的同时，正在努力实现"工业强镇、农业大镇、商贸重镇、旅游特镇、文化名镇、人居佳镇"的目标。

另一个方面，大众文化主要包括购物、电影、娱乐、体育、电子大众传媒、本土建筑等。这一部分文化在新型特色小镇以及以现代化产业为基础，且处于交通发达地区的小镇中表现尤为明显。现代大众元素与乡村文化的结合同样可以成为新的旅游吸引要素，并且以大众文化为旅游产业的特色小镇所表现出的发展势头也不可小觑。例如，浙江省东阳市横店镇，被住建部评为第一批中国特色小镇,是国家可持续发展实验区、国家影视产业实验区。小镇内拥有国家 5A 级景区横店影视城,以及 14 个大型景区和影视拍摄基地,为中国电影事业发展提供了便利的条件。2018 年横店镇还入选了中国最美特色小城镇 50 强。另据资料统计,2014 年,横店镇横店影视文化产业实验区新增入区企业 46 家,进入小镇企业总数达 587 家,累计营业收入 134.2 亿元,比 2013 年增长 40.47%,接待剧组 178 个,接待游客 1374.79 万人次,比 2013 年增长 14.14%。[①] 横店大众文化的蓬勃发展吸引了众多影视剧组前来拍摄,剧组数量增多又增加了旅游吸引力,这一模式成为一种双赢模式。

(三) 多元文化

特色小镇多元文化包括语言和民族象征两个方面。单纯将语言作为旅游吸引物来发展文化旅游的特色小镇在我国并不多见。笔者找遍第一批第二批特色小镇名单,并没有发现将语言作为旅游产业来发展的特色小镇。但是这并不代表未来中国特色小镇发展过程中不会出现以语言为特色吸引物的旅游产业。由于语言的地域性特征明显,其所涵盖的地域文化要素也非常丰富,这里不再赘述。

多元文化中的另一个方面民族象征在中国特色小镇中表现得较为丰富,主要包括民族节日、社区庆祝活动、宗教事件等。其中将民族节日和宗教事件作为旅游产业的小镇多存在于我国西南、西北的民族聚居地区,这些地区在过去长期的历史发展中,逐渐成为我国少数民族聚居地区,也为我国少数民族繁衍生息提供广阔的场所。汉族与各个少数民族之间相互交融荣辱与共。民族文化的相互碰撞使得这些民族聚居区迸发出独特的民族魅力,同时也为我国特色小镇民族文化旅游创造了独特的人文条件。例如,云南红河州西庄镇 2016 年 10 月 14 日入围第一批中国特色小镇名单。2018 年全镇全年共接待游客 63.87 万人次,同比增长 63.73%,实现旅游收入 2.53 亿元,同比增长 70.95%;团山村、水打营村等实现旅游带动收入 470 余万元。西庄镇是典型的将民族文化作为旅游吸引物的特色小镇,2018 年成功举办了首届乡村旅游文化节,共接待游客 11.05 万人次。小镇范围内历史、民族资源众多,另外还有团山民居群、黄龙寺风景区、"打响武装解放建水第一枪"的建水乡会桥起义旧址、谢家湾温泉等。小镇中丰富的民族文化资源和

---

① 东阳市人民政府. 东阳年鉴——横店镇 [J]. 东阳市. 2015.

多元文化要素为小镇旅游产业发展带来了新的机遇。

二、旅游者对特色小镇造成的社会文化影响

对特色小镇而言，如果进行对外交流就不可避免地会受到外来文化的影响，而异域文化对于小镇影响力会随着到访游客数量的不断增加而逐渐加大，当外来文化的影响达到一定程度后，就会改变当地社会的原生文化，使得特色小镇固有的特色文化逐渐丧失。我们知道，旅游越成为大众旅游，其对目的地文化的影响就越深刻。

旅游者在特色小镇停留的期间，会不可避免地或多或少地接触到小镇的地方文化，而旅游者所在的客源地文化和小镇文化不可能完全一致，换句话说，就是两者或多或少会存在文化差异，这种文化差异恰好也是构成旅游者外出旅游的动机之一。与此同时，旅游目的地文化也可能带给旅游者不同程度的各种积极或者是消极的影响。

史密斯（Smith）[1] 将这种关系用重叠在一起的一个正三角形和一个倒三角形来表示（如图5-2）。

图5-2中将两个三角形堆叠在一起，表示外来游客对目的地社会文化影响程度与原住居民对于外来文化的感知程度之间的关系。其中实线的正三角形表示随着大众旅游的发展外来游客对旅游目的地社会文化影响的程度

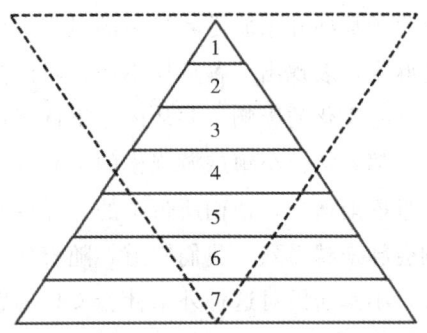

图5-2 旅游者对目的地社会文化影响与当地居民对外来文化感知程度之间的关系

逐渐加大，三角形底端的数字7代表这种影响达到最大值。虚线倒三角形则表示随着外来游客进入小镇的数量增多和时间的延长，小镇居民对于外来文化感知与新奇度是在逐渐下降的，直至最后完全消失。数字7代表了小镇居民对于外来文化影响的感觉度达到最小，这时的小镇居民基本不会感觉到异域文化的存在。两个三角形之间的这种反比例关系也就导致了不同地域文化之间的一种侵蚀现象，特别是强势的城市文化对于乡村文化的影响与改造。

---

[1] Wanr. D. and Opprmin M. （00）. Turim Mamagemen Milton, Ausrdia: bhnWiley & Sons Australia, Ld, P195.

三、小镇居民对外来文化的知觉演变

特色小镇居民对外来异邦文化的感知程度与外来文化对当地文化的影响程度成反比，即随着特色小镇不断发展，外来社会文化对特色小镇中居民社区的影响会越来越大，但是当地居民对外来文化影响的感知程度却越来越弱。换言之，旅游活动对特色小镇的文化产生的影响越大，东道地居民对不断增多的外来旅游者所带来的异邦文化的感觉却日益淡漠。例如初期小镇居民会好奇外来旅游者的服饰、行为语言等差异的存在并进行模仿，随着时间的推进，小镇居民已经习惯外来旅游者的行为以及文化形式的存在，起初的模仿兴趣随之消失。通过调查发现，在特色小镇开发的初期，虽然来访的旅游者数量不多，但是当地居民却能强烈地感知到这些旅游者带来的神秘的异域文化，当地居民对这些新奇的异域文化充满了好奇和神秘感。随着特色小镇社会经济的进一步开发，越来越多的旅游者进入该地区，东道地居民逐渐熟悉了那些外来旅游者带来的异域文化特征，对外来文化的入侵表现得越来越麻木，表现出一种见怪不怪、习以为常的态度，随着时间的推移甚至会适应这些文化的影响，并从内心里逐渐接受这些文化。

随着特色小镇旅游规模的不断发展，进入小镇进行旅游活动的异域游客数量逐渐增多，他们所带来的差异性文化对小镇所在地的社会文化产生的影响会越来越强烈。我们知道，随着外来文化进入数量增多以及文化影响的加大，小镇居民对这种外来社会文化的感知程度是逐渐降低的，这种状况继续发展的话，很可能到最后小镇居民对于外来差异性文化已经没有感知度，类似于达到我们所说的"见怪不怪"的状态，导致原生文化彻底丧失。这一现象在我国不少民族聚居地区体现得特别明显，当地年轻人平时生活中乐于接受西方文化，将汉语作为日常交流语言，喜欢穿着汉族服饰，喝可乐吃汉堡等，逐渐将本民族原有传统文化丢失了。

四、旅游者和小镇居民进行接触后相互影响要素分析

旅游活动使不同的文化相互接触，从而导致人们的价值观、信仰、习俗和工艺制品等发生变化，这个过程被社会学家称为"涵化"[①]。"涵化"过程并

[①] 涵化亦称"文化摄入"。一般指因不同文化传统的社会互相接触而导致手工制品、习俗和信仰的改变过程。常有三种形式：接受、适应、反抗。1880年美国民族学局的鲍威尔首先提出该名词。

不对称，它会受到接触方式、社会成员的社会经济特征和人口数量等因素的影响，在"涵化"过程中一种文化可能会对另一种文化起主导或者支配作用。在旅游活动过程中，虽然旅游者也会把旅游目的地的文化带回到自己原居住地，对自己原生居住地文化产生一定影响，但这种影响几乎是微不足道的，例如很多欧洲游客喜欢携带大量中国的民俗艺术品和服饰返回居住地使用，这一行为虽然能够宣传中国文化，但对于他们居住地来说并没有什么影响可言。而旅游活动的社会文化影响最大效应，还是作用和发生在旅游目的地的，即外来游客通过与旅游目的地居民的直接或间接接触，从而对目的地居民的社会价值与文化价值体系产生较大的影响。虽然特色小镇拥有特色的文化吸引物，但是往往在现实的旅游活动中会受到来自旅游者所带来文化的冲击，从而发生变化。在此我们将分析旅游者与目的地居民接触后在社会和文化两个领域中所涉及的诸要素，这样做有助于分析旅游活动在特色小镇中产生的社会文化影响。

我们引入史蒂芬·佩吉提出的将旅游者与目的地居民接触后相互影响要素分为两类：社会影响和文化影响（如图5-3）。[①]

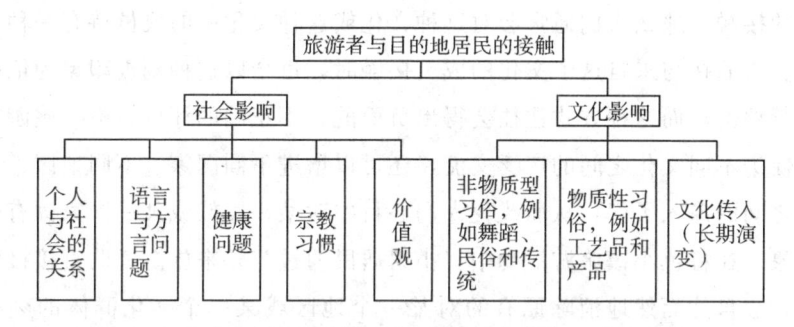

图5-3 外来旅游者与旅游目的地居民接触后相互影响的要素

旅游接待地区受到外来社会文化影响的程度大小，主要受客源地与接待地区之间在经济文化方面差异大小的制约。旅游客源地和接待地区之间在经济和文化方面的差异越大，相差水平越悬殊，旅游活动对于接待地区的社会文化影响也就越大；反之，其影响也就越小。如果旅游客源地的经济和文化都领先于旅游接待地区，那么旅游接待地产生的社会文化影响则可能大于客源地。

---

① 史蒂芬·佩吉，等. 现代旅游管理导论 [M]. 刘勐莉，等，译. 北京：电子工业出版社，2004：227.

中国的特色小镇是基于乡村基础上建立发展起来的。而乡村文化秩序[①]建立在农业文明的基础上,近些年的城市化进程为我国乡村社会带来了工业文明。与农业文明相比工业文明所具有的优势得天独厚。工业文明的发展过程改变了乡村文化中落后和愚昧的观念,打破了乡村原有的社会结构。生活在乡村社会的原住居民在享受文明和进步的同时,内心也承受着差异性的文化冲突和价值冲突带来的不安全感。

第二节　旅游对小镇社会文化影响的正面效应

游客产生的旅游活动对特色小镇的社会文化影响既有积极正面的也有消极负面的。积极正面的影响主要表现在以下几个方面。

一、促进不同地域文化之间的交流

如果一个封闭的环境与外部的某个文化群体不发生接触或者只发生非常有限的接触,那么人们通常会对这种文化或这种文化中的成员持有一种刻板印象。人们在与来自这个文化的成员接触时,也会以这种刻板印象为依据对其进行评价,而这种方式往往会得出负面的、不正确的评价结论。旅游活动可以促进不同文化之间的广泛交流,还可以增进不同国家、不同地区、不同种群之间的深入了解,从而改变人们心目中对某一民族或某一国家固有的刻板形象。在特色小镇旅游活动中,小镇居民通过与外来旅游者的直接接触和交流,会自然而然地消除原有的对某一个地区或某一个文化群体的刻板印象,把这些旅游者当作个体来看待,甚至把他们当作潜在的朋友来对待。

从旅游者角度来说,在某种程度上经常旅行的人和那些与外部世界很少接触的人相比,更宽宏大量,更宽容,更具四海为家的心态。旅游活动还可以使特色小镇的居民改变过去那种部族心态,减少区域性质的偏见,从而开阔小镇区域内居民的视野和思想境界。例如,改革开放以来,大量的来自西方发达国家的旅游者来到中国,亲眼看到中国发生的巨大变化,从而消除了对中国的固有偏见。中国人通过与这些外国旅游者接触也消除自己本身对外

---

① 文化秩序:一种文化在特定体制规范下价值目标设定的同一性,奠定了文化发展的基本路径和基本空间.

国人,尤其是对西方人的偏见。

对于中国特色小镇而言,本身就是一个由封闭走向开放的过程,通过旅游活动的进行,一方面扩散自身特色文化,另一方面接受外来异域文化,其发展是一个文化交融和理解的过程。因此,旅游活动可以被看作是促进区域文化交流和了解的强劲力量。

二、促进传统文化和文化遗产保护

特色小镇旅游业的发展,在社会文化方面能够促进小镇文化、民间艺术和文博事业的发展。旅游业的发展激励了小镇对历史建筑和文化遗产、遗迹的保护。旅游者对历史的怀念和对文化差异的追求,激励小镇管理者和社区对传统文化进行更加有效的保护,采用更有利于保护的运作模式发展旅游业。

传统文化一般都具有旅游和文化价值,能够得到来自社会各方面的尊重和追捧,如果将这两种价值通过市场运作的方式体现出来并通过价格得以实现,能够极大地促进传统文化的保护,并使之得以传承和延续。因此,旅游活动可以极大促进传统文化的保护、传承和延续。正是由于有当今全球性的旅游活动,才使得很多文化孤岛被保存下来,免遭经济海洋的淹没。因此,旅游业能够为拯救特色小镇中具有旅游价值和文化价值的资源做出很大贡献。

旅游学家贾法利指出:"许多宗教或考古建筑之所以从被毁坏的境地中被拯救出来,更多是由于旅游的发展,而不是由于它们在当地民众看来所具有的价值……"[①]。旅游活动的保护作用对特色小镇的贡献可以是直接的,也可以是间接的。直接的贡献包括社会历史文化类型的旅游吸引物的门票收入、相关旅游纪念品的销售收入及社会对保护文物古迹的捐赠收入等。例如,2018年1—3月平遥古城累计接待中外游客34.9398万人,同比增长10.6%;门票收入3018.8550万元,同比增长14.5%;截至2019年8月,古城旅游景区游客人数从2014年695.2万人次增长至2018年1548.67万人次;旅游收入从2014年66.12亿元增长至2018年180.78亿元;平遥城区80%的本地居民直接或间接参与到旅游相关产业经营活动中。丰厚的门票以及旅游总收入,能够让古城管理者拿出更多的资金用于古城保护修缮工作。

---

① 安颖.试论民族文化保护与民族文化旅游可持续发展[J].黑龙江民族丛刊.2006(03):94—97.

而间接的贡献包括政府定期从旅游总体收入中划拨出一定数额用于对文化遗产的保护和日常维护。在2018年平遥景区改善过程中，政府先后投入60余亿元实施了旅游停车场、游客中心、景区咨询点、旅游通道快捷化改造、古城环城地带综合整治等一批基础性项目。按照省政府"旅游厕所革命率先突破"要求，全县城乡投入使用的旅游厕所达115处。[①] 历史文化建筑和传统文化遗迹得到妥善保护之后，还会进一步促进小镇旅游业的发展，进而会有利于弘扬传统文化。其原因主要包括：其一，文化类型的旅游吸引物得到保护后对旅游者更具有吸引力，因此能够获得更高的旅游收入；其二，对文化遗产的保护会给目的地居民提供更多的机会，直接欣赏自己的传统文化遗产。

这种规律不仅仅适用于特色小镇传统文化遗迹，也适用于小镇传统社会和文化习俗。旅游者因旅游目的地的艺术、工艺、习俗、传统惯例等慕名而来，因此当地居民也就会对自己本土的文化产生强烈的自豪感。在这个过程中，外来旅游者唤醒了特色小镇居民对本土文化的浓厚兴趣，促使当地居民重新认识和欣赏自己的本土文化，并寻找自己的本土特色。由于经济利益和社会利益的驱使，以及旅游市场发展的需要，使得过去一些被当地人忽视的传统民俗和文化得到妥善的开发和保护；一些传统手工艺被重新传承并得到创新和发展，例如一些制陶、制瓷工艺得以发展壮大；还有音乐、舞蹈、戏剧等非物质文化遗产也得到进一步整理和发掘。所有这些文化传统和习惯，不但能够保存下来，并且重新获得了发展的活力。例如中国云南和贵州地区的一些少数民族传统婚庆活动、衣着服饰式样和习惯、多种多样的民族音乐和舞蹈等的保留和发展，在很大程度上都是得益于旅游业的发展。辽宁瓦房店市的复州皮影戏兴起于明朝万历年间，逐渐发展成为独树一帜的地方传统艺术，但是在20世纪八九十年代市场经济的大潮中几乎被淹没，濒临灭亡；由于旅游和申报国家级非物质文化遗产，复州皮影戏这种古老的民间艺术不但得以复苏，也被注入新的活力。云南边陲的纳西族有许多濒临失传的民族传统文化在旅游活动的推进下开始复苏并得到保护和传承；纳西古乐、东巴歌舞和宇丽等民间艺术等；另外当地独具特色的打铜、制陶、民族服饰等传统手工业也获得了新生。

除了特色小镇文化遗产保护之外，旅游的发展使得整个国家已开发的文

---

① 晋中市统计局. 山西省晋中市统计年鉴[J]. 2018 (11).

第五章 特色小镇旅游的社会文化影响

化遗产都得到了积极的保护。

从2017年开始国家文化与旅游部深入推进《关于进一步加强文物工作的指导意见》的实施。包括详细编制出长城及沿线保护总体规划,基本完成各省境内的省级长城保护规划编制工作,对长城保护的执法工作进行严格的检查和监督。另外,公布了第三批国家考古遗址公园名单,同时推进开展"考古中国"研究工作,完成对大型遗址的保护工作。按照五年为一个周期进行红色革命遗址的保护项目建设,同时启动"长征——红色记忆"工程,并在此基础上编制出《长征文化遗产线路总体规划》等。此外,还利用便利的互联网通信,开展"互联网+中华文明"三年行动计划,推进文物信息资源开放共享。

从文化机构的设立和从业人员来看,2019年末全国共有各类文物机构10562个,比上年末减少402个[1]。其中,文物保护管理机构3518个,占33.3%;博物馆5132个,占48.6%[2]。年末全国文物机构从业人员16.24万人,比上年末增加0.02万人。(图5-4)

图5-4 2011—2019年全国文物机构及从业人员情况

---

[1] 中华人民共和国文化和旅游部. 2019年文化发展统计公报[J]. 2020(06).
[2] 中华人民共和国文化和旅游部. 2019年文化发展统计公报[J]. 2020(06).

从传统工艺振兴方面来看，国家继续实施中国传统工艺振兴计划，加强传统工艺工作站建设，新设立四川凉山传统工艺工作站，助力当地传统工艺振兴和脱贫攻坚，工作站累计达到 15 个。支持 10 个"非遗＋扶贫"重点地区推进非遗助力精准扶贫工作，设立非遗扶贫就业工坊 156 家，举办各类非遗助力精准扶贫培训 840 余次，培训学员 1.9 万人。统筹开展 2019 年"文化和自然遗产日"非遗宣传展示活动，全国共举办大中型活动 3200 余场[①]。

三、促进小镇社会稳定与和谐发展

我们可以这样认为，旅游活动是人类自我愉悦的一种方式，而这种方式拥有自身特殊的一些方面。在旅游活动过程中，游客主动离开原有居住地到陌生环境中去感受新的精神和物质，以便达到愉悦身心的目的。在这种特殊的活动当中，旅游者会感受和面临众多复杂特殊的关系，即人与自然之间、人与人之间以及人与文化之间的关系等。旅游活动本身就带有一定的和谐性，特色小镇中的旅游活动表现出的和谐是一种状态，也是一种关系范畴。可以这样说，旅游是通过人与自然、人与人之间的互动实现和谐的一种途径。特色小镇和周边乡村的旅游活动能够为当地创造就业机会和增加收入，也能够提高小镇经济发展的水平，而经济的发展必然会促进小镇和周边地区社会的稳定与和谐发展。同时，在特色小镇及其周边发展旅游业，有利于保持小镇社会的完整性，减缓原住居民从传统农村向城市聚集的进程，甚至让更多的农村年轻人扎根在自己故乡。这种旅游活动带来的和谐是保持原有的乡村社会模式以及传统和传统生活方式的最佳办法。而旅游活动为小镇和周边乡村带来的收入和就业机会可以稳定那些尚未"现代化"的社会结构和社会生活体系，如（图 5-5）。

外来消费的聚焦 旅游吸引+消费聚焦	一、二、三产业的发展 产业附加值的提升及产业链的延伸	生活氛围的营造 多样化的休闲业及产品
宜居环境的改善 较完善的基础设施、服务设施以及景观化的环境	文明水平的提升 较高的服务与生活质量	城市文化的品牌 文化挖掘与传承

图 5-5 旅游活动为特色小镇带来的六大价值

---

① 中华人民共和国文化和旅游部. 2019 年文化发展统计公报［J］. 2020（06）.

这里需要强调的是，一个好客和热情的特色小镇形象能够给旅游者带来心理上的愉悦，也能够加深游客的旅游体验从而吸引更多的旅游者进入小镇游览。因此，如何去关注特色小镇居民的生活状态，构建出和谐气息的小镇文化生活氛围就显得意义重大了。我们通过总结前人研究归纳出特色小镇和谐状态参照标准主要有以下三个方面。

1. 特色小镇某些区域的规划应该调动居民参与的积极性，引导当地居民将热情投入到和谐发展的行动上，例如召开听证会讨论小镇发展规划，或者是吸纳小镇社区居民代表作为规划组成员等，除以上之外还有其他一些新型的方法，最终目的是为了增强小镇居民对居住地的认同感、归属感和对自身形象维护的责任感。

2. 特色小镇居民应该能享受和谐旅游产业给他们带来的便利，这是特色小镇开发旅游推进社会和谐的硬性指标，单纯为游客提供便利的基础设施并不是最理想的，旅游活动的开展应从基础上将小镇居民也纳入进来。例如改善交通方便本地居民出行、改善居住环境提高居民舒适度、营造商业诚信氛围提高居民满意度等。

3. 小镇在谋求自身发展的同时，应将周边的弱势居民也纳入人文关怀管理的范畴中。例如修建盲人道，在公共场所、游乐场所设置残疾人设施，设置贫困居民旅游和发展共享基金等，通过旅游活动的全域性优势来调动各类型产业服务小镇和周边乡村，保证周边居民的基本游憩权利。这些都是和谐社会对小镇居民的人文关怀。

四、提高小镇居民的生活质量

旅游接待地区在发展旅游业的同时必然会改进其基础设施和接待设施，以满足来自不同客源地众多旅游者的多种需要，另外还要加强对整体社会环境的治理（生活环境和社会治安环境）。尽管这些硬件设施和软件环境的建设都出于发展旅游业的原始动力，但是这在客观上也普遍改善了旅游目的地的生活环境，提高了旅游接待地的生活质量。最终方便了目的地居民的生活，使目的地居民能够获得较高水准的生活质量。

特色小镇创建的目的就是以小镇为中心，促进广大乡村城镇化的同时提高区域经济发展程度。因此，特色小镇开发旅游业对于小镇和周边乡村基础设施建设包括交通、医疗、文化等发展具有积极的促进作用。在旅游活动带动下对于基础设施和公共机构的建设能够直接提高小镇和周边居民的生活水平。可以这样说，小镇旅游开发并不是小镇提高经济和文化水平的目的，是小镇用来构建和谐稳定社会的一种手段。让我们畅想一下，未来中国的特色小镇应该是由田园生活、森林、文化、创意、休闲、运动、健康、情感、邻里、立体、幸福等概念组成的乡村集散中心。

第三节　特色小镇旅游的社会文化代价

旅游活动会为旅游目的地带来积极的社会文化影响，但是过度发展传统模式大众旅游，同样会给旅游目的地的社会文化造成巨大的消极负面影响。也就是说，旅游接待地要发展大众旅游业，就必须付出很大的社会文化代价，因为任何一个事物都具有两面性，旅游活动也不例外。如果旅游目的地处于经济欠发达地区，它所面临的社会文化代价的消极影响将会更加巨大。当然，随着经济社会的发展，任何一个地区为了发展而遭受社会文化方面的损失都是不可避免的。旅游活动仅仅是诸多导致社会文化损失代价因素中的一个，但是因为旅游业所涉及行业数量以及从业人员等原因，使得旅游业的发展会加快目的地的社会文化受损害的速度。图5-6显示了旅游业的发展会给目的地的社会文化带来七个方面的消极负面影响。而这些消极负面的影响原因是多方面的，下面将分别对这些要素给特色小镇的社会文化带来的消极影响进行讨论。

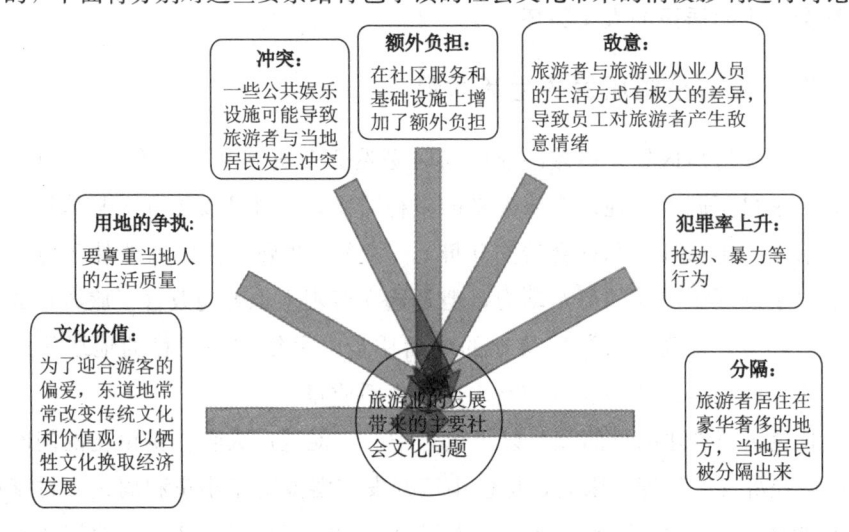

冲突：一些公共娱乐设施可能导致旅游者与当地居民发生冲突

额外负担：在社区服务和基础设施上增加了额外负担

敌意：旅游者与旅游业从业人员的生活方式有极大的差异，导致员工对旅游者产生敌意情绪

用地的争执：要尊重当地人的生活质量

犯罪率上升：抢劫、暴力等行为

文化价值：为了迎合游客的偏爱，东道地常常改变传统文化和价值观，以牺牲文化换取经济发展

分隔：旅游者居住在豪华奢侈的地方，当地居民被分隔出来

图5-6　旅游业的发展带来的主要社会问题

一、导致特色小镇旅游产品商品化和庸俗化

文化传统的商品化是与小镇旅游活动相关的一个主要消极负面影响因素。我们可以这样来解释"文化商品化":为了满足旅游市场的需要,旅游接待地区将自身传统和原生文化逐渐转变成可以出售的商品,这一转化过程被称为"文化商品化"。一些持有积极观点的人认为,文化商品化能够当作对特色小镇社会文化积极正面的影响因素,因为如果将传统文化转变成商品,意味着金钱方面的获取和经济水平的增长。但是,当小镇文化彻底变成金钱交易商品时,就彻底失去了其作为文化进行延续的传承性了。通过对一些典型特色小镇的实地调查我们发现,特色小镇文化商品化的过程中,原生文化的表现形式被最大程度地粗俗化了,传统的民间艺术极大地被稀释,而小镇居民对那些"变了味道"的艺术形式逐渐失去了兴趣。这种由于文化商品化本土文化逐渐被消亡的情况不仅仅发生在乡村小镇当中,在全国范围内都普遍存在,例如,天津狗不理连锁店,北京全聚德……这些连锁集团在将传统文化转化为商品的同时也失去了原生地居民的认可。

商品化了的小镇文化已经失去了文化活动本身的意义。当开发商只重视从艺术和文化表演的复制过程中直接获取金钱价值,而忘记了这些艺术和文化表演的原生内涵,那么这种旅游活动中的社会文化商品化就会对特色小镇社会产生消极负面的影响。小镇的社会文化被商品化在旅游活动中打包出售之后,为了迎合来自其他国家或地区旅游者的口味,小镇原有特色文化必然要发生变化和异化,最终导致小镇原生文化的内涵受到侵蚀或者被完全消灭。一些特色小镇中的居民将自己原来的生活方式截取某些片段,当作一种旅游资源,供那些来自不同地区有着不同生活方式的旅游者进行观赏。例如,当我们把结婚庆典这样庄严的事情变成一种有趣的活动来表演并且供人观赏时,表演者内心的情感以及庆典的庄严性都被抽空了,保留的仅仅是外壳。又比如一些宗教场所,教堂、寺庙和宗教圣地,开辟为旅游观光胜地后,其表现出的商业性就会大大超过其传统的宗教色彩。山西省著名的宗教圣地五台山,近几年在一些旅游者的评价中口碑在逐渐降低,而台怀镇的商业气息逐渐变浓,朝圣者的心理预期在不断下降。这种现象在某种程度上是对非物质文化遗产的破坏和亵渎,也脱离了"原生态"的生活。由此可见,旅游活动导致特色小镇文化商品化的社会代价是巨大的。由旅游活动导致特

色小镇文化商品化是一个渐进的过程,这个过程通常与旅游的发展相关联。

我们知道文化商品化大致可以经历四个阶段,我们可以将这一模型引入旅游活动对特色小镇文化影响的研究中进行分析。(图5-7):

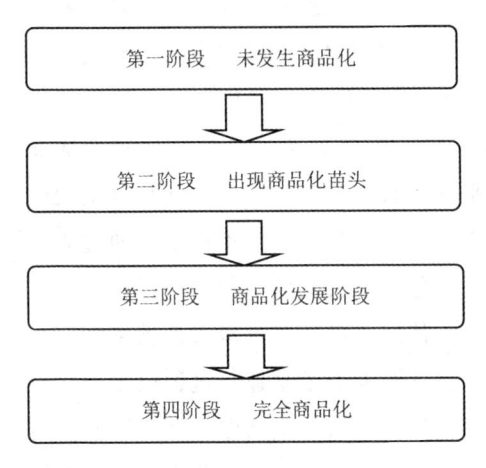

```
┌─────────────────────────────┐
│  第一阶段    未发生商品化    │
└─────────────────────────────┘
              ↓
┌─────────────────────────────┐
│  第二阶段    出现商品化苗头  │
└─────────────────────────────┘
              ↓
┌─────────────────────────────┐
│  第三阶段    商品化发展阶段  │
└─────────────────────────────┘
              ↓
┌─────────────────────────────┐
│  第四阶段    完全商品化      │
└─────────────────────────────┘
```

图5-7 旅游导致的文化商品化过程

在文化商品化过程的第一阶段,特色小镇中几乎看不到旅游者。偶尔见到的少数几个旅游者会被视为"尊贵"的客人,当地居民会邀请外来者观看或者参加当地的一些真实的传统文化节庆活动,参加这些活动是不收取任何费用的。当地居民也会送给这些旅游者一些真实的具有代表意义的文化艺术品,表达他们对旅游者的尊敬之情。

进入第二阶段后,越来越多的旅游者出现在小镇范围内。特色小镇本地居民对这些旅游者已经没有什么新鲜感了。在得到允许后,这些旅游者可以观看当地的一些传统文化习俗活动,但是要支付少量的费用。旅游者也能够以比较便宜的价格购买一些真实的传统文化艺术品。这一时期小镇的环境承载力和居民心理承受力都还没有达到饱和。

在第三阶段,大量的旅游者有规律地定期访问特色小镇。特色小镇旅游业为了吸引旅游者和满足他们的偏爱,会对传统的习俗和庆典仪式进行改革,使其更符合旅游者的口味,传统音乐或舞蹈的表演时间也按照旅游市场的要求进行安排。在这个阶段,小镇旅游从业者重视的是旅游吸引物的表演性,而不是传统文化的真实性。各种表演项目的价格开始以旅游市场可以接受的程度为标准,如果可以接受,价格定得越高越好。当地居民面向旅游者出售大量的以廉价劳动生产出来的旅游纪念品,这也是我们经常在全国各个景区都能够见到相同类型纪念品的原因。纪念品的规模化生产可以使其达到利润的最大化。

在第四阶段,小镇文化的商品化和现代化进程共同产生影响,导致特色小镇固有特色文化的完整性完全消失。商品化已经延伸到小镇文化的各个领域,使得小镇特色文化全方位的商品化。

在文化商品化的第四阶段，特色小镇的居民可以从旅游活动中获得巨大的经济利益，但是随着其文化独特性的消失和伴随而产生的对传统社会规范和社会结构的破坏，会对特色小镇广大社区产生很大的负面社会影响，同时危及社会的稳定。在大规模急速发展旅游业的传统社会中，文化商品化表现得尤为明显。

现实的发展过程中，由于认识到了文化商品化的危害，很多旅游目的地都采取了各种措施，试图最大程度地减小商品化进程对社会文化产生的消极负面影响。

麦克坎内尔提出的"前台和后台"模式是旅游目的地应对文化商品化，并力图保持和保留传统文化习俗的一种手段。[1] 在整个旅游接待地区这个"舞台"上，"前台"场所是演员演出及宾主或顾客与服务人员接触和交往的地方，"后台"是一个相对封闭的空间，也是当地演员进行节目准备的地方。"前台"作为一个表演场所来为大众旅游者提供商业化了的民俗文化表演，也就是说在这一场所当中，商品化了的文化被当作"真实"的东西表演，向外来的游客进行展示。而旅游开发商为了保证"前台"表演的"真实性"，就必须保证"后台"的"封闭性"，从空间上严格地将"前台"与"后台"完全隔离开来。隔离的目的是为了保护"后台"，这样能够使小镇传统特色文化免遭破坏。特色小镇居民在"后台"展示和实践的是本社区真实的民俗生活，表现和保持着当地社区真实传统文化习俗。因此，从理论上，只要目的地居民和旅游者双方都能够理性地保持和尊重"前台"和"后台"的界限，就既能够从旅游活动中获得经济利益，又能够保持当地社区的原始生活方式和古朴民俗风。

但是事实上在一些以民族性文化和传统性文化为旅游吸引物的特色小镇中，"前台"和"后台"的划分也会产生有悖于人们初衷的结果。现实生活往往是这样的：特色小镇的居民在"前台"展示的是大众旅游者非常感兴趣的传统文化、艺术、风俗或歌舞，但在表演结束后，走下"前台"进入"后台"时，却过着与"现代"人完全一样的非传统生活。例如我国云南和贵州的一些少数民族的村寨，在旅游业开发中，为了迎合旅游者的兴趣和满足他

---

[1] MacCannell, D. The tourist: A New Theory of the Leisure Class. New York: Schocken Books. 1976.

们的需要,当地青年男女在"前台"身着民族盛装表演传统的音乐和歌舞,但是表演结束回到"后台"后,他们中的大部分会脱掉传统的民族服装,换上新潮的牛仔裤、T恤衫和高跟鞋,欣赏流行音乐,享受现代文明的舒适和乐趣。又如,云南摩梭族的大部分年轻人从小就穿汉装,都不喜欢穿摩梭服装,认为摩梭服装不好看、不方便。但是旅游的开发使他们认识到了民族服饰的价值,激励他们主动身着摩梭服饰参加"前台"表演性活动。例如划船游湖、牵马、篝火晚会等,向好奇的旅游者展示其独特的摩梭文化。这就使摩梭的传统文化和传统审美价值获得了重生、复兴和发展。因此,在这个意义上,是"前台"的存在使保存和发扬传统文化和习俗成为可能,使那些没有得到应有的重视、正在衰退和消亡的传统本土文化习俗和艺术遗产得到丰富和保护。

二、对特色小镇居民的负面示范效应

旅游活动会对旅游接待地区的整个社会文化产生一定的影响。旅游者进入特色小镇旅游时,通常会以自己为榜样影响当地的居民,同时用自己的思维和眼光来判别其在旅游活动中遇到的种种现象。因此旅游者进行旅游的同时,也把他们自己固有的社会文化价值观带到了旅游目的地,对目的地的社会文化产生影响。特色小镇的居民通过观察外来旅游者的行为,模仿其消费行为和生活方式,从而使小镇居民的态度、价值观或行为等发生改变。对小镇居民而言,这些改变可能是有利的,也可能是有害的。值得注意的是,引发示范效应的因素是复杂的,旅游只是其中的一个重要因素,因为当今世界的资讯手段十分发达,电视的普及率非常高,互联网将世界各地的人们连接在一起,其他各种媒体(例如,广播、报纸杂志、广告宣传等)也都是无处不在,这些都可以引发示范效应。

首先,示范效应对旅游目的地的社会文化可以产生正面和负面的双重影响。正面影响在于,特色小镇的居民通过旅游者看到了自己与其生活水准的差别,心目中勾画出了未来奋斗的目标,因此示范效应能够激励旅游目的地的居民更努力地工作,追求更美好的生活。示范效应的负面影响也会对旅游目的地的社会文化造成很大的损失。在过去的研究中,人们发现旅游者在旅游接待地区所表现出的消费水平和价值观,会与小镇居民之间存在很大的差异,这种差异给小镇居民带来的影响也非常巨大。旅游者所表现出来的富裕程度和行为的自由度，对小镇居民来说有可能是遥不可及的。特色小镇的居民，尤其是青年人，通常都非常羡慕旅游者表现出的社会优势和经济优势及其悠闲懒散的生活方式，但是他们看到的只是旅游者的一个侧面，这个侧面不能真正反映旅游者在其所处的地区所体现的价值观和消费模式。也许小镇居民不知道，一些奢侈型的旅游者平时的生活可能是节衣缩食的，为了这次出游活动，这些旅游者可能会辛苦工作很长时间才能完成资金的积累。而受外来旅游者虚假表现的影响，小镇原住居民（尤其是青年人）对自身生活水平的期望值会急剧升高，并由此产生不满情绪，并开始追求和模仿旅游者带来的新型的生活和文化方式（包括服装、娱乐消遣、道德标准等），对于原生文化的蔑视，直接导致文化传承群体的丧失，最终使得小镇原生传统文化走向消亡。

其次，旅游示范效应的负面影响会加深小镇年轻人和年长者之间的思想代沟，使青年一代与老年人之间产生紧张对立的情绪。小镇社区中的年长者往往持有保守思想而极度排斥新进入的思想观念，多数老年人更倾向于维护和保持本地原有的社会文化传统和习俗，他们是固化观念的持有者；而大部分青年人对于外部的社会文化影响往往持有开放和包容的态度，他们通常会很快地效仿外来旅游者的某些行为习惯，很快接受这些外部的社会文化所带来的意识形态。甚至某些思想激进的年轻人还会极力排斥和贬低本土特色的价值观和习俗，他们会通过全面的"现代化"来标榜自己的新潮和个性。类似于这种小镇所在地区的老年人和青年人之间形成的"思维代沟"正是原生传统文化和不断涌入的外来文化之间，发生激烈冲突所导致的必然结果。

最后，在一些社会经济相对落后地区，外来旅游者在旅游活动中表现出的富有程度会高出接待地常住居民很多，但是小镇居民也不可能在短期内通过传统的手段和方式迅速追赶并且达到同样富裕的程度。这一状况会使一些小镇居民产生不满和嫉妒情绪，仇富的心态导致他们对旅游者产生敌意，继而可能引发一些消极的行为，而这种消极的示范效应会诱发某些常住居民采取非法手段来获取不正当经济利益，由此造成针对旅游者的犯罪率上升，使外来游客成为犯罪的牺牲品。这种类似于杀鸡取卵的行为最终会造成小镇旅游人数下降和旅游业衰退，影响小镇社会经济的健康发展。

另外，特色小镇居民在接受外来文化尤其是西方文化的影响后，有可能会盲目模仿和追求宽松的道德标准，从而加剧某些社会病态现象的出现，使得中国本土传统观念沦丧，例如性解放、家庭观念淡薄、离婚率上升，甚至性病和艾滋病的传播等等。而这一状况的出现给特色小镇带来的社会问题将更加复杂、更加难以解决。

三、导致特色小镇原生文化丧失原生性

旅游发展激发旅游目的地传统文化的变迁，使旅游目的地当地的原生文化逐步丧失其原生的特性。外来旅游者会把他们自有文化中的价值观、审美观、各种习俗等带到特色小镇，因此以传统民俗文化作为旅游吸引物的特色小镇来说，其语言、风俗习惯、烹饪风格等具有独特传统的原生文化，会受到来自不同文化地区的旅游者潜移默化的影响，渐渐失去其独特的原生性，失去其固有的特色。例如，目前我国很多游客进入一些景区后会发现，他们购买的当地传统手工艺品，事实上并不全是旅游地区的原产品。这些手工艺品有的来自邻近地区，例如低端仿真的珠宝首饰、加工厂生产的劣质木雕，等等。近几年，由于旅游的迅猛发展，我国很多地区的当地居民在各种场合使用方言的机会越来越少了，某种程度上说明了采取必要措施保护当地方言的重要性已经越来越明显。

另外，地方戏种是中国文化的精华，是中华区域文化发展的代表。文化部发布的数据显示，全国的地方戏曲剧种从新中国成立初期的360多种下降到目前约280种，正在以一年超过一种的速度消亡。受外来文化的影响，很多乡村极具特色的地方戏种出现后继无人的情况。越来越多的小镇年轻人开始热衷西方音乐、好莱坞大片以及韩日流行文化。通过宏观政策对特色小镇原生文化进行保护势在必行，这也是保护乡村特色文化和振兴乡村经济的要求。

四、旅游与小镇犯罪率关系及代价探讨

通常认为，发展旅游会导致某些不法行为增加，会使某些类型的犯罪率增加。但是事实上，旅游的发展通常与一个地区的现代化进程紧密连接，而某个地区在迈向现代化的进程中也通常会出现某种程度的社会不稳定和一些犯罪行为的潜在苗头。由于旅游活动具有显现性和普遍性，所以发展旅游业会导致旅游目的地常住人口和流动人口的增加，从而引发犯罪率升高。此外，与旅游相关的一些犯罪事件也通常被各种媒体广为宣传和炒作，这也导致了人们对旅游与犯罪之间的关系产生误解。正是由于这些原因，很多人都把旅游当作

引发犯罪的替罪羊,错误地认为旅游是犯罪的潜在因素。

尽管旅游活动与犯罪没有必然的联系,但是从旅游对社会文化影响的角度来看,则可以从两个方面讨论旅游与特色小镇犯罪行为的关系:其一,针对旅游者的犯罪行为(这类犯罪行为最终会对旅游客源地产生某些社会文化影响);第二,旅游者本身实施的犯罪行为(这类犯罪行为最终会对小镇产生某些社会文化影响)。由于本身的特点所致,旅游者在旅行过程中常常会成为犯罪分子的目标和对象。其主要原因可以归纳为以下几个方面。

1. 旅游者的种族、肤色、衣着、语言及所携带物品(例如,照相机、旅行背包等)的不同,通常都非常引人往目,其旅游者的身份很明显;

2. 旅游者通常都携带一些贵重物品(例如,照相机、摄像机等),佩戴贵重的金银或珠宝首饰,使人对旅游者产生"富有"的印象;

3. 旅游者通常不熟悉旅游目的地的风俗文化、语言及当地的各种服务设施,因此如果遇到犯罪事件或行为,常常不能迅速地报警,一些犯罪分子也倾向于利用旅游者的这一弱点对旅游者实施犯罪;

4. 旅游者在旅游过程中常常会无意中误入不安全的区域或场所,也可能会迷失在不熟悉的环境中;

5. 旅游者在整个旅游过程中通常都处于非常休闲、非常放松的"度假状态",对周围存在的潜在危险警惕性很低;

6. 对旅游目的地来说,旅游者是陌生人或外乡人,他们的活动方式通常与当地人不一样,因此,如果旅游者没有按时回到自己的住处或酒店,可能会引起潜在罪犯的注意和关注。

目前来说,特色小镇旅游开发逐渐兴起,从发展结构上来看,特色小镇社区有个一定的自我净化能力,能够有效避免犯罪的发生。当然任何事都不是绝对的,小镇旅游与当地治安恶化是否有关系,关系大小如何,以及如何有效避免旅游活动引发的犯罪事件,将有待进一步分析研究。

第四节　影响特色小镇社会文化的其他因素

为了有效地对中国特色小镇进行经营和管理,小镇管理者除了注意上述讨论的社会文化影响因素外,还应该注意下述与旅游社会文化影响相关的因素。

一、旅游者对旅游产品真实性的知觉因素

旅游者对特色小镇文化表演和其他旅游产品（尤其是与社会文化相关的旅游产品）真实性的知觉直接影响着旅游者的旅游体验。一方面，随着旅游者在旅游过程中对异邦文化和民族性差异认识的提高，他们希望特色小镇的旅游吸引物是具有特色代表的真实性文化，即提供一个真实的本地文化环境，让他们接触特色小镇的真实文化习俗和文化活动；另一方面，在社会文化日益商品化的时代，旅游者在很大程度上也认为，他们在所到达的旅游目的地经历或参观的文化产品都是生动逼真的"梦幻世界"和"虚拟世界"，和真实的小镇传统文化是没有任何关系的。事实上并不是所用的旅游者都要求自己的度假消遣体验都是真实的，因为从本质上来说休闲的目的就是为了寻求开心和刺激，只要能够达到这个目的，旅游者可以不必过分介意其休闲文化产品是否具有真实性。因此，从体验旅游文化产品的角度来看，真实性是一个具有争论性的主观概念。我们在史蒂芬·佩吉的"旅游者对旅游吸引物真实性知觉模型"[①]的基础上略有改动，将旅游者对特色小镇旅游吸引物真实性的知觉归纳为四种情境。（表5-1）

表5-1 旅游者对旅游吸引物真实性的知觉

旅游吸引物的性质	旅游者对旅游吸引物的知觉	
	真实的	人为设计的
真实的	（Ⅰ）正面影响（旅游者和目的地居民都感知到旅游吸引物是真实的）	（Ⅱ）负面影响（旅游者认为一个真实的旅游产品是人为设计的）
人为设计的	（Ⅲ）负面影响（旅游者被误导或者把人为设计的旅游产品错认为是真实的）	（Ⅳ）正面影响（旅游者和目的地居民都感知到旅游吸引物是不真实的）

资料来源：Weaver, D. and Oppermann, M. (2000). Tourism Management. Milton, Australia: John win& Sons Austalia, Ld., p.297.

第一种情境，特色小镇提供的旅游吸引物是真实的，来访的旅游者能够强烈感知到其真实性。这是一种理想的情境，通常只会出现在特色小镇文化商品化过程的第一阶段和第二阶段。例如，当少量旅游者去一个处于正常工

---

① 史蒂芬·佩吉，等，著. 现代旅游管理导论 [M]. 刘劼莉，等，译. 北京：电子工业出版社. 2004（228-231）.

作和生活状态的特色小镇进行参观。旅游者的出现并没有改变当地的居住和工作功能，当地的环境承载力完全能够接纳这些旅游者，当地居民继续从事其日常生活和工作活动。这时旅游者融入了特色小镇的正常环境，感知到旅游吸引物的真实性。在这种情境中，旅游者获得的旅游经历是正面的、积极的。

第二种情境，特色小镇旅游吸引物或文化展示活动是真实的，但是旅游者却认为它是不真实的，是为了文化商品化而人为设计的。其原因可能是由于旅游者过去的经历所致，也可能是小镇旅游吸引物设计过程中存在的问题所致。由于不相信其真实性，来访的旅游者可能会对小镇居民的一些严肃认真的传统习俗活动表现出轻度或不屑一顾的态度，从而冒犯当地居民引起他们的不满。这时就会产生消极负面的影响，这一影响的最终结果是双向的。

第三种情境，特色小镇的旅游吸引物或文化展示活动是纯粹人为设计的，但是来访的旅者却将其误认为是真实的。其原因可能是旅游者将"前台"的表演误认为是"后台"的现实，或者东道主有意识地将"前台"装扮成"后台"。例如，旅游者把云南某个特色小镇管理者刻意安排的一个传统民族舞蹈的娱乐性表演当作当地一个重要的传统文化习俗活动。但是最终当旅游者发现其中的"奥秘"之后，会产生一种被欺骗或被利用的感觉，从而产生消极负面的影响，导致其对旅游目的地评价的偏低。

第四种情境，特色小镇旅游吸引物或文化展示活动是人为设计的，旅游者也完全知道。旅游者在参观或体验旅游吸引物的过程中都心照不宣地知道其非真实。但是旅游者对这些人为设计的项目却表现出浓厚的兴趣，他们不介意其是否具有真实性。例如，进入横店镇的旅游者，没有人认为横店影视基地的场景是真实的，也没有人诱导旅游者相信它是真实的，人人都知道这是专门为游客设计的娱乐环境，以此来吸引旅游者。尽管如此，所有的游客都乐于来这里进行娱乐活动，并且都在这里过得十分开心。所有旅游者在这里获得的旅游经历和体验也都是积极正面的。

综上所述，对中国特色小镇旅游而言，第一种情境和第四种情境会对旅游者产生积极正面的影响，是理想的选择；而第二种情境和第三种情境会对旅游者产生消极的负面影响，会产生很多问题，因此不是理想的选择。中国特色小镇旅游产业的经营者和管理者应该认识到：真实传统的东西并不一定能产生正面的影响，而不真实的东西也不一定会产生负面的影响。小镇中一些人为设计的表演也许是"不真实"的，但是并不意味着没有价值。我们知道大部分旅游者旅游活动的目的是为了达到放松和愉悦身心,特色小镇旅游体验的关键是外来旅游者是否对小镇旅游活动感到满意。当然不同类型的旅游者对同一目的地旅游体验和满意度的追求也是不同的,但是只要能够令旅游者感到满意舒适,即获得预期的旅游体验和满意度,他们是不会介意旅游吸引物或文化展示活动是否具有真实性。

二、特色小镇居民的激怒指数

旅游接待地区的社会文化代价会随着该地区旅游产业开发规模的扩大,而变得更加深入,甚至可能导致该地区原有特色文化的消亡。中国特色小镇旅游开发活动在获取经济社会利益的时候不得不付出一定的社会代价,而这种代价集中反映在特色小镇居民对外来游客和外来文化的态度方面。

在探讨这个问题的过程中,我们引入多克西的"激怒指数"模型来对特色小镇需要付出的社会代价进行研究。多克西对某些地方进行研究后,归纳出了旅游目的地居民的"激怒指数"模式,在这一模式之中,将旅游目的地居民对旅游活动和旅游者态度的变化过程分成五个阶段。该模式假设旅游活动对目的地的影响可能会转变为当地居民的不满情绪。而随着当地旅游业的不断发展,原住居民的不满和抵触情绪会逐渐增强。(图 5-8)

| 欣快
(Euphoria) | → | 冷漠
(Apathy) | → | 烦扰
(Annoyance) | → | 对抗
(Antagonism) | → | 顺从
(Resignation) |

图 5-8 多克西的"激怒指数"模式

资料来源:Weaver, D. and Lawton, L. (2006). tortism Management (3rd Ed). Milton, Australia johp Wiley&Sons Australia, Ltd, p.287

通过对特色小镇居民的"激怒指数"进行研究,可以直观地看到特色小镇中的旅游活动对于当地社会文化的影响。

模式的第一阶段,特色小镇刚刚接触到外来旅游者,小镇和周边乡村的旅游活动处于初始阶段,由于自身知名度以及游客对其了解程度不高,因此只能吸引少数有探索倾向的游客到来。这时的外来旅游者由于数量较少,对于小镇原有的文化生活秩序产生的影响极其微弱,而小镇居民还能从新进入旅游者身上体验到新奇和友善,同时由于旅游者的消费需求,使得小镇居民可以从旅游活动中获得经济利益。因此小镇常住居民对旅游活动，都非常接纳并表现出欢迎和愉悦的情绪。他们热烈地欢迎旅游者和投资者到来，对其不做任何形式的控制和规划，这一情况直接体现在特色小镇旅游发展的初始阶段。

模式的第二阶段，特色小镇旅游开发得到进一步的发展，旅游产业规模不断扩大，从事旅游活动的相关人员数量不断增多，大量游客不断涌入，使得小镇居民观念发生变化，他们认为旅游活动和外来游客进入并消费是理所当然的，一部分居民将旅游商业活动作为收入的主要来源，这时的小镇居民很平常地将外来游客当作普通消费者，在不断的商业活动过程中他们与外来旅游者的交往变得越来越正式化，旅游不再是单纯的游览行为，而变得更加商品化。小镇管理者以及开发商对旅游业的规划更加注重旅游产品的营销和旅游活动带来的经济利益。这一状况造成的最终结果是特色小镇常住居民对于旅游活动的态度逐渐变得冷淡和消极。

进入第三阶段，特色小镇和周边乡村的社会、文化和环境承载力已经接近或达到饱和状态。小镇旅游产业已经没有能力来接待大量的旅游者，而新进入游客数量还在不断增加，大量游客的涌入造成公共设施拥挤不堪。旅游活动变成影响环境和居民正常生活的消极因素，出行、购物等诸多的不便使小镇常住居民开始对旅游开发的合理性产生怀疑。这时候的小镇管理者需要考虑的问题是如何增加基础设施，而不是限制旅游的增长。由于单个居民对于地区社会环境是无法改变的而只能进行自我调整，所以特色小镇居民对旅游活动和旅游者开始产生不满和排斥的情绪，在此基础上被迫做出某些改变，来适应旅游开发和旅游者数量的增加。例如，很多常住居民纷纷开始外迁，将小镇作为工作场所而不是居住地，最终小镇居民成为"朝九晚五"的上班族；那些由于种种原因无法外迁的小镇居民开始经常聚会和"诉苦"，表达对于小镇社区环境的忧虑。

第四阶段以对抗为主。在这个阶段中小镇常住居民的愤怒和排斥情绪发展到了顶点。他们可能会在公共场合表达对旅游者和旅游开发行为的不满，甚至通过一些极端行为来发泄内心的消极情绪。他们将旅游者的旅游活动归结为影响其正常生活的罪魁祸首，甚至通过一些非法行为将游客当作他们盘剥和宰割的对象。例如，小镇在"食、住、行、游、购、娱"六个要素方面的消费普遍上升，甚至一些地方消费水平达到临近地区的五倍或者六倍，这一方面是由于市场供需平衡所决定的，另一方面也是由于小镇居民"对抗"

情绪严重所导致的。

在最后一个阶段，特色小镇居民开始认识到旅游开发潮流是不可逆转的，他们只能面对现实采取积极措施，以便适应旅游开发的快速发展。与此同时，特色小镇中的那些真正吸引旅游者的特色吸引物，在狂热的旅游开发中也发生了改变，小镇对于外来游客的吸引力在不断降低。多数旅游者经过多种因素的衡量比较后，最终决定将注意力转向新的目的地。我国的一些地方开发中表现出不少多克西"激怒指数"的实际案例，例如，山西吕梁汾阳市贾家庄镇，面积58.7平方公里，人口2.6万，2017年旅游接待量却超过当地人口的10余倍，这种外来人口与当地居民比例的失调必然会引起一些社会矛盾，尽管外来旅游者增加肯定会给旅游目的地带来可观的经济收入。但旅游接待地区为了吸引这些旅游收入所放弃的东西（包括传统的价值观、本土文化遗产和文化传统）却无法用简单的经济指标来衡量，需要对其进行后续研究。

三、其他的一些关键指标

综上所述，旅游活动对特色小镇社会文化影响表现在多个不同的层面上，因此如果要评价旅游对特色小镇的社会文化所造成的潜在影响，就需要考虑一系列的多种不同影响因素。我们归纳出一些用于评价旅游对特色小镇社会文化影响的关键指标并加以分析，这些指标主要包括以下几方面。

1. 进入小镇旅游者数量与类型以及旅游发展阶段

进入特色小镇旅游者的数量与类型将决定外来文化对于本地原住文化施加影响程度，如果进入游客数量较多，超过旅游目的地小镇承载力的话，影响程度越深，反之影响程度较小；如果进入小镇游客以大众团队旅游为主，其对小镇社会文化影响较大，不加以控制甚至会破坏小镇原生的社会文化，而如果进入小镇的游客以徒步或探险等个性的、小众的旅游为主，其过程对小镇社会文化影响相对较小；对于旅游开发初级阶段的特色小镇来说，外来旅游者的文化影响并不是很深，小镇原有的传统文化还能够保持原汁原味，但是随着小镇旅游开发内容逐步加深，其自身传统文化很难不被干扰和同化。

2. 旅游客源地和特色小镇之间的经济发展和文化差异

客源地与特色小镇之间经济差异越悬殊，影响力越大。我们在前文讨论过,经济发达可以带来文化影响力,经济发达地区的游客将其原生的文化观念带到经济发达程度较低的乡村小镇,经过一定的时间积累后,小镇的部分年轻人开始丢弃居住地原有的传统文化,学习发达地区的生活习惯与文化观念,这一文化侵蚀在我国非常严重。

3. 小镇居民旅游设施所有权的持有程度以及小镇管理者的态度

小镇居民如果是旅游设施的股份持有者,将有助于小镇管理开发,他们通常会以所有者的身份去维护和经营小镇旅游业,这对于特色小镇旅游发展是有利的。反之,如果外来资金注入过多或者是小镇旅游经营管理者以独资形式对小镇进行旅游开发,那么当地大部分居民会采取一种作壁上观的态度,同时小镇居民会将原有文化作为商品进行出售,这对特色小镇旅游和文化发展是不利的。特色小镇旅游设施所有权的分割能够很大程度上影响特色小镇日后的持续发展,如果小镇旅游经营管理者在日常经营中一味地追求局部规模和垄断,很有可能造成一种所谓的"挤出效应"——将原有优秀的传统文化和当地居民一并挤出小镇,导致日后特色小镇旅游的发展失去活力。

4. 小镇对技术、社会和经济变化的开放程度

特色小镇固有观念对于小镇旅游和文化发展也具有重要的作用。假如某个小镇对于新技术、新经济形式以及新的社会形式观念越开放,其自身社会经济文化发展就越好。而假如某个小镇思想封闭、观念落后,其社会经济的发展一定是欠佳的。另外,发达地区的特色小镇在文化包容方面和旅游开发方面高于经济落后地区的特色小镇,而靠近发达地区的特色小镇在文化方面表现得更包容、更开放。

5. 特色小镇的营销和所树立的形象

特色小镇树立自身营销形象对于小镇文化的影响也比较大。机械和技术以及信息类型的特色小镇自身向外输出文化较多,对于外来文化的抵抗性更强,包容性方面略显不足;而新概念类型、自然类型和历史文化类型的特色小镇对于外来文化的抵抗性稍微弱一些,更容易受到外来发达地区文化的侵袭,但是对于外来文化包容性较强。

6. 特色小镇的可进入性

旅游交通方面对于小镇文化影响也同样巨大。交通便利的或者位于重要交通干线上的特色小镇,受到外来文化入侵的机率较大,接受外来文化的动力更强。交通不发达,进入性不便利的特色小镇对于原生文化保有度更高一

些。例如，一些西北和西南地区的特色小镇，在长期的发展中更容易将原有的民族和民俗文化原汁原味地保留下来。而发达地区或者是靠近发达地区的特色小镇，却很少能够将固有的原生文化保留下来。

7. 小镇艺术和民俗活动原创性以及这些传统的本质

通常，原创性文化在特色小镇中保存下来的机率要大于后引入文化。近年来，我国政府加强对于原生文化、民俗民族文化的保护力度，而普通民众也随着生活水平的提高，对于原有的民族、民俗文化传统越来越喜爱和重视。总体而言，对于历史文化类型小镇的旅游发展来说，这是一个非常有利的因素。

第六章 旅游对特色小镇环境影响

大众旅游的兴起本身就带着对环境的侵蚀性，它的发展对于中国特色小镇环境也会不可避免地产生影响，而这些影响既有正面的，也有负面的。政府部门、旅游规划部门及特色小镇旅游管理者应该认识到，他们无法避免和消除旅游对小镇环境造成的影响，其所能做的，是尽最大可能减小旅游活动对小镇环境的负面影响，扩大旅游对小镇环境的正面影响。总之旅游和特色小镇环境关系密切，没有吸引人的优美环境，旅游活动就无法开展；如果没有旅游活动的发生，没有旅游业的支持，优美的环境资源也无法得到有效地开发。因此，特色小镇的旅游与自身环境的基本关系是两者相互依存并且要保持平衡。旅游会对小镇环境产生影响，而环境的破坏又会影响特色小镇旅游业的发展。

第一节 特色小镇旅游环境

旅游是影响社会经济的一个重要因素，也是影响环境的主要因素之一。自然环境和人造环境是旅游产品中最根本、最重要的核心组成部分。部分旅游者通常希望到那些人类未曾涉足的地区旅游，他们认为那最有吸引力。

一、特色小镇旅游活动与环境质量的关系

旅游活动会对特色小镇环境质量产生影响，同时环境质量的优劣也会影响小镇旅游业的发展。各种影响因素的重要程度通常会随着特色小镇所处位置的不同或小镇具体情况不同而发生变化。人们总是试图用最大限度的积极影响来抵消消极影响，期望在保持环境质量的同时，发展当地旅游业。下面从三个方面来分析旅游活动与特色小镇环境质量的关系。

(一) 旅游活动增加导致特色小镇环境质量下降

我们将旅游活动与旅游环境两个变量代入坐标图构建出一个坐标模型。从（图6-2）中可以看出特色小镇旅游开发和旅游者数量的增加必然会对当地环境产生负面影响，从而会使特色小镇的自然以及人造环境质量下降，而小镇旅游发展速度和旅游总量增加与环境质量下降的幅度也是同步的。这正应了中国的一句古话"鱼和熊掌不可兼得"。例如，贵州省遵义市茅台镇，该镇以生产著名的茅台酒而闻名于世，人们认为该镇的酱香型茅台酒是酱香型白酒的鼻祖，而茅台镇被称为"中国第一酒镇"。除了酒文化享誉世界之外，其丰富的历史人文资源也是重要的旅游吸引物。但我们知道，当地优质水源是茅台酒得以生产的重要保证，随着进入游客数量的不断增加，曾经有一段时期导致茅台镇水源被破坏，甚至影响茅台酒的生产质量，而旅游业的收入又让当地居民欲罢不能。这给小镇管理者带来不小的困扰。(图6-1)

图6-1 俯瞰贵州茅台镇

(二) 将旅游对特色小镇环境质量负面影响降到最小

我们知道，旅游对于特色小镇环境会产生负面影响，但是对小镇环境质量的负面影响程度也并不一定是严重的。特色小镇也力图在各种主观和客观因素的制约和影响下，发展旅游的同时将旅游对环境质量的负面影响程度降到最低，使得环境质量始终保持在旅游者和特色小镇均可以接受的程度（图6-2）。

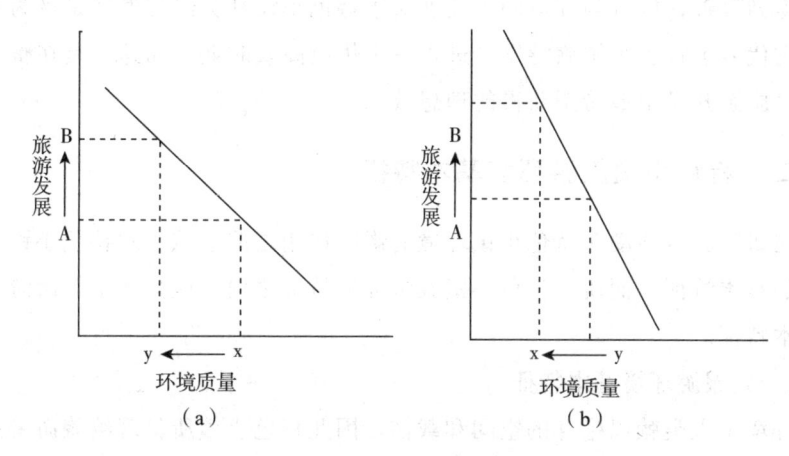

图 6-2 旅游与环境质量的关系

一般情况下，特色小镇环境质量随着旅游的发展呈现大幅度的下降，如图 6-2（a）所示，小镇旅游发展程度由坐标 A 点上升到 B 点，而环境质量从坐标 x 点下降到 y 点，下降程度十分明显。但是小镇管理者也可以采取一些措施来降低旅游活动对小镇环境的影响，例如特色小镇管理者可以采取一些行政性措施（颁布管理条例），或者通过市场来对游客进行引导调节（提高旅游成本），也可以对于自然环境采取一定的保护措施（建立保护区，增加环保宣传等）。如图 6-2（b），小镇旅游发展由坐标 A 点大幅度上升到 B 点的时候，由于采取相应措施使小镇环境质量破坏程度大大降低，环境质量从坐标 y 点下降到 x 点是相对较为缓慢。

（三）发展小镇旅游同时改善环境质量

对于特色小镇来说，其代表了中国乡村未来的发展走向，也是乡村经济社会的一个集合体。因此通过恰当的管理和控制，就会得到旅游发展和环境质量改善同时发生的双赢效果，即在发展旅游的同时，使特色小镇的环境质量得到改善，使旅游发展和环境质量的改善同步发生，相得益彰（图 6-3）。

如图所示，纵轴 A 到 B 代表特色小镇旅游业的发展，横轴 x 到 y 表示环境

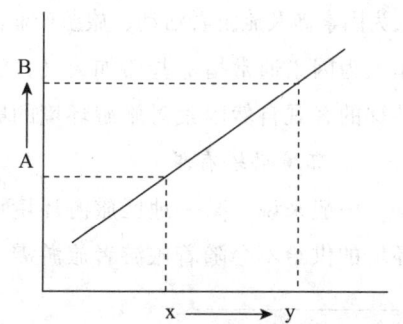

图 6-3 旅游与环境质量的关系

质量得到改善，旅游与环境同向发展对于特色小镇社会经济发展是极为有利的，它代表了特色小镇旅游发展进入一个优质高效时期。而这也是在整个特色小镇旅游开发中最希望获得的理想效果。

二、特色小镇旅游环境基本特征

在研究旅游活动对特色小镇环境的影响作用之前应该了解特色小镇旅游环境的基本特征，而研究特色小镇旅游环境特征之前，应具体了解旅游环境的基本特征。

（一）旅游环境基本特征

环境是人类赖以生存的空间和载体，因此特色小镇所呈现给旅游者的旅游环境将会极大地影响来自异域游客的身心感受。与其他环境相比较，旅游环境普遍具有如下特征。

1. 环境空间维度多样

如果将旅游看作是一个整体系统的话，这其中旅游者是具有空间性的，而旅游环境的空间维度则具有多样性。各类旅游环境所占的空间范围交错纵横，大小不等，表现出空间结构的多样性，另外各个环境之间也没有明显的界限。例如，从纵深的角度，旅游者的活动可以发生在人迹罕至的高山荒漠，也可以发生在喧闹拥挤的大都会城市或热点旅游地区；从大小的角度，旅游者的活动可以涉及全球旅游环境、地区旅游环境、国内旅游环境、城市旅游环境、度假地旅游环境、旅游景区（点）旅游环境等。

2. 环境变化不确定

一个地区内的旅游环境时长会随着时间推移和各种旅游活动影响而发生变化。"致使区域旅游环境发生变化的力量既包括人为因素，也包括非人为因素，人为因素涉及旅游者活动、旅游产业活动以及旅游开发活动导致的环境变化。"[①] 非人为因素通常指那些诸如天气、洪水、海啸、火山喷发等不以人的意志为转移的客观自然因素对旅游环境的影响。

3. 环境供给有限

一般来说，某一地区旅游环境承载量是有限的，特别是自然环境。旅游环境的供给不会随着旅游者旅游需求增长而同步增加，而旅游环境中的自然

---

① 马勇，周娟. 旅游管原学理论与方法 [M]. 高等教育出版社. 2004（211—212）.

资源还具有不可再生性（表6-1），一旦遭受破坏将无法修复。从发展大众旅游的角度来看，旅游环境供给必然是稀缺的，是不充足的。

表6-1 自然类旅游资源分类表

主类	亚类	基本类型
A 地文景观	A1 综合自然旅游地	1. 山丘型旅游地 2. 谷地型旅游地 3. 沙砾石地型旅游地 4. 滩地型旅游地 5. 奇异自然现象 6. 自然标志地 7. 垂直自然地带
	A2 沉积与构造	1. 断层景观 2. 褶曲景观 3. 节理景观 4. 地层剖面 5. 钙华与泉华 6. 矿点矿脉与矿石积聚地 7. 生物化石点
	A3 地质地貌过程形迹	1. 凸峰 2. 独峰 3. 峰丛 4. 石（土）林 5. 奇特与象形山石 6. 岩壁与岩缝 7. 峡谷段落 8. 沟壑地 9. 丹霞 10. 雅丹 11. 堆石洞 12. 岩石洞与岩穴 13. 沙丘地 14. 岸滩
	A4 自然变动遗迹	1. 重力堆积体 2. 泥石流堆积 3. 地震遗迹 4. 陷落地 5. 火山与熔岩 6. 冰川堆积体 7. 冰川侵蚀遗迹
	A5 岛礁	1. 岛区 2. 岩礁
B 水域风光	B1 河段	1. 观光游憩河段 2. 暗河河段 3. 古河道段落
	B2 天然湖泊与池沼	1. 观光游憩湖区 2. 沼泽与湿地 3. 潭池
	B3 瀑布	1. 悬瀑 2. 跌水
	B4 泉	1. 冷泉 2. 地热与温泉
	B5 河口与海面	1. 观光游憩海域 2. 涌潮现象 3. 击浪现象
	B6 冰雪地	1. 冰川观光地 2. 常年积雪地
C 生物景观	C1 树木	1. 林地 2. 丛树 3. 独树
	C2 草原与草地	1. 草地 2. 疏林草地
	C3 花卉地	1. 草场花卉地 2. 林间花卉地
	C4 野生动物栖息地	1. 水生动物栖息地 2. 陆地动物栖息地 3. 鸟类栖息地 4 蝶类栖息地
D 天象与气候景观	D1 光现象	1. 日月星辰观察地 2. 光环现象观察地 3. 海市蜃楼现象多发地
	D2 天气与气候现象	1. 云雾多发区 2. 避暑气候地 3. 避寒气候地 4. 极端与特殊气候显示地 5. 物候景观

4. 游客对环境质量要求逐步上升

高质量的旅游环境能够带给旅游者较高的旅游享受，这是由于旅游活动特点所决定的，旅游者通常会对将要游览的地区寄予很高的预期。一般来说，旅游者外出度假或旅游，是要追求心理和生理上的享受，以便平衡其在日常工作和生活中所承受的各种压力。因此，对于旅游接待地区来说，其自身旅游环境必须能够给外来旅游者提供尽可能多的舒适感和惬意感，能够让外来旅游者尽可能深入地体会到异域文化的特点，以及旅游目的地能够提供给他们的愉悦感受。这就要求特色小镇作为旅游接待地必须能够提供较高的环境质量来满足游客需求。例如，清新的空气、清澈的水源、稳定的社会秩序以及热情好客的常住居民和完备的各种旅游服务设施等。

5. 旅游环境抗压性弱

大众旅游的发展会引起旅游活动数量增加，同时有可能对环境产生较大的压力。而旅游环境，特别是自然旅游环境，对旅游活动造成的负面压力的抵御能力非常弱，具有典型的脆弱性。所以，旅游活动导致的过度外界压力会给区域环境造成巨大的消极负面影响，引起自然生态环境失衡，从而影响区域旅游业健康发展。特色小镇本身行政面积较小且自然环境区域小、抗压能力薄弱，对于大众旅游带来的环境压力更是无法抵挡。

（二）特色小镇旅游环境特征

特色小镇除了具有普遍发生的旅游环境特征外，还存在着一些自身环境的特征，这种特征主要是针对特色小镇自身环境特点而出现的。

1. 环境特色典型

特色小镇环境的特色首先应该强调的是小镇环境的差异化，无论是小镇范围内的非物质文化还是物质文化，都有自身鲜明的特色。在过去的发展中，我国小城镇往往存在的一个突出问题就是复制、"山寨"现象严重，经常出现"千镇一面"的情况。而特色小镇环境的构建从开始的思维上就要突出其特色的一面，实现的是"一镇一品"的环境布局。如果管理者在规划过程中不注重环境特色，很容易造成小镇环境特色的持续破坏。

2. 环境面积小

早期的特色小镇建设者和管理者通过一系列实践和总结得出了一种结论，一般情况下小镇建设面积在三平方千米左右为最佳，而小镇内的核心建筑面积不宜超过一平方千米。特色小镇环境表现出的是一种"小中见大""小大结合"的特点，即淡化行政区域界限的同时将小镇作为一个发展的平台，而小镇环境又需要依托周边更大行政区域的环境进行发展。所谓的"小"是要求特色小镇抛弃过去发展中重数量、看规模的发展观念，转而讲求效益和品质以及质量，构建"小而美、小而优""小却典型"的小镇环境。

3. 环境的双赢

对比过去我国特色小镇的建设经验我们能够发现，小镇建设规划的初衷是为了强化镇内产业特色，以便提升周边产业和资源的聚集度，然后带动周边乡村经济社会发展。虽然特色小镇建设目的是服务周边产业发展，但重点还是应该保证小镇环境的特色性和保有度上，服务周边产业的同时保证环境特色和小镇绿色健康发展。因此，特色小镇旅游开发与区域环境保护要求是一致的，最终要实现特色旅游产业和环境保护双赢。

第二节 特色小镇旅游环境承载力研究

旅游活动会对旅游目的地地区的社会、文化、经济和环境等方面产生影响，因此，如果不加以限制，让旅游活动任意发展和扩张，旅游产业发展就可能会在空间和数量上超出目的地的经济、社会、生态环境等方面所允许的、可持续的极限。旅游活动规模和旅游者的数量超过这个极限后，就会对旅游目的地的各个方面都产生"消极影响"。在这个意义上，旅游承载力成为旅游目的地开发和规划、旅游目的地管理领域中经常被关注的一个重要概念和变量。

一、小镇旅游承载力定义及分类

对旅游承载力定义，旅游界的学者有多种不同的文字表述。综合起来，其核心概念可以简单地归纳为：在对旅游目的地不造成不可承受的损害、在不使旅游者的体会质量下降至不能接受的程度的前提下，某一个旅游目的地可以容纳旅游活动的最大规模。特色小镇旅游承载力相对于一般旅游城市或旅游景区而言更加脆弱，这主要是由于其相对较小的区域使用面积、较少的人口数量、规模较小的基础设施所决定的。

旅游承载力通常可以分为五种主要类型（图6-4），将其引入特色小镇研究范畴可以基本涵盖小镇旅游承载力的内容。[1]

---

[1] 史蒂芬·佩吉，等. 现代旅游管理导论[M]. 刘劼莉，等，译. 北京：电子工业出版社，2004：261-265.

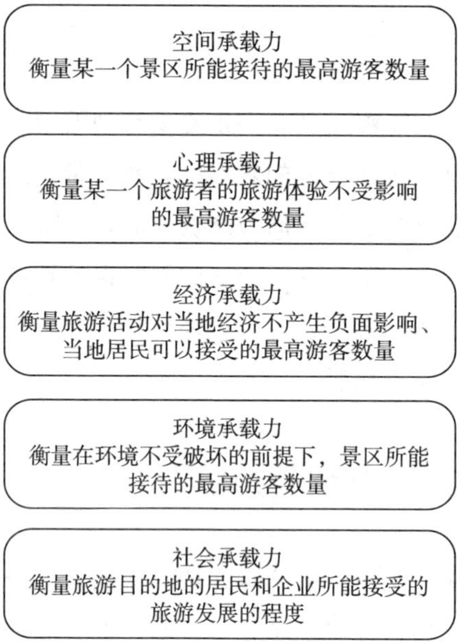

空间承载力
衡量某一个景区所能接待的最高游客数量

心理承载力
衡量某一个旅游者的旅游体验不受影响的最高游客数量

经济承载力
衡量旅游活动对当地经济不产生负面影响、当地居民可以接受的最高游客数量

环境承载力
衡量在环境不受破坏的前提下，景区所能接待的最高游客数量

社会承载力
衡量旅游目的地的居民和企业所能接受的旅游发展的程度

图6-4 旅游承载力的类型

1. 小镇空间承载力

也称为"物理容量"，即特色小镇范围内能够接待旅游者的最高数量。"空间承载力"相对其他参数更易于直接进行测量，也更易于进行规划和管理。"特色小镇空间承载力"涉及的因素包括：

用于兴建旅游者住宿及其他基本设施（例如，道路和供水设施等）的土地面积；

旅游相关的特定设施的数量，例如，停车场中停车位的数量、餐馆中的餐厅面积等；

特色小镇交通系统总容量，例如，隧道、公路、公共汽车系统、能够用于承载旅游者的道路数量等总容量。

2. 游客心理承载力

也称为"知觉容量"或"感觉承载力"。如果特色小镇的游客数量超过旅游者本身所能容忍的"心理承载力"的时候，进入小镇的旅游者所感受到乐趣和满意度会明显地减弱或消失，旅游者旅游体验的质量会大幅度地下降。"心理承载力"是一种独特的概念，很难使用管理和规划的手段对其进行控制。"心理承载力"的大小取决于下列几项因素：

旅游者对其他旅游者的数量和行为（例如，目的地游客数量太多导致拥挤和行动不便、其他旅游者大声喧哗和嬉闹等）的态度；

旅游者对特色小镇的环境污染及生态被破坏的可容忍程度；

特色小镇提供的旅游产品过度商品化，是否超出了旅游者的容忍程度。

3. 小镇经济承载力

也称为"小镇经济容量"，即在特色小镇经济不受负面影响的前提下，该小镇能够接待的最高来访旅游者数量。"小镇经济承载力"涉及因素主要包括：

旅游活动引发的小镇物价上涨而造成的通货膨胀；

特色小镇旅游收入漏损；

发展旅游业导致的特色小镇产业结构失衡；

过度发展旅游业导致特色小镇经济的潜在波动危险。

4. 自然环境承载力

也称为"环境容量"，即在特色小镇范围内环境不受破坏的前提下，该小镇能容纳最多来访者的数量。我们在研究"环境承载力"时，更多的应该关注整个生态环境体统，而不是某个独立或孤立的环境因素。旅游者对小镇环境不负责任的行为可能导致环境遭到破坏：

小镇区域内原有的草地被践踏；

野生动物和植物的自然生态被干扰，导致小镇生态系统发生退化；

旅游者随意扔垃圾的行为导致特色小镇原有环境受到污染；

名胜古迹由于旅游者的压力影响因子的活动和行为而受到侵蚀和破坏。

5. 社会承载力

这种承载力来自特色小镇社区的旅游规划和发展可持续性。"社会承载力"主要是研究特色小镇区域范围内的居民和企业对旅游发展的接受程度，并试图运用技术手段测量小镇居民接受旅游发展引起的社会变化的限度，例如，前文中提到的"激怒指数"。

二、小镇旅游承载力的影响因素

根据旅游承载力理论来说，一个特色小镇旅游承载力的大小取决于多种因素。中国每个特色小镇旅游承载力都要根据其自身的具体情况确定。旅游承载力对不同的特色小镇，不同类型的旅游活动、不同类型的旅游者、旅游者与特色小镇居民之间的文化差异、旅游发展的速度、旅游发展的规模与水平等因素都非常敏感。因此，某一个特色小镇的旅游承载力是由多重因素综合作用的结果。影响旅游承载力的众多因素大致可以划分成两大类别：当地因素和外来因素（图 6-5）。[①]

图 6-5 概括描述出某个区域范围内旅游承载力受到诸因素影响的过程，这些因素从不同的角度对包括特色小镇在内的旅游目的地旅游承载力施加影响，从而使旅游承载力发生不同程度的变化。

---

① 克里斯，库珀，等，著. 旅游学原理与实践 [M]. 张俐俐，等，译. 北京：高等教育出版社. 2010 (211—212).

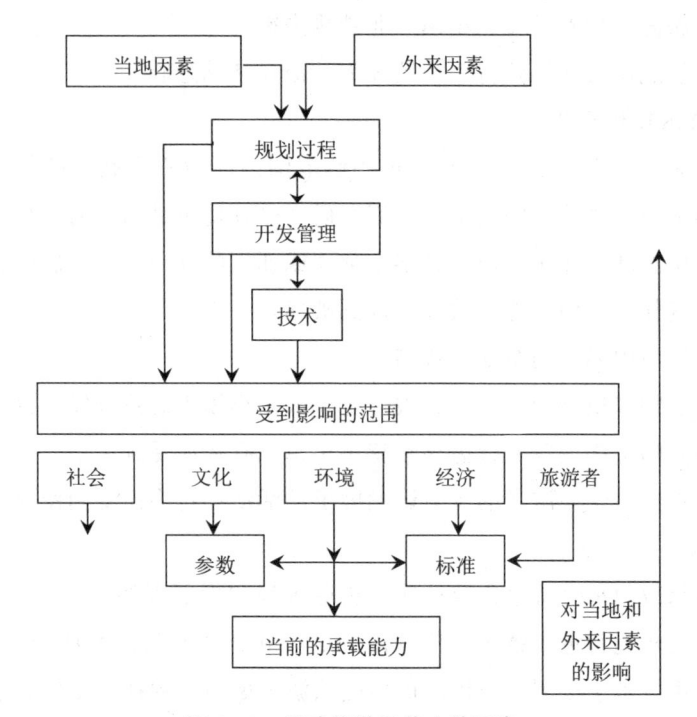

图 6-5 影响旅游承载力的因素

(一) 小镇本地因素

影响特色小镇旅游承载力的因素中，来自特色小镇自身的因素有很多种，包括社会形态、文化传统、环境质量、经济结构和资源禀赋等方面。

1. 小镇社会形态

小镇社会形态在对其旅游承载力的影响方面起着非常重要的作用。从总体上来说，特色小镇社会结构的现代化程度越高、小镇建设规模越大、人口越多、开放程度越高，其适应程度就会越高，因此接受大量外来旅游者的能力也就越大，这其中主要以那些工业化特色小镇为代表。而那些现代化程度较低、规模较小、人口较少、相对比较封闭的特色小镇，其旅游承载力必然较小，对外来旅游者的容忍程度也相对比较低，这一现象主要表现在那些以历史人文为特色的传统文化类型的小镇中。

2. 小镇文化传统

特色小镇文化传统也是影响自身旅游承载力的重要因素。从旅游者心理角度来分析，旅游目的地的文化传统越独特、与旅游者自身文化特点的差异性越大，就越对旅游者具有吸引力，因此特色小镇的传统文化越突显出特色的一方面，就越会对旅游者起到吸引作用。同时，特色小镇自身独特的、具有巨大差异性的文化，遭受旅游者和旅游活动所带来的文化冲击的潜在可能性也是非常大的。如果自身管理和控制不当，这种冲击对包括特色小镇在内的旅游目的地传统文化的破坏也是巨大的。旅游活动压力引发的特色小镇本土文化的商品化，会进一步加重对传统文化的破坏性，使当地的本土文化传统，例如，社会习俗、宗教仪式、传统歌舞、民族手工艺术等，都变成纯粹的商业性表演，丧失了其固有的真实性，最终失去对于外来游客的吸引力。

3. 小镇环境质量

小镇旅游产业开发所带来的经济社会水平增长，必然会在客观上对特色小镇特色环境产生一定程度的影响。通常来说游客对于旅游景区施加的人为影响是远远大于自然环境修复能力的，也就是说人们对景区环境破坏速度大于景区环境的修复速度。因此，特色小镇的环境越独特，其受到旅游活动干扰后发生变化的程度就越大、完成自我修复的速度就越慢。例如，一些特色小镇位于人烟稀少或进入便利性较低的山区，本身行政面积狭小，而生态系统又非常脆弱，环境修复能力较低，根本无法承受大规模的旅游活动所造成的环境破坏。

4. 小镇经济结构

旅游活动既可以为小镇带来实际的经济利益，也能够造成负面的经济代价。特色小镇的经济结构决定着应对这些经济变化的适应能力。按照一般规律而言，特色小镇经济体系的现代化程度越高、越发达强大，经济结构越多元化，其应对变化的能力就越强，旅游漏损的比率也越低。在经济结构目前还不成熟的经济欠发达的特色小镇，旅游业的过度发展反而会带来很多负面的经济影响，导致当地资源配置失衡，产业结构不合理，降低抵御经济动荡和危机的能力，增加社会矛盾爆发的潜在危险。

5. 小镇资源禀赋

特色小镇自身资源可供给能力也对旅游承载力产生一定影响。开发旅游，必然会引起旅游业与其他行业争夺旅游目的地地区有限的资源，包括土地资源、人力资源、资金资源及其他资源。这势必会提高特色小镇将有限资源用于旅游业的机会成本。如果在某些特色小镇中过度发展旅游业，大量挤占当地社区有限的资源，将基础设施过度提供给旅游业使用的话，就会使当地居民感到生活不方便，引发其对外来旅游者产生逆反心理和敌意。当然，旅游业的发展也可以改善某些特色小镇的基础设施建设，使得当地居民从中受益。因此，特色小镇如何在旅游业和其他行业之间平衡资源的供给是确定特色小镇旅游承载力时应该考虑的一个重要因素。

（二）外来因素

影响特色小镇承载力的外来因素主要涉及两个方面：外来旅游者特征和旅游活动类型。

1. 外来旅游者特征

到访旅游者的不同特征通常对包括特色小镇在内的旅游目的地社会文化、环境等方面产生不同的影响。从旅游市场细分的角度来看，可以区分出各种不同类型的旅游者和旅游行为。例如，"大众型"的团队旅游者更重视现代气息，他们通常愿意保持自己固有的文化和习惯，不愿意接受和适应特色小镇的习俗和规范。这类旅游者大规模进入旅游目的地会对当地的社会文化产生比较大的负面影响或冲击。而"非大众型"的旅游者往往自己安排旅游行程，倾向于进行探索性或冒险性的旅游活动。这类旅游者愿意接触和融入旅游目的地的社会文化的各个方面，探索其中的奥妙之处，并将其作为自己旅游体验的重要组成部分。外来旅游者和特色小镇居民之间的特征差异在对小镇旅游承载力影响方面起着重要的作用。特色小镇居民和来访游客之间的社会文化、心理等特征的差异越大，旅游活动所产生的影响和造成的后果也就越大。

在前人研究的基础上，我们总结出特色小镇旅游承载力承受程度，主要表现在以下几方面。[①]

特色小镇生态系统对旅游者的来访和旅游活动及由旅游活动导致的其他活动具有多大承受力；特色小镇社会文化结构对外来文化、观念和价值观的进入具有多大的承受力；特色小镇经济结构对旅游业和旅游活动的影响具有多大的承受力；到访旅游者对特色小镇范围内的人口拥挤、环境污染、生态恶化等现象具有多大的承受力。

2. 旅游活动类型

不同类型的旅游活动对特色小镇产生影响的性质和程度也是不尽相同

---

① 克里斯·库珀，等，著. 旅游学原理与实践［M］. 张俐俐，等，译. 北京：高等教育出版.2010（211—214）.

的。某些旅游活动开展对特色小镇社会文化或环境要求或影响会高于另一些类型的旅游活动，表6-2列举了一些旅游者的活动对环境空间的不同要求。从中可以看出，旅游活动的类型对环境空间基本要求不同，同样对特色小镇环境影响也是不同的。

表6-2 旅游活动对小镇环境空间基本要求

旅游者的活动类型	基 本 要 求
荒野爱好者	不希望有商业性设施；寻求自然随意的环境；看到的人要少；期望宁静、清新、与世隔绝的气氛
运动爱好者	希望有起码的设施；追求自然气氛；与他人的冲突较小；期望有好的运动条件和较宁静的环境
野营者	一般以家庭或者亲朋为活动团体；寻求自然的气氛，要求较大的活动空间，愿意看到周围有一些同类型的旅游者；希望有起码的设施
海浴者	一般呈小集群活动；希望看到较多的同类旅游者；追求略为热闹的气氛；要求设施完备
自然风景观赏者	希望充分体验自然美景；不愿意赏景人很多破坏宁静气氛

资料来源：谢彦君. 基础旅游学 [M]. 北京：中国旅游出版社，2001，267.

另外，诸如农家乐、休闲游、登山探险等其他类型的旅游活动，也会由于旅游者表现出的不同旅游行为而对特色小镇所处地区产生不同的影响。登山和狩猎等野外活动会对特色小镇地区的生态环境产生比较大的影响，造成野生生态环境的失衡。人造旅游设施带来的旅游活动（如影视基地、娱乐城等）虽然会为特色小镇带来很大的经济效益，但是同时也会对当地的社会文化带来巨大的消极影响。

三、特色小镇环境承载力测算与结果分类

由于不同研究中确定的指标体系不同，以及每一个特色小镇所处环境特点不同，所以特色小镇旅游环境承载力往往选取的计算方法也不同，具体测算中要根据现实变量进行设计。

（一）小镇环境承载力的测算

本书中笔者综合以前学者的计算经验，总结出以下公式对特色小镇旅游环境承载力的各要素进行计算，限制因子选取计算结果中最大的，以下模型对于中国特色小镇具有普遍性，但其他一些特殊情况还需要特殊对待。

1. 小镇自然环境承载力：

小镇水环境承载力：$E=(P-S)/W$

式中：P—废水排泄量（t/d）；

S—废水处理量（t/d）；

W—水环境容量（t）

小镇固体废弃物承载力：$L=M/N$

式中：M—固体废弃物排放量（t/d）；

N—固体废弃物清运能力（t/d）

2. 小镇经济环境承载力

小镇全年宾馆接待承载力：$H=U/(B*365 天)$

式中：U—全年游客数量（万人）；

B—床位数

小镇交通承载力：$F=C/X$

式中：C—实际客运量（万人）；

X—饱和运载客运量（万人）

其中，日周转率 $R=G/V$

式中：G—景区开放时间（小时）

V—全程游览时间（小时）

其中，标准游客数量：$I=R*Z/D$

式中：R—日周转率

Z—景区面积（m^3）

D—景点最佳空间标准（m^3/人）

3. 小镇限制因子

限制因子：$A=\max\{E,L,H,F,T\cdots\}$

（二）小镇旅游环境承载力结果分类

特色小镇旅游环境承载力计算结果均为无量纲的数值，根据崔凤军（1995）以及刘玲（2000）对于旅游环境承载力结果的分析，特色小镇旅游环境承载力结果一般分为3类：小于1、等于1和大于1[1]。数值1为承载力结果标的值，如果最终检测结果小于1的话，说明小镇承载力没有超过环境

---

[1] 刘世栋. 崇明岛旅游环境承载力与旅游目的地环境管理研究 [D]. 上海师范大学. 2007.

容量范围，该状况被称为"弱载"，这时的小镇旅游产业可以继续提高接待旅游者的数量；如果结果等于1，说明小镇承载力处于一个相对满意状态，该状态被称为"适载"，这时的小镇管理者就要考虑是要扩大基础设施建设规模还是限制进入旅游者的数量，因为如果继续放任这种状况发展会导致旅游活动负面效应的产生；如果数值大于1，说明小镇环境容量进入"超载"状态。如果某个特色小镇存在环境承载力过度超载的现象，虽然短期内能带来经济利益，但是有可能导致很多负面状况发生，例如过度消费旅游产品导致产品生命周期终结、被严重破坏的小镇环境最终无法修复、游客满意度急剧下降导致游客数量剧减等。

四、旅游环境影响与承载力对特色小镇旅游管理者的启示

特色小镇环境承载力发展存在一定的规律，而小镇旅游管理部门和旅游开发商可以从以下几个方面的规律中得到一些启示。对于这些启示进行认真思考，将有助于小镇管理者理性地规划和开发小镇旅游产业，最终促进小镇旅游业和小镇社会经济的可持续性发展。

第一，所有在特色小镇范围内以及小镇周边地区发生的旅游活动都能给小镇环境带来不可预测的压力。讨论和研究小镇环境承载力的关键，并不是完全避免这些环境压力，我们也无法杜绝环境压力带来的损失。之所以研究它，是为了将旅游活动带来的环境压力限制在可以控制的范围之内，或者是通过管理者采取某些主动性行为将环境压力降低到对环境破坏最小的程度。例如，旅游者产生的额外垃圾的绿色处理、外来汽车等交通工具造成的尾气污染、大声喧哗造成的噪声污染控制等。

第二，不同产业类型的特色小镇表现出的环境承载力水平是不相同的，它们所能够承受的最大环境压力也不尽相同。就承载力水平而言，小镇管理者与开发商能够通过管理手段或其他适应性措施对旅游承载力进行控制。例如，大多数旅游景区的方法是限制进入游客的数量、在游客接待区与旅游核心景区之间设置通勤带和通勤车辆，以便保护核心景区的环境。当然，特色小镇旅游承载力的确定是非常困难的，需要耗费大量人力和物力进行实地调查和研究，而最后的调查结果又无法全面涵盖环境承载力的各个方面，因为环境压力和环境压力对特色小镇造成的影响通常是滞后的。实际上旅游活动带来的环境压力对特色小镇与周边地区造成的影响是渐进式的和长期性的，

最终导致何种形态只能由时间来判定。

第三，环境承载力本身就是一个动态范畴。对于特色小镇来说，其范围内的旅游承载力会随着时间变化而不断变化。例如，特色小镇前期无计划地盲目开发非常容易导致该地区旅游环境承载力水平下降。而旅游承载力的指标大致是由小镇的经济现状、社会文化、环境资源和旅游者满意度四个方面来组成，因此某些特色小镇在确定其旅游环境承载力时，可能会遇到进退两难的困境。旅游承载力已经达到了极限，但是其他的基础条件仍然能够接待新进入的旅游者，某种程度上来说这是一种资源浪费，这会造成景区内人满为患，垃圾成山。另外还会出现一种情况，某些特色小镇经济和社会文化方面的承载力还没有达到最大值，但包括旅游者和常住居民在内的人已经对恶劣的环境忍无可忍了，这使得小镇居民与旅游者之间的冲突时有发生。

第三节 旅游对特色小镇环境影响评价模型

学界目前对于环境评价可操作的方法有很多，每种方法侧重点不同，所得出的结论与评价效果也各不相同。

一、评价方法的选择

总体而言，应该根据不同特色小镇的具体情况来判断使用适合当地特色的评价方法，只有这样才能客观评估小镇环境的实际承载力。实际操作中，评价较为全面的综合评价方法种类很多，具有代表性的诸如：加法评分法、连乘评分法、连乘评分法等，表6-3中详细罗列出这几种代表性方法的公式以及各自的使用特点与使用环境。我们选取两种代表类型方法来进行研究讨论。

小镇旅游的环境承载力是一个集系统性、复杂性为一体的系统结构，即使同一种旅游活动给各个因素带来的影响程度也是不同的。以交通和住宿两个不同因素为例，当它们承受同一程度的旅游活动压力时，可能两种因素中的某一种因素并没有感觉到压力，或者是两种因素的改变并没有影响到整体环境。这就需要对因素进行权重分析。

加权评分法通常能反映出不同因子间的重要性，因此被广泛作为旅游景区规划评价方法。加权评分法由两个重要的部分组成，因素评价集和影响因子的权重估测。在特色小镇旅游环境影响评价模型中，评价集是指参与评价

的指标体系,评价因子是各个评价指标。(表6-3)

表6-3 经典的综合评分法简析

评价方法	公　式	特　点
加法评分法	$S = \sum_{i=1}^{n} S$	简单易行,便于计算; 灵敏度高; 反映不出因子间的重要性程度,主要成分过多
连乘评分法	$S = \prod_{i=1}^{n} S_i$	简单易行,计算直观; 灵敏度较加法评分法高; 反映不出因子间的重要程度,主观成分过多
加乘评分法	$S = \prod_{i=1}^{m}(\sum_{j=i}^{n} S_{ij})$	吸取加法评分法与乘法评分法的特点,指标细,评价较全面; 灵敏度介于加法与乘法之间; 指标间的重要程度反映不出来
加权评分法	$S = \sum_{i=1}^{n} A_i R_i$	较复杂,计算直观; 灵敏度高; 反映出因子之间的重要性

对特色小镇环境承载力权重确定的常用方法大概有六种:专家估测法;频数统计分析法;指标值法;层次分析法;因子分析法;模糊逆方程法,如表6-4所示。

表6-4 权重确定方法简析

名称	简　介	特　点
专家估测法	选定m个专家,就$U\{u_1, u_2, L, u_n\}$中的元素做出权重判断,得到A_{ij}权重:$A_i = \frac{1}{m}\sum_{j=1}^{m} A_{ij}$	取决于专家的知识和经验,各项指标的权重都由专家做出主观判断
频数统计分析法	选定m个专家和评价对象所在领域的各层人士,就$U\{u_1, u_2, L, u_n\}$中元素做出权重判断,得到A_{ij}权重:$A_i = \frac{1}{m}\sum_{j=1}^{m} A_{ij}$	取决判定人士的知识和经验,各项指标的权重都由判定人士做出主观判断
指标值法	权重A_{ij}=各因子的实测值/某因子环境质量标准或称允许值	结论精确,但应用受到限制
层次分析法	首先确定目标和评价因素,然后构造判断矩阵,再计算重要性排序,最后检验一致性	可以大幅度减少主观因素,如果人主观判断偏离了客观实际,则CR值便显出这种差别,以便应对判断矩阵做出调整。前期主要靠主观判断随意性强

续表

名称	简　介	特　点
因子分析法	先提取主成分，再确定各因素权重	直接从客观数据中经一系列处理运算求得，数据客观，实时准确。有时缺乏实际资料，限制了这种方法
模糊逆方程法	先标准化；求已得到矩阵的下界线；划去无贡献的元素；判断；求拟最小解；最后确定权重。	方程有解的充要条件是：划去无贡献的元素后得到矩阵的每一列都有未被划去的非空白元素，在实际情况下会出现无解的情况，导致得不到权重

这里我们简单讨论一下各个权重确定方法在实际小镇环境承载评估中的使用情况。

第一种，专家估测法，主要是环境评估机构随机选定一批专家对特色小镇旅游开发的各个要素做出权重判断，该方法主观性较强。最终评定结构是由选定的专家和研究领域专业人士进行分析后得出。

第二种，频数统计分析法，在特色小镇环境承载评估中使用较多，操作方法相对简单，能够一定程度反映出真实结果。它通过权威人士的主观判断来取得评判结果，并且通过走访一定数量值的评判人员来弥补评判过程出现的偏差。

第三种，指标值法，是由各因子的实测值除以该因子允许值来确定权重。但是实际运用中由于我国特色小镇旅游开发尚处于起步阶段，直接的数据收集系统还不够完善，该方法有可能因为缺乏数据来源而无法进行。

第四种，层次分析法，首先确定所评估小镇的各类型评价因素，然后具体构建出判断矩阵来计算重要性以便进行要素排序，最后检验一致性。这一方法就其单个而言所得出的评价结果不够全面，人们通常把它与专家评分法结合起来完成评估工作。

第五种，因子分析法，是确定权重的一种重要的数理方法，运用因子分析法对小镇承载力进行评估，最大的好处是数据客观且准确性高，在评估结果准确度上它比其他方法更有优势。但是因子分析法需要大量实际资料数据作为支持，数据的缺失会使这一方法难以施展。我国的经济社会研究中普遍缺少详细的数据统计，因此目前还没有运用因子分析法进行旅游对环境影响的研究。

第六种，模糊逆方程法，通过排列标准化来得到矩阵的下界限，然后剔除没有贡献值的因素,最后确定权重。但是实际操作过程中很可能出现无法获取权重的情况。

总的来说,在特色小镇旅游环境承载力权重确定过程中,不存在靠一种方法解决问题的情况,研究人员通常需要将两种甚至是三种方法放在一起交叉运用,以得到更加准确和合理的结果。

二、旅游对环境影响评价模型的建立和运用

确定要使用何种评价模型后,就需要根据情况将收集到的数据进行模型构建。

(一) 环境评价模型的建立

由于旅游活动对特色小镇环境影响涉及的范围比较广,所以环境评价体系不能用单一的要素来进行评判,它需要构建一个综合得分函数,以便帮助小镇管理者和开发商对特色小镇旅游环境做出客观评价,并最终为小镇旅游开发而服务。我们可以通过分析综合评价方法中的加权评分法来构建一个线形加权函数模型:

$$V_i = \sum a_{ij} F_{ij}$$

其中 V_i 是第 i 个地区旅游对环境影响程度的综合得分,a_{ij} 是第 i 个地区第 j 项指标的权重,F 是第 i 个地区的第 j 项指示得分。

(二) 因子分析评价模型的运用

运用因子分析方法的关键是首先确定小镇环境承载的指标权重,而权重确定后可以根据各指标值,计算出小镇和周边地区旅游活动对环境影响的综合得分。例如,实际构建过程中我们可以将特定数量的评价指标压缩成一个综合得分,最终通过计算将旅游活动对特色小镇环境的影响程度,做成一个综合评价和分析报告。

1. 因子分析模型简述

美国人查尔斯·斯皮尔曼于 1904 年在心理学杂志上发表了第一篇有关因子分析的文章。因子分析起初被应用于心理学领域,早期的心理学家通过因子分析模型来研究和解释人类行为。在提出因子分析模型以后的时间里,这一理论伴随着数学理论的发展逐步得到了完善,它作为一般的统计分析工具逐渐被人们所接受和认识。20 世纪 50 年代后能够完成复杂计算的硬件设施逐渐生产出来,伴随着计算机普及和各种统计软件的出现,因子分析在社

会学、经济学以及市场营销等领域得到广泛的应用。

因子分析的基本原理是通过研究众多变量之间的内部依赖关系，探求被观测数据的基本结构，同时使用少数几个假想变量来显示基本的数据结构。这些假想变量能够反映原始观测变量所代表的主要信息，同时解释这些观测变量之间的相互依存关系，我们把这些假想变量称之为基础变量，即因子。

2. 因子分析模型的步骤

因子分析方法具有自身较强的优势，例如可以在变量之间存在着较强相关关系的情况下，计算得出数据的基本结构。研究人员通过因子分析法把系列观测变量转化为少数的几个因子后，利用这些计算出的因子代替原来的观测变量进行相关的统计分析，同时利用因子值直接对样本进行分类评价，从而计算出小镇环境样本的最后得分进行综合评价。使用因子分析来评估小镇旅游环境承载力通常包括以下四个主要步骤。

第一步计算小镇旅游环境涉及的所有变量矩阵。得出的相关矩阵是因子分析法需要使用的数据，另外，相关矩阵还是调查人员随后判断应用因子分析方法是否合适的重要依据。

第二步提取因子。在这一阶段需要调查人员判断确定因子的个数和求出因子解的方法。

第三步实施因子旋转。这一阶段的目的是利用坐标值变换来详细地解释因子解，这一阶段对于得出小镇承载力的最后结论意义重大。

最后一步计算因子值。因子值是各个因子在特色小镇环境承载力判定结果上的得分值，同时能够在小镇其他项目分析时使用这些得出的因子数值

3. 利用因子分析确定权重

在进行因子分析之前，首先需要求解初始因子，这一步的主要目的是确定能够解释特色小镇环境变量之间相关关系的最小因子数。"因子求解的方法有很多种，大致能分为两大类：一类是基于主成分分析模型的主成分分析法，另一种是基于公因子模型的公因子分析法。因子分析中把主成分分析的结果作为一个初始因子解，因为在确定因子个数时主要用到主成分分析产生的一个统计量——特征值。在这里可以采用主成分分析法。"[①]

大致来说，主成分分析是一种数学变换的方法，它把给定的一组相关变

---

① 苏燕. 可持续发展背景下旅游对旅游目的地环境影响评价研究［D］. 湖南大学. 2006.

量通过线性变换转换成另一种不相关的变量，产生的新变量按照方差依次递减的顺序排列。在实际调查研究过程中，为了简化计算步骤，通常会在新的变量矩阵中去除一些相对不重要的变量，原则是保证信息丢失最少。"一般采用特征值原则，即取特征值大于 1 的主成分作为初始因子，放弃特征值小于 1 的主成分。但有时为了不使信息丢失过多，可以降低特征值的要求，只要能精简原数据，一般选择大于 0.5 都是可行的，即得到的初始因子至少能解释一个变量 50% 的方差。为了把得到的因子作为变量来对样本进行评价，需要对因子进行测度，给出因子对应每个样本案例上的值，即得出因子值"。[①] 求因子值所涉及用观测变量来描述因子，第 p 个因子在第 i 个样本上的值可以表示为：

$$f_{pi} = \sum_{j}^{k} \omega_{pj} x_{ji}$$

式中，ω_{pj} 是第 p 个因子和第 j 个变量之间的因子值系数，对于用主成分分析法求得因子解，可以直接得到因子值系数，即特征向量 T'_{pj}，x_{ji} 是 j 个变量在第 i 个样本上的值。因子值系数乘以对应变量的标准化值就得到了因子值。得到因子值后，可以化成

$$V_i = \sum b_p f_{ip}$$

式中，b_p 为权重，由上文分析可知，λ_p 个主成分所解释的方差的比例，即方差贡献率，b_p 即为方差贡献率 λ_p/k，f_{ip} 为第 i 个样本第 p 个因子值。因此可由因子值和方差贡献率算出综合评分，对样本进行评价。

第四节　特色小镇旅游的环境代价

持有保守观念的人认为旅游会对环境产生的负面效应，同时旅游对环境的破坏作用不可低估，社会应该向毫无控制的旅游开发行为提出质疑。从世界范围来看，20 世纪 50 年代后逐步发展壮大起来的大众旅游对环境产生的负面影响使人们开始意识到，人类自身活动必然会对环境产生冲击作用，自然环境并不是一种取之不尽、用之不竭的资源。由于特色小镇环境抗压性弱，所以外来游客对于小镇环境影响更大，对于小镇环境破坏更加直接和严

[①] 朱军. 企业社会责任与经营绩效的关系研究 [D]. 长沙理工大学. 2010.

重。我们知道，旅游活动与环境之间关系很复杂，需要涉及多种相互关系，其中主要是人与自然环境之间的关系，即旅游者与环境之间的关系和目的地居民与环境之间的关系。

一、特色小镇环境影响过程

世界经济合作与发展组织（OECD）曾经提出了一个环境影响过程模型，该组织将环境影响分为了四个阶段。这一模型有助于我们对中国特色小镇环境影响过程进行研究，旅游活动对特色小镇环境影响过程分为四个阶段，如图6-6：

第一阶段，压力产生阶段。

这一阶段可能处于旅游开发起步时期，小镇中的一些永久性建筑开始被拆除并且用新的建筑来进行代替；拆解和重建过程中产生大量废弃残留物，短期内无法进行处理；随着大量旅游者的进入，一些外来的负面行为（乱丢垃圾、大声喧哗、涂鸦等）造成环境质量下降；在外来旅游者负面行为的影响下本地居民开始变得消极。这些负面压力影响因子的活动导致特色小镇环境开始逐渐发生变化。

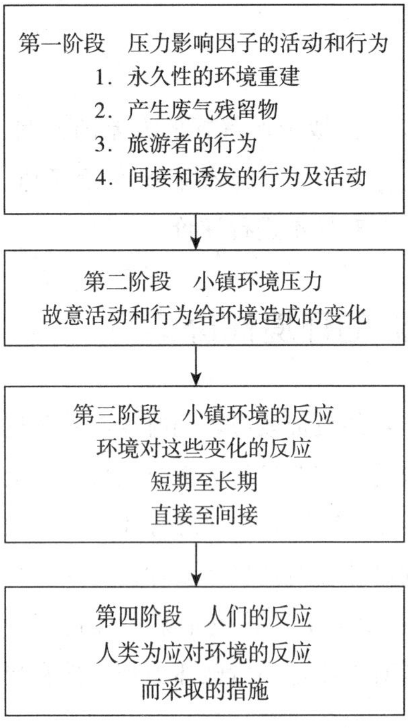

第二阶段，压力因子开始施压。

在这个阶段中，前期的负面行为所产生的影响开始显现，对自然环境的破坏从表面转向更深层次。例如，旅游者乱扔垃圾和人为的践踏造成小镇植被严重破坏并且无法修复；一些工业垃圾遍布小镇每一个角落，导致新进入游客与当地居民对于环境的评价下降。

第三阶段，整体环境结构发生变化。

小镇旅游环境在第二阶段时进行的改变通常都是消极的和有害的。这是环境为了适应人为压力所进行的被动改变，是自然环境对于人类破坏活动的一种反抗方式。这一自然界的"反抗方式"在

第一阶段　压力影响因子的活动和行为
1. 永久性的环境重建
2. 产生废气残留物
3. 旅游者的行为
4. 间接和诱发的行为及活动

↓

第二阶段　小镇环境压力
故意活动和行为给环境造成的变化

↓

第三阶段　小镇环境的反应
环境对这些变化的反应
短期至长期
直接至间接

↓

第四阶段　人们的反应
人类为应对环境的反应
而采取的措施

图6-6　旅游对环境影响的过程

时间和程度上并无规律可寻。例如，某些以历史文化著称的小镇中，其古建筑上经常会有低素质游客留下的"某某到此一游"或者是"游客相机闪光灯对于建筑物内壁画和漆面的损伤"都会破坏小镇整体环境，导致环境吸引力下降。

第四阶段，小镇居民反应。

小镇居民为了应对环境发生的负面变化，不得不采取各种各样的必要措施和手段。这些措施和手段既包括立即采取的应对措施，也包括长期性的措施；既包括直接措施和行为，也包括间接的措施和行为。例如，小镇采取隔离外来游客与本地环境；提高进入小镇门槛等方式来减缓对环境的破坏。

二、旅游对特色小镇环境的影响分析

旅游对特色小镇环境消极影响所产生的破坏力会随着旅游活动的深入和大量旅游者涌入而逐渐增强。环境影响过程图中的第一阶段中描述的"压力影响因子"行为是造成这些消极影响的主要因素。旅游对特色小镇环境影响主要表现在下述诸方面：小镇环境污染、破坏特色小镇和谐生活、特色小镇和旅游相关项目的不当开发、破坏生态平衡。由于旅游开发和旅游活动的规模不同，也由于特色小镇的环境特点各不相同，因此这些影响并不一定会同时出现在同一个地区。

（一）小镇环境污染

污染是旅游对小镇环境影响的一个最主要的方面。由于特色小镇开发和大量旅游者的涌入，小镇的自然环境不可避免地会受到损害和破坏，当然小镇自身产业发展对于环境破坏也有一定的影响，有时甚至大于旅游活动，但这里我们仅仅对于旅游活动的影响展开讨论，这其中水质、空气、噪声、视觉及垃圾等方面的影响尤为突出。

1. 水质污染

特色小镇内的各种娱乐设施和住宿设施、各种餐饮设施的厨房及其他旅游相关设施排出的污物、污水或油污会污染小镇区域内的水质（包括地下水系统，海滨或湖滨水域，近海、湖泊或河流）。如果上述设施没有安装恰当的污水处理系统，就可能会对地下水产生污染；如果特色小镇或某些酒店污水排放口建在河流或者海滨水域，没有经过处理的污水就会污染河流或海滨水域。这些污染都会破坏小镇周围水生系统的生态，散发着恶臭的水域环境对于游客满意度的破坏力要远远高于价格的恶性上升，小镇范围内水质的破坏将会极大降低小镇的旅游吸引力。

2. 空气污染

通常人们都认为旅游业是"无烟工业"，因此旅游产业是非常"干净"的产业。事实上，旅游对于目的地开发以及旅游活动开展必然会带来一定程度的空气污染。在那些大量使用机动车辆的旅游目的地和只能使用陆路交通工具进入的旅游目的地，空气污染会随着机动车辆的增加而加重。特色小镇本身环境面积比较小，环境容量非常有限，大量机动车以及其他交通工具的涌入必然会造成严重的空气污染。

另外，布鲁塞尔自由大学的一项研究表明，人的行走和体温会对环境产生负面影响。如果一个人以每小时 3.2 公里的速度慢走，周围环境的温度为 15 摄氏度，那么这个人可产生 200 瓦的热量、100 克的水汽和 100 克的二氧化碳。鉴于这一情况，我国很多旅游景区如敦煌、故宫等都对每日游客数量进行限制，以此来减轻二氧化碳对于古遗迹的氧化破坏。很显然，大量旅游者或过多旅游者的活动同样会降低特色小镇的空气质量。

3. 噪声污染

本书所提到的噪声污染主要指小镇中的发声体做无规则振动时发出的声音。一般来说声音由物体的振动产生，以震动波形式在某些介质（如固体、水、空气）中进行传播。特色小镇的噪声污染是与旅游活动相关的人为因素造成的。噪声来源有以下方面：其一，交通活动噪声包括进入或经过小镇区域的机动车、船舶、火车、飞机等产生的噪声；其二，工业噪声包括周边工厂各种设备产生的噪声，工业噪声产生的噪声污染较为严重，不只是对自身工作人员，对于周边居民来说身心影响也非常大；其三，建筑噪声来自小镇建设过程中机器转动产生的声音污染，建筑噪声如果发生在人口密集地区的话，会严重影响居民的休息与生活；其四，人们社会活动和家用电器、音响设备发出的社会噪声，这一噪声与居民道德素质之间存在一定关系。另外，小镇的很多娱乐设施，例如，夜总会和迪斯科舞厅等，也是噪声污染源之一。

4. 视觉污染

视觉污染不仅会破坏小镇和谐的社会生态环境，还会降低外来游客对于旅游活动的满意度，导致特色小镇旅游资源失去特色吸引力。小镇旅游开发过程中出现的视觉污染种类繁多，概括起来主要包括：

设计水平有限以及质量低劣的建筑物。例如，与小镇当地社会文化风格无法统一的旅游饭店等；巨大而且不美观的户外广告招牌；凌乱的架空供电线路、电话线及电视接收天线等；破败或维修不当的历史建筑物；一些游客在小镇内建筑物墙体、石头、树木、碑体等表面刻写或涂抹的涂鸦字迹留下的不雅或丑陋的痕迹。

5. 垃圾丢弃

随着特色小镇旅游产业的发展，越来越多的旅游者进入特色小镇范围内。小镇内的垃圾成为一个主要污染源。这个问题具有普遍性，是当今人们关注的一个重要问题，除了特色小镇外我国其他景区也同样存在这一问题。例知，国内的很多景区都面临生活污水任意排放，无法降解的垃圾废物增多等现象。人们在著名的华山景区进行游览时，甚至能够在一些山崖边见到游客留下的各种饮料瓶和包装袋等垃圾，而景区管理部门不得不让工作人员冒险去捡起这些垃圾，破坏环境的同时增加景区运营成本。

（二）破坏特色小镇和谐生活

旅游者数量的过度增加也会影响特色小镇地区居民的正常生活，破坏当地居民原本和谐的生活状态。特色小镇环境面积非常有限，虽然可以与周围乡村进行互融共享，但是其有限的环境承载量也使得小镇不能无限量接纳游客。

1. 交通拥挤和阻塞

在旅游旺季，一些特色小镇尤其是地处著名的旅游景区（点）范围内的特色小镇，当旅游者的数量超过小镇环境容量时，就会发生交通拥挤或堵塞现象，进而导致当地居民出行困难，打乱当地居民的正常生活节奏，迫使小镇内居民压缩自己的生活空间，这些都会引起当地居民强烈不满，同时也制约了游客对于特色小镇旅游吸引物的欣赏和游览。我国很多景区景点在"五一""十一"长假期间都存在人满为患的现象，而超负荷的交通容量也无形中增加了道路的压力，增加了潜在的交通事故。

2. 土地使用紧张

在特色小镇旅游产业迅速发展的时期，旅游领域对土地的掠夺、大规模开发和使用必然会导致与土地的其他用途发生冲突。因为，旅游产业开发项目占用了土地后，这些土地就不能用于农业、居住或其他产业用途了。事实上旅游产业与特色小镇其他特色产业争夺土地使用权的现象一直在发生，甚至影响小镇以后的发展走向,严重的可能会使小镇失去原有特色产业。同时,旅游开发项目过度占有土地,会在一定程度上限制特色小镇居民的传统活动空间,因此也会导致他们产生不满情绪。

3. 废物处理成本高

随意乱丢垃圾是特色小镇和其他类型旅游景区存在的一个非常普遍的问题。一个旅游目的地如果经常性接待数量众多的游客的话,都不可避免地会遇到游客随意丢弃固体废物的问题。如果对这一状况不进行妥善处理就会给旅游接待地区带来灾难性后果,例如产生垃圾污染和蚊虫滋生等环境卫生问题,甚至导致传染病流行。如果继续放任发展,不但会使小镇以及周边地区失去对旅游者的吸引力,还会使常住居民丧失世代赖以生存的适宜环境。需要特别指出的是特色小镇旅游环境承载量非常有限,随意的废物丢弃以及垃圾污染对于小镇旅游环境破坏可以说是毁灭性的。

(三) 特色小镇旅游相关项目的不当开发

旅游产业开发过程中,如果不充分考虑和论证其对自然环境的影响,就很可能会导致环境发生负面变化,这样的旅游开发就是不当开发。特色小镇旅游相关项目的开发通常会导致环境发生永久性改变,这些永久性的环境变化是"永久性的环境重建"行为的后果。而小镇"永久性的环境重建"行为则是与旅游活动相关的压力影响因子的一种类型,如修建饭店设施、建设主题公园、修建高尔夫球场、兴建小型旅游码头等项目,这必然会使小镇原始环境发生永久性的改变。另外,小镇人造景观涉及环境压力因素大致包括以下几种。

1. 清除地表的本土自然植被

在小镇有限的空间进行人造景观建设,自然需要挤占其他用地,而自然植被通常被认为是使用成本最低的,被挤占也是"理所应当"。

2. 引进来自其他区域或外国的观赏性植物

这一做法可以丰富小镇自然植被类型,增加观赏性,但是也会造成外来物种的侵袭。

3. 人为地削平山丘、填平洼地

对于山地和低洼地区的改造能够增加小镇用地,但是有可能剥离表面用地后造成小镇土地沙化。

4. 砍伐森林，获取建筑用木材

森林植被下降最终结果是使小镇以及周边地区失去赖以生存的自然环境资源。

5. 在附近海滨地区挖取建筑用沙，在山地开采建筑石料

近年来海滨地区大量无规划挖取建筑用沙的情况导致优美的海岸风景遭到毁灭性破坏，而对于山地石材的无限制开采也造成周边环境毁灭性破坏，这一情况同样出现在特色小镇中。

6. 开采地下水

地下水下降以及无限量抽取，使特色小镇特色性和后续发展受到极大限制。

显然，上述各种环境压力因素都会引起当地的自然环境发生永久性的变化，导致特色小镇脆弱的自然环境和生态系统发生失衡。

(四) 破坏生态平衡

超越小镇环境承载力的所有旅游活动基本上都是得不偿失的，其结果必然会破坏小镇及其周围地区的生态平衡，甚至会对一些以自然生态为特色的地区造成毁灭性破坏，对这些地区的野生植物和野生动物栖息地产生负面效应。

1. 植物植被

在旅游客流量居高不下的特色小镇景区，如果不对交通工具和步行游客进行管制，一些徒步旅行者和机动车辆穿行小镇区域的时候会践踏植被，妨碍植物生长，伤害环境。徒步旅行者、车辆或马匹的践踏能够导致植被覆盖减少或幼苗的死亡，最终使土壤板结、土地表面裸露，易于被风雨侵蚀。某些以植被类著称的特色小镇旅游环境资源（例如，树木、草地、土壤等）受破坏的程度与外界压力影响的剧烈程度相关，通常成正比关系。也就是说，随着旅游者的增加和对小镇旅游资源使用程度的加大，特色小镇旅游植被环境遭受破坏的程度也日益加重（图 6-7）。[①]

2. 野生动物

开发特色小镇、兴建旅游设施和修建旅游公路等工程都能够造成对野生动物的伤害。旅游产业开发打乱了野生动物的正常生活圈子和规律，使一些野生动物被迫离开它们原有的自然栖息地，迁徙到其他地方另觅生活空间，最终可能会导致一些野生动物濒临灭绝。

[①] 大卫·韦伯. 生态旅游 [M]. 杨桂华，等，译. 天津：南开大学出版社. 2004 (155—156).

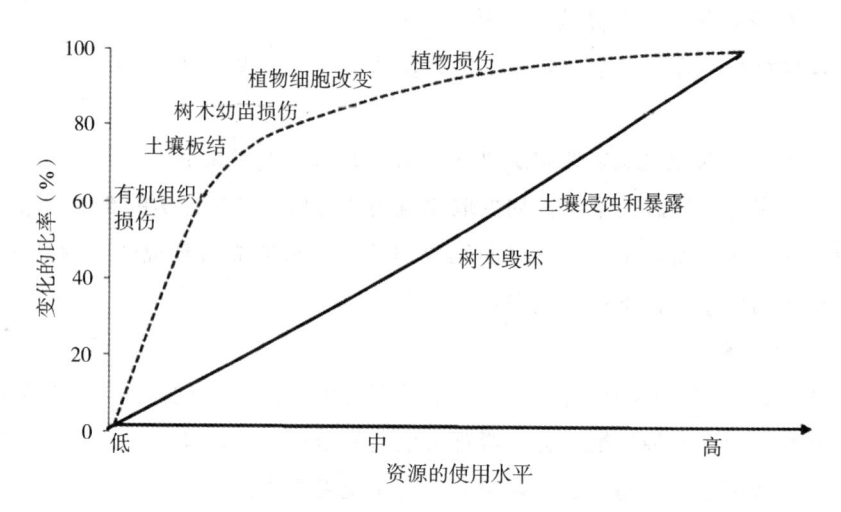

图 6-7 旅游客流量与资源的变化之间的关系

近年来兴起和发展起来的以自然为基础的旅游活动也使敏感环境受到各种来自旅游者方面的压力，那些以自然环境为依托的特色小镇对于环境破坏的压力更为明显。严格讲，旅游者与野生动物的每一次接触或观察都具有潜在的消极效应，会对野生动物产生某种压力。甚至在一定距离内对野生动物进行观察也会对野生动物产生某种压力效应，使它们感知到有别的生物在附近出现，并时刻处于戒备状态，因而影响到它们的正常生活规律，很多学者的研究也都证明了这一点。例如人们提出人类与鸟类相处应该保持的四种基本距离。[1]

反应距离：鸟类和人类之间应该保持的，能够使鸟类做出可看见的或可衡量的反应距离；

飞出距离：鸟类离开鸟巢到觅食地的距离；

接近距离：旅游者可以正面接近鸟类，但又不惊吓鸟类的距离；

容忍距离：旅游者可以这种距离经过一只鸟，而不对鸟的正常生活产生扰乱的距离。

当然，对不同的野生动物而言，这四种距离是完全不同的。由此可见，即使是对野生动物进行观察，也要采取多种手段和措施，才能避免或减少对其产生的压力效应。

---

[1] 大卫·韦伯. 生态旅游 [M]. 杨桂华等译. 南开大学出版社. 2004 (155—156).

另外，人工喂养和繁殖野生动物以及一些"热心"的旅游者喂食动物的行为，也会使野生动物改变觅食或猎食习惯，这些非自然性行为改变可能会导致某些野生动物的物种退化。例如，在很多公园或野生动物园内，湖泊中的鲤鱼或园中的猴子，由于人工喂饲过度而改变了觅食方式，变成了圈养的"野生"动物；再比如峨眉山的野生猴子，由于游客长期喂食大量的食品，导致当地野生猴子失去原有的生活本能，甚至开始出现抢夺游客背包等觅食行为，一段时间内对于进入该地区的游客产生一定的安全危害。

第五节　旅游对小镇环境产生的积极影响

虽然保守观点的人十分关注旅游对环境产生的负面效应，认为旅游对环境的破坏作用不可低估，但是持积极观点的人还是认为旅游是一种增强和改善环境的动力。因此，旅游不但能够对经济产生促进作用和正面效应，而且还能够对环境产生多种积极正面的效应。

一、保护小镇历史建筑与名胜古迹

历史建筑和名胜古迹对任何一个地方来说都是吸引力俱佳的旅游资源，而对旅游业的开发将有助于保护那些历史建筑和名胜古迹。通过科学的旅游开发将祖先丰富的文物古迹等历史遗产展示给世人，充分挖掘文物古迹资源的历史文化价值、科学研究价值、美学艺术价值和社会教育价值，被实践证明是保护文物古迹资源的最佳方式。科学合理地开发旅游业能够为保护这些遗产提供充足的资金保障。如果没有旅游业带来的可观收入，那么相当一部分历史建筑很可能会由于缺少资金而无法进行修缮与保护，并最终逐渐消失。旅游活动也为旅游目的地的居民提供了维护和开发历史遗迹的动力，使他们能更充分地认识到这些历史遗迹的价值，并将其转变为富有生命力的旅游吸引物。许多具有本土特色的历史建筑经过人们的精心修整之后会成为新的旅游吸引物。

例如，位于浙江东四明山麓的梁弄镇。小镇历史悠久，秦时属于会稽郡管辖范围，全镇发展规划以红色革命文化为主，同时兼具山水生态城镇的发展功能。其实，梁弄镇各类型旅游资源都十分丰富，近年来全镇大力发展旅游产业，通过"提升红色旅游景区、发展高端度假旅游、引进会议培训机构、举办农事节庆活动、开发徒步旅游线路"等途径来开发小镇旅游产业，形成具有"红色历史文化、绿色生态文化、古色历史文化、土色乡土文化"为特点的新型旅游产品。小镇旅游产业发展极大促进了历史建筑的维修保护,小镇经济的充裕使得管理者可以拿出更多资金来维护历史建筑和名胜古迹。梁弄镇是浙东革命根据地所在地,各级政府投入资金1.5亿元用于红色旅游开发,对革命旧址周边环境进行改造提升,保护了红色历史古迹的同时,吸引了大批红色旅游的参观游览者。

二、改善特色小镇整体环境

旅游业是地区经济收入重要的来源,同时对于某个地区来说清洁、美丽的环境也是吸引旅游者的重要财富。为了吸引更多的旅游者到访,小镇管理者与开发商应该积极改善小镇和周边地区整体基础环境,提高小镇舒适度和适宜度的同时提高小镇居民生活质量,通过宜居和美丽的环境来增加小镇自身吸引力。宏观层面上来看,我国旅游业的不断发展为特色小镇旅游开发以及美化环境和治理环境提供了动机和动力。在小镇旅游与开发规划上应该通过一些具有代表性的绿化工程,以及设计得体的特色建筑和其他协调措施来促进环境质量提升,对于小镇空气质量、水源质量、噪声污染、垃圾处理等也需要适时监控和治理以促进小镇旅游环境全面净化,特色小镇整体旅游环境得到改善后将被逐步建设成非常适合人们居住和生活的地区。科学合理的旅游开发为特色小镇旅游环境改善提供了动力,而具有优美风景和舒适环境的特色小镇,又使旅游者获得高质量的旅游体验,从而吸引更多的游客前来游览观光。可以这样说,旅游环境与旅游开发是互相促进的一种共赢关系。仍然以浙江余姚梁弄镇为例,小镇范围内水果产业发达,春季有樱桃、桑葚,夏季有杨梅、蟠桃、水蜜桃,秋冬有猕猴桃、冬枣等。水果采摘活动吸引了大批游客,据统计最多时每天接待两到三万人入园采摘。鉴于优质的生态资源,浙江百岁山食品饮料有限公司在该镇大规模建立生产厂区,单单这一个厂区年产值就达到2.2亿元,每年税收5600多万元,这是生态环境优势迅速转化为经济优势的典型代表。2017年,梁弄镇的一般性财政收入达1.68亿元、农村居民人均可支配收入26350元,分别比2002年增长41.0%和63.6%,远高于全国其他革命老区。[1]

---

[1] 大卫·韦伯. 生态旅游 [M]. 杨桂华等译. 南开大学出版社. 2004 (155—156).

此外，特色小镇管理者和旅游开发商还应该注重小镇和周边地区基础设施建设。交通通达性也是旅游环境水平的一种表现形式，只有提高特色小镇可进入性才能降低接待成本和便利游客游览。例如，一些地处偏远的特色小镇在规划开发旅游之前，通常会对公路、邮电、通信、住宿饮食等基础设施进行大规模升级改善，这样做一方面可以提高旅游交通便利性，促进小镇和周边地区经济发展，另一方面也提高了小镇居民整体生活水平和生活质量。

三、增强对环境和野生动植物的保护意识

现代城市化过程造就出大批的钢筋混凝土丛林，长期在城市环境中生活的普通民众通常更向往那些原生态的自然环境以及在原生环境中生活的野生动植物。旅游者的这种向往以及由此激发的旅游活动促使具有野生自然环境的旅游接待地开始投入人力物力对野生动物加以保护，这一管理行为对于野生动植物保护来说是积极且正向的。

现代社会发展中，环境被认为是一种经济资源。那些将自然资源作为特色吸引物的小镇会把自然环境作为直接或者是间接的旅游资源加以利用。这些小镇通过对旅游产业开发将符合市场需求的环境资源推向市场，通过旅游这种交易方式为小镇创造财富。这使那些以自然资源为特色的小镇为了更好地适应旅游市场需求来实现经济利益，就会采取有效措施对生态环境进行有效保护，以满足旅游者对原生自然环境的需求。可以说，特色小镇旅游环境保护既是区域经济发展的一部分，也能够对特色小镇和周边乡村的社会经济发展做出贡献。共赢的结果和高效的回报鼓励特色小镇管理者、开发商和小镇常住居民积极投入到对自然生态环境和野生动植物的保护行动中去。例如，河南南阳太平镇，该镇范围内物产丰富生态旅游资源众多，全镇森林覆盖率达95%以上。"境内珍稀野生动物种类繁多，有金钱豹、大鲵、梅花鹿、猫头鹰、香獐等；野生药材600余种；拥有国家级自然保护区、国家5A级旅游景区——老界岭生态旅游度假区；近年来，太平镇围绕度假休闲、生态保护、避暑观光、文化传承等，共引进5000万元以上的旅游配套服务项目26个。"[①] 得益于优美的自然环境和环境所馈赠的丰富物产，太平镇进一步提升整体品牌的影响力，推进特色小镇建设与旅游开发融合发展的

---

① 张少允. 西峡县太平镇特色小镇建设研究［D］. 河南工业大学. 2018.

策略，也为该镇带来良好的经济和社会效益。"据统计，进入旅游旺季，太平镇平均每天新进入的旅游居住度假人数超过 3000 人，农家宾馆的接待量达 20 万人次以上，实现收入 3000 万元以上。"[①]

本章节所采用的环境影响评价模型，是在特色小镇普遍发展基础上根据当前环境评价技术应用现状而形成的。这一模型具有普遍的使用价值，但是由于我国经济、社会发展的不平衡性仍然在长期范围内存在，所以不排除模型无法概括到的个别情况，在实际的操作使用当中还应该紧密结合特色小镇所处地域范围内的社会经济环境来进行。对于特色小镇环境的积极与负面影响普遍性的基础上，基本能够广泛涵盖中国特色小镇，但是之所以称之为"特色小镇"必定存在独特之处。至于环境影响是否存在，以及影响程度对于小镇旅游开发的利弊程度，以及对于日后小镇旅游的开发走向，都有待今后进一步的考证和研究。

[①] 张少允. 西峡县太平镇特色小镇建设研究［D］. 河南工业大学. 2018.

第七章　旅游活动与特色小镇经济研究

旅游消费行为本身是一种经济活动，旅游业通常被认为是国民经济的重要收入来源之一。过去的研究中人们非常关注旅游活动给旅游目的地地区带来的经济效益以及对国民经济的促进作用，但是任何一种事物都具有有利有弊的两面性，旅游活动为目的地带来经济收益的同时也必然会对目的地地区产生一定的负面影响。因此在研究和关注旅游业的积极经济影响的同时，也应该正视旅游活动对特色小镇经济带来的负面影响或经济代价之间的关系。通过科学规划与调控，使得经济利益与旅游活动以及正面效应与负面效应之间达到平衡并且共赢发展，是今后中国特色小镇开展旅游活动时必须面对的问题，这就要求小镇管理者在获取最大经济利益的同时采取必要恰当的措施，尽可能减小旅游发展对特色小镇的消极负面影响。权衡旅游活动带来的经济利益与经济代价之间的关系的同时找出最佳的"利益—代价"解决方案才是中国特色小镇发展的一个重要基础。

第一节　特色小镇旅游收入分配与再分配

旅游开发是社会总体经济发展的一个重要组成部分。游客数量的上升为我国带来丰厚的旅游收入，这是我国旅游市场发展的新动力，这一动力源也为特色小镇以及小镇周边地区的旅游发展带来巨大经济效益。而研究特色小镇旅游经济之前首先应对于小镇旅游收入有所了解。

一、特色小镇旅游收入分配特征

旅游收入分配是指在形成旅游收入的各生产要素之间，以及在一个国家或地区的不同企业之间和社会各基层之间的分配，最终形成旅游收入在国家范围内的分配与再分配形式。下文所研究的特色小镇旅游收入初次分配，指的是在小镇范围内经营旅游业务的相关企业之间以及相关内部进行的收益分配活动；特色小镇旅游收入再分配则是在小镇范围内进行的；特色小镇旅游收入经过初次分配和再分配两个过程后，就实现了小镇以及周边地区旅游收入的最终分配和使用。

通常来说，由于旅游经济是国民经济的一个产业部门，旅游收入是国民收入的组成部分，因此特色小镇旅游收入分配既有国民收入分配的基本特点，又具有不同于国民收入分配的典型特征，主要体现在以下几方面。

（一）旅游收入在小镇各生产要素间分配

在特色小镇旅游经济运行中，小镇的旅游经营者向外来旅游者提供各种旅游产品或服务，同时需要投入各种生产要素，包括旅游资源（或土地）、劳动力、资本和企业家才能等，并通过对这些生产要素的配置使用，获取一定的旅游收入。因此，小镇中的旅游经营者获得旅游收入后，必须以租金和占用费、工资和薪金、利息和利润等形式，对前期投入的生产要素予以补偿或回报。其中，场地以及实物的租金和占用费是对旅游资源（或土地）占用的补偿或回报；工资和薪金是对当地旅游企业职工付出劳动的报酬；利息则是对旅游企业贷款或占用自有资金的回报；利润则是对从事小镇旅游的企业家才能的风险奖惩。因此，特色小镇旅游收入也像国民收入一样，必须按照各种生产要素对旅游收入的贡献大小进行合理的分配，这就形成了旅游收入的初次分配。

（二）旅游收入在小镇各旅游企业间分配

特色小镇旅游产品与一般物质产品和服务产品的区别，在于旅游产品是通过开发商将小镇中与"食、住、行、游、购、娱"等相关的多种要素进行科学组合而形成一定的旅游线路产品，而这些旅游产品相比其他产品来说，具有更鲜明的特性，包括文化、历史、民俗、甚至是经济等方面的特色。尽管在现实旅游经济中，与旅游活动相关的某些项目也是一种单项旅游产品，但经过组合成为旅游线路产品之后，它们就变为旅游产品的一种要素，在通过特色小镇提供给旅游者消费中发挥着不同的作用。由于这些旅游要素分别来自特色小镇内部以及周边不同的旅游企业，因此小镇旅游经营者获得旅游收入后同样要对这些旅游要素进行补偿和回报，即按照各种旅游要素在小镇旅游活动中的作用，以及对小镇旅游收入贡献大小，将小镇旅游收入再与小镇旅游相关的各旅游企业间进行合理分配，这种分配同样是形成特色小镇旅游收入初次分配的重要内容。

(三) 旅游收入在小镇社区内的分配

通常，旅游活动是一种涉及面广和依托性强的经济社会活动，旅游产品的供给与消费除了旅游产品外，还离不开目的地良好的经济社会环境，甚至需要消费一定的公共产品，如基础设施、城乡建设、生态环境、医疗服务等。特色小镇良好的经济社会环境和公共产品同样需要一定的社会生产要素的投入，特别是社会各阶层人员的劳动付出，而这些社会生产要素投入一般不能够直接参与特色小镇旅游收入的分配，因此就需要通过一定的形式在旅游收入初次分配基础上进行再分配，用于对这些社会生产要素的补偿，用于对维护小镇良好经济社会环境的回报，才能够开展特色小镇旅游活动和发展旅游经济，营造更为良好的经济社会环境和提供更多的公共产品。

(四) 小镇旅游收入分配的效率与公平

特色小镇旅游收入分配，同样要讲求"效率优先、兼顾公平"的原则。所谓效率优先是指在小镇旅游收入的初次分配中要以提高分配效率为目标，按要素发挥的作用和承担角色进行分配以高效率获得高回报，以激发投资热情鼓励更多的周边旅游企业职工通过优质服务创造更多的财富，从而提高整个旅游经济运行的效率。兼顾公平是指在特色小镇旅游收入的再分配中要注重公平原则。完全竞争市场环境中不同旅游企业和社会成员所拥有的禀赋以及对生产要素占有量是不同的，单纯按照生产要素来分配必然带来收入上的差距，如果差距过大则有失社会公平，反过来又会使人们丧失投入的积极性，从而影响旅游经济运行的效率。因此，要充分发挥特色小镇所在地方政府的宏观调节功能，通过旅游价格、税收征收、财政转移支付等政策措施，限制特色小镇以及周边地区旅游企业之间、社会各阶层人员之间收入差距的过分悬殊，实现旅游收入分配的相对公平。

二、特色小镇旅游收入初次分配

特色小镇旅游收入的初次分配，是指小镇旅游经营者在获得旅游收入后，将收入用于购买所需资源的一种行为，其表现形式是金钱在经营旅游业务的相关企业之间以及旅游企业内部进行流动。这种流动和分配形式主要是按照参与接待旅游者、提供旅游要素的相关旅游企业之间的分配，包括旅行社、宾馆饭店、交通企业、餐饮企业、旅游景点、旅游用品和纪念品商店等；从旅游收入在旅游企业内部的分配看，主要是按旅游生产要素投入主体和对形成旅游收入的贡献大小进行分配。

(一) 旅游收入在旅游企业之间的初次分配

特色小镇旅游收入初次分配主要是在小镇范围内各相关旅游企业之间进行的。在收入分配过程中旅行社扮演着枢纽和中转的特殊作用，这是因为其职能和地位决定的。旅游收入在小镇旅游企业之间的初次分配体现为客源地组团旅行社的包价旅游总收入转化为各地接社旅游企业营业收入的过程。包价旅游收入的初次分配具有特殊的分配形式和分配流向。具体分配过程流向如下。

1. 组团旅行社的旅游收入

旅游客源地的组团旅行社首先根据旅游目的地的接待旅行社所提供的旅游产品，并加上旅游客源地到旅游目的地的交通费用和组团旅行社的成本与利润，形成包价旅游产品的价格。然后组织一定规模的营销与推广活动向游客出售旅游产品而获得收入，将收入在接待旅行社、交通运输企业、饮食企业等供应商之间进行分配。扣除组团旅行社相关费用（成本和利润）之后，形成特色小镇接待旅行社和中间的交通运输企业的营业收入。

2. 交通运输旅游收入

旅游活动是一种跨地区的旅游活动，通常旅游目的地接待旅行社提供的旅游产品，一般不包括从旅游客源地到旅游目的地的交通运输费用，因此组团旅行社要向负责运送旅游者到旅游目的地的交通运输企业，按照所签订运营合同中确定的收费标准、支付时间和支付方式等有关规定支付部分旅游收入，这些收入就形成了交通运输企业的旅游收入。

3. 接待旅行社的旅游收入

接待旅行社包括旅游目的地从事旅游接待业务的所有相关旅行社。目的旅行社根据市场上的旅游需求，首先向经营旅游住宿、餐饮、交通、游览、购物、娱乐等旅游企业预订单项旅游产品，经过组合而形成不同的包价旅游产品，同时将报价与线路产品提供给旅游客源地旅行社进行组团出售，接待旅行社从包价旅游收入中获取营业收入（旅游收入）。然后，按照与各旅游企业签订的经济合同中所确定的收费标准、支付时间、支付方式和其他有关规定将旅游收入分配给有关的旅游企业和相关的企业，从而完成了旅游收入在旅游企业之间的初次分配。

从以上的旅游收入初次分配可以看出，包价旅游收入既是旅行社经营收入的重要来源，又是旅游目的地地区旅游收入的重要组成部分。接待旅行社收入是涉及特色小镇旅游收入分配的主要来源，可以说，特色小镇旅游收入多少，以及小镇周边旅游企业营业收入多少，在一定程度上取决于旅行社经营的好坏。因此，提高特色小镇旅行社经营管理水平和市场竞争能力，对增加小镇旅游收入是十分重要的。

（二）旅游收入在旅游企业内部的初次分配

旅游收入在特色小镇旅游企业内部初次分配，是指小镇旅游企业按旅游生产要素投入主体和对形成旅游收入贡献大小进行分配。小镇以及周边旅游企业在一定时期内，向旅游者提供满足他们需要的旅游产品而获得的旅游收入，通常需要付出一定的劳动，因此旅游收入在旅游企业内部的初次分配形式和分配流向包括以下几方面。

1. 转移价值的补偿

特色小镇旅游企业的营业收入，首先应扣除为提供旅游产品而消耗的物质生产资料部分，如设备和设施的折旧、原材料和物料消耗、建筑物的折旧等。这部分价值属于转移价值，应从当期旅游企业出售旅游产品的收入中直接补偿，即通过成本核算转移到经营成本中去，从而使它们在价值上得到补偿。

2. 小镇旅游净收入的分配

小镇旅游企业营业收入，在扣除当年旅游产品生产和销售中所消耗掉的物质生产资料之后，就构成了当地旅游企业旅游净收入，这才是旅游企业职工所创造的新增价值。从这个意义上讲，特色小镇旅游收入初次分配主要是指旅游净收入分配，它按照劳动力、资本、企业家才能和公共产品等要素的投入情况进行分配，具体分解为职工工资、利息、租金、企业利润及政府税收。

第一，职工工资，是以劳动力要素的投入为依据，而参加旅游收入初次分配的内容，即特色小镇旅游企业根据按劳分配原则，向旅游从业人员购买劳动力要素而支付的报酬，是满足旅游企业职工自身劳动能力恢复和家庭生活需要的支付，也是实现劳动力简单再生产和扩大再生产的必要条件。

第二，利息和租金，是以特色小镇旅游企业在旅游经营活动中占用旅游资源、租用设施和借贷资金等生产要素的投入为依据，而参加旅游收入初次分配的内容。这些生产要素也是生产和提供旅游产品、实现旅游企业经营活动必不可少的条件，理应按照市场经济规律获得相应的回报。

第三，企业利润，是特色小镇旅游企业以自有资本要素和企业家才能投入为依据，而参加各种收入和初次分配内容，即小镇以及周边旅游企业支付职工工资、上缴税收及支付各种利息、租金之后的余额。小镇旅游企业利润主要由企业自行安排分配和使用，具体又可分为企业公积金和公益金两部分，其中企业公积金主要用于旅游企业的自身发展，公益金主要用于旅游企业职工的福利支出等。

第四，政府税收，是管理特色小镇的各级政府以各种公共设施和服务投入为依据，而参加旅游收入初次分配的内容，即小镇以及周边旅游企业按照国家税收政策规定向政府缴纳的各种税收。政府税收一般包括营业税、增值税及其他各种税费等，成为政府财政预算收入的一部分，由政府统筹安排和使用，主要用于改善特色小镇以及周边地区旅游发展的公共设施环境、提供相应的公共产品或服务等，以促进旅游经济的持续发展。

三、小镇旅游收入再次分配

特色小镇旅游收入的再分配是指在小镇旅游收入初次分配基础上通过第一轮参与分配的企业向其他外部企业进行利润分配的过程。特色小镇旅游收入经过初次分配以后，必然在初次分配基础上按照价值规律和经济利益原则，在特色小镇以及周边地区全社会范围内进行再分配，以实现旅游收入最终用途。必须要指出的是，旅游活动与其他经济活动一样，也是一个社会生产不断重复和扩大的运动过程，因此旅游收入再分配是旅游再生产的重要一环。

在特色小镇旅游经济运行中，旅游产品生产所消耗掉的劳动力与物质资料在价值上要不断得到补偿，在实物上要不断得到替换，即一方面表现为旅游再生产的不断进行，另一方面又表现为旅游收入的不断再分配过程。因此，旅游收入再分配，也是小镇旅游企业、小镇旅游行业职工、管理特色小镇的各级地方政府及其他用初次分配得到旅游收入进行消费或投资，从而形成旅游收入在整个特色小镇社会中的再分配过程。具体分为以下几方面。

(一) 小镇旅游企业收入再分配

为了促进特色小镇旅游经济发展，满足小镇旅游企业扩大再生产和自我发展、自我完善所必需的物质条件的需要，小镇以及周边旅游企业必须向有关行业的企业购买各种物质产品和服务。同时，为了满足小镇旅游企业职工生活和福利，旅游企业或职工也要消费其他企业提供的生活产品或服务，从而使特色小镇旅游企业初次分配收入通过再分配而转换为相关行业部门的收入。

特色小镇旅游企业收入中的利润，一般分为公积金和公益金两部分。其中，公积金主要用于小镇旅游企业扩大再生产的追加投资，如购买新的设备和设施、新产品的研制、技术更新改造、开辟新的市场，以及弥补企业亏损等，而公益金则主要用于小镇旅游企业职工与集体的福利，以满足职工住房、医疗、教育、文体等方面的需求。因此，以上特色小镇旅游企业收入中的利润，随着流向直接或间接为旅游企业提供产品与服务的相关部门或企业，也形成了旅游企业收入的再分配。

(二) 小镇职工工资收入再分配

特色小镇旅游企业职工为了满足物质文化生活需求，增强其体力和智力，持续不断地为旅游者提供优质服务，同时为了满足其家庭生活需要，拿出一部分劳动所得用于购买家庭成员所需要的物质文化产品和劳务，从而使相关部门和企业获得收入。此外特色小镇旅游企业职工个人收入扣除消费之后所剩下的部分，则用于购买保险、国库券及存入银行等，从而形成金融部门的存款并转化为金融贷款，成为国家社会经济建设资金的来源。因此，以上职工工资收入，经过各种消费支出、储蓄而流向不同部门和企业，就形成了职工工资收入的再分配。

(三) 小镇政府旅游收入再分配

特色小镇旅游收入中的一部分以支付各种税金而转化为当地政府的财政收入，而政府又通过各种财政支出方式来实现旅游收入再分配。如政府可以通过财政预算以发展国民经济和社会公共福利事业，建立各项社会储备基金和社会保证基金，支付国家机关、文教卫生等事业单位的经费和工作人员工资，推动经济社会的繁荣和发展等；其中也有一部分作为小镇以及周边地区旅游基础设施建设和重点旅游项目开发等反馈回旅游业中去，以推动特色小镇旅游业的发展。

（四）小镇旅游收入其他再分配

特色小镇旅游收入中还有一部分流向与旅游行业关系不明显或者没有直接关系的企业，以此构成旅游收入的其他再分配形式。如小镇旅游企业支付贷款利息而构成金融部门的收入，租赁设施设备而形成租赁单位的收入等；小镇旅游企业职工为支付保险金而构成保险部门的收入，支付房租或购买住宅而形成房地产部门的收入；小镇旅游企业和职工扶持贫困地区经济发展，帮助贫困人群脱贫致富，以及对自然灾害的捐款等。

四、特色小镇旅游收入分配的作用

特色小镇旅游收入经过初次分配和再分配的运动过程，实现促进区域经济发展的最终用途。其主要会形成两大部分：一部分形成区域内的消费基金，另一部分形成区域内的积累基金。消费基金主要满足人们现实的消费，积累基金则用于促进经济社会的发展。因此，特色小镇旅游收入分配对地区内的经济社会展具有十分积极的促进作用，主要表现在以下几方面。

（一）小镇旅游收入分配促进经济社会发展

特色小镇旅游收入分配形成的积累基金，不仅可用于小镇以及周边旅游业扩大再生产，而且可用于整个社会扩大再生产，从而为全社会的扩大再生产提供重要条件。尤其是通过有计划地再投入到旅游开发建设中，进一步开发旅游产品和开拓旅游市场，能够促进旅游经济的进一步发展。

特色小镇旅游收入分配形成消费基金部分投入消费后，不仅刺激社会需求的增加，为扩大当地劳动就业提供重要条件，促进社会劳动力资源有效使用和合理流动，而且又为当地旅游业输送了大量劳动力，促进特色小镇以及周边地区旅游再生产的扩大和旅游经济的发展。

（二）小镇旅游收入分配带动相关产业发展

特色小镇旅游收入在不断的分配过程中用于生产性消费和生活性消费的比例值会随着每次分配不断增加，最终形成乘数效应。也就是说产出资金量在国民收入的分配过程中是越来越大的，这一过程使得国民收入总量不断增加。在发挥旅游行业综合性基础上，通过收入分配与再分配的形式，不仅诱发对旅游业自身的投入及开发，还会带动交通运输业、商贸业、建筑业、工农业等物质生产部门，以及金融、文化、教育、卫生、体育等非物质生产部门的投入与发展；既促进整个经济结构的调整和优化，又带动相关产业的繁荣和发展。

（三）小镇旅游收入分配促进产业结构优化

特色小镇旅游收入分配还直接影响小镇以及周边地区投资结构与产业结构的变化。随着特色小镇旅游收入增加和分配，必然促使小镇旅游供给能力不断增强，各种食、住、行、游、购、娱的规模不断扩大，而旅行社、旅游饭店、旅游交通、旅游景点、旅游购物等的数量不断增加，规模不断扩大，又必然拉动为旅游业提供配套设施设备的相关部门和企业供给的增加。于是，特色小镇旅游收入的初次分配和再分配的过程，必然影响整个社会的投资结构，促进产业结构向积极方向调整，同时加速旅游产业和相关产业结构的合理配置，最终促进小镇与周边地区的经济社会发展实现乡村振兴。

第二节 小镇旅游正面经济影响

"新时代我国经济发展的基本特征，由高速增长阶段转向高质量发展阶段。高质量的发展，集中体现了坚持以提高发展质量和效益为中心，是为了更好满足人民日益增长的美好生活需要的发展，是体现新发展理念的发展。"[①] 在这一时代特征之下中国旅游经济由粗放型增长逐渐转向高质量发展，而特色小镇旅游发展代表了未来乡村旅游发展的一个主要方向。从积极的视角审阅，特色小镇旅游健康发展能够为小镇以及周边地区的经济带来持续的发展活力，具体来说，旅游活动对特色小镇正面经济影响主要有如下几点。

一、增加小镇居民经济收入

按照旅游收入的性质，可以将小镇旅游收入分为基本旅游收入和非基本旅游收入，旅游业增加了特色小镇基本与非基本旅游收入数额。

（一）小镇基本旅游收入

"基本旅游收入是旅游收入重要的组成部分，是指旅游目的地国家或地区向旅游者提供旅游交通、食宿、游览景点等旅游产品和服务所获得的货币收

[①] 石国虎，李琛．以习近平新时代中国特色社会主义思想为指导全面修订《招标投标法》[J]．招标采购管理．2018（08）：16—18．

入总和,也是每个旅游者在旅游活动过程中必然发生的旅游消费支出。"① 对于每一个旅游者来说,基本旅游收入是缺乏弹性的,是一种刚性的旅游消费支出,因而基本旅游收入与旅游者人数、旅游者停留时间、旅游者的消费水平成正比变化。在其他条件不变的情况下,旅游者人数越多,人均消费支出水平越高,停留时间越长,旅游目的地国家或地区获得的基本收入就越多。

旅游收入的模式与商品收入模式是不一样的。商品进行买卖的时候,作为商品的实物产品流动方向与购买地支付商品款项的流动方向是相反的。实物商品向购买地区流动,而支付款项则向出售地区流动。例如,如果美国向日本出口计算机,计算机从美国被运到日本,日本则向美国的公司支付计算机货款。但是出售文化旅游产品的时候,旅游者的流动方向与支付旅游消费的款项的流动方向是同向的,且是同时的一致的。又例如,上海的旅游者进入甘肃旅游时,表示甘肃省向上海市出售旅游,支付旅游消费的资金也是由上海游客从上海带到甘肃。上海游客到甘肃购买文化旅游感受和体验,并把这些感受和体验带回原居住地区。因此,当这些旅游消费资金流向甘肃省的时候,甘肃省就发生了旅游出售活动,获得了旅游收入。

各种与旅游相关的税收也是旅游目的地地区收入的组成部分。很多旅游目的地国家和地区的政府都把旅游业当作重要的税收来源。当地政府从旅游业中获得的税收收入主要包括:向旅游产品的生产者或销售者征收增值税;向旅游消费者征收消费税;向旅游企业的从业人员征收所得税。旅游目的地政府在对旅游产品的生产者或销售者征税时,应该考虑这部分税是否有可能被转移到旅游者身上;对旅游消费者征税也要考虑是否会产生降低旅游需求的负面效果,因为过高的税赋会使旅游者产生畏惧,从而压抑和降低旅游需求。

通常,一些旅游者认可的并对旅游者而言可能是微不足道的税收却会使旅游目的地国家或地区获得实质性的增加收入的效果,同时并不会对文化旅游市场造成太大的负面影响。例如,我国政府征收的交易税,被称为增值税或商品税。我国增值税的税率为8%~45%左右,这是我国政府很重要的收入来源之一。如果客源地旅游者某年在某一个旅游目的地花费了5000万元,而该国的交易税率为10%,那么旅游目的地政府从入境旅游者身上就可以获得

---

① 杨美霞,邓尚华.张家界旅游收入体系的优化[J].社会科学家.2013(11):87-89.

500万元的税收收入。从世界范围内来说,世界上各个国家设立的与旅游直接相关的税种不尽相同,涉及的范围也很广,但是主要的税收种类大致包括以下内容:机场税;出境税;出入境旅游者携带物品的关税;旅游用产品进口关税;入境签证或过境签证费;博彩娱乐场的经营许可税;酒店房间的销售税。

我们可以将特色小镇旅游放在普遍的旅游活动中来进行研究。旅游者对特色小镇旅游经济的贡献可以通过三个因素来衡量:旅游者数量、平均停留时间、日平均消费金额。这三个因素在特色小镇的旅游经济收入领域内呈动态发展,相互影响,共同起作用。对中国特色小镇而言,如果进入本地区范围内的旅游者的数量稳定不变,那么旅游者的平均停留时间和日平均消费金额则是决定旅游收入多寡的主要因素。同时,旅游者的平均停留时间和日平均消费金额也受各种不同的细分市场因素影响,因为来自不同客源地的旅游者在某一个旅游目的地停留天数和日平均消费模式可能会表现出不同的特性。(图7-1)

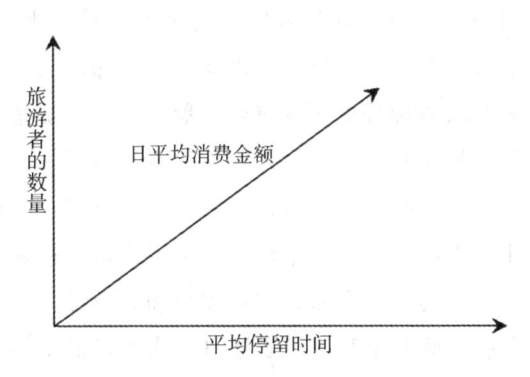

图7-1 影响旅游目的地收入的三个因素

资料来源:根据下述资料整理绘制:Weaver, D. and Lawton, L. (2006). *Tourism. Management* (3rd Ed.). Milton, Australia: John Wiley & Sons Australia, Ltd., p. 276-277.

衡量旅游业对于特色小镇所处地区的经济贡献的方法之一,是观察旅游收入在地区GDP中所占的比例。人们通常认为,旅游收入在GDP中所占的比例达到5%即表示旅游在国民经济中的地位很重要。事实上,一些发达地区特色小镇旅游收入的绝对值很高,但是在GDP中所占的比例却很低,显示出旅游业在其国民经济中的地位相对并不重要。小镇旅游收入在国民经济中所占比例也不能完全作为衡量小镇旅游的重要性的标准。

(二) 非基本旅游收入

非基本旅游收入涉及旅游消费资金在旅游目的地的流通。这主要基于凯恩斯（Keynes）提出的再循环理论，即进入的旅游者消费过程中使得接待地企业和个人得到一定收入，而接待地获得收入后又可以产生新的一连串的消费行为，从而促进经济增长。"非基本旅游收入是指在旅游活动中，旅游目的地国家或地区的旅游相关部门和企业，通过向旅游者提供有关医疗、电信、购物、美容、汇兑、保险、娱乐等服务所获得的货币收入的总称，也是指旅游者在旅游活动过程中可能发生的各种费用支出。"[1]

旅游市场从业者对于游客个人的需求、支付能力、兴趣爱好以及消费习惯是无法详细掌握的，而非基本旅游消费支出又具有强烈的选择性和灵活性，因此这一部分旅游需求弹性较大，具有消费不稳定性的特点。非基本旅游收入的增减变化，虽然也受到旅游者人数、旅游者人均消费水平、旅游者停留天数的影响，但不像基本旅游收入那样呈现正比变化，具有很大的随机性。需要特别说明的是，在旅游收入中，由于基本旅游收入需求弹性比较小，而非基本旅游收入需求弹性较大，因而二者在旅游收入总量中所占的比重能够用来衡量某个旅游接待地区旅游业发展水平。一般情况下，某一特色小镇旅游开发过程中的非基本旅游收入所占比重大的话，说明该小镇和周边地区旅游业的发展水平较高，而后续旅游收入的增长潜力相对较大；相反，小镇旅游收入中非基本收入所占比重较小，则说明该小镇旅游业尚处于开发的初级阶段，小镇现有的旅游产品、旅游项目和旅游经营等方面都有待进一步提高和发展。今后的研究中我们可以通过收入需求的个体分析对某个特色小镇旅游业进行探讨。

(三) 特色小镇旅游收入分配与再分配

特色小镇居民会将部分旅游收入再次用于消费，使其再一次注入特色小镇经济系统中。通过旅游者初始消费支出经过分配和再分配的多次循环周转，为特色小镇经济发展带来增值效益和促进作用。通常，随着旅游者进入特色小镇，会有新的货币量注入当地经济，这些钱在经过几次转手后循环造成累计的经济收益大于最初旅游者花费的金额。

---

[1] 罗明义. 旅游经济学 [M]. 北京：北京师范大学出版社. 2012：306.

1. 乘数理论

特色小镇旅游收入会在小镇及周边地区进行循环分配,最终会产生特色小镇中"消费—收入—消费"循环的连续发生,这一过程就是人们所说的"收入乘数效应"。"乘数"这一概念最早起源于19世纪后期的欧洲地区,而英国经济学家卡恩于1931年首先在理论界提出。经过一定时间的发展,经济学家凯恩斯进一步将该理论加以完善。

乘数(multiplier)又译作倍数,主要指某个特定经济活动中的某一变量与其引起的其他经济量以及与整个经济总量变化的比率关系。在国际区的乘数理论研究中,人们发现在实际的经济活动中一种经济量的变化可以引起其他经济量发生变化,最终促使经济总量的变化数倍于长期的经济量的变化,这一理论一直被常规性地引入国民经济研究当中。在国家或地区经济活动中,之所以会产生乘数效应,是因为国民经济的各个行业是相互关联的。例如在特色小镇某个与旅游相关的部门注入资金,通过国民收入的分配过程不仅能够增加该部门的收入而且会引起一系列连锁反应,最终产生数倍于初期投资的国民收入。

根据凯恩斯的乘数原理,乘数的计算公式如下:

$$K = \frac{1}{1-PMC} 或 K = \frac{1}{MPS+MPM}$$

式中:MPC——边际消费倾向

MPS——边际储蓄倾向

MPM——边际进口倾向

从上式中我们能够看出乘数与边际消费倾向成正比,而乘数与边际储蓄倾向和边际进口倾向成反比。例如,当一部分资金流入特色小镇的旅游经济运行系统后,就会引起一系列与小镇旅游行业有关的单位进行经济活动,从而产生连锁反应,使得特色小镇各个行业增加经济收入。如果小镇管理者或者开发商把这笔资金储蓄起来或用来购买急需的物资,使这部分资金转移向其他地区,就会减少小镇和周边区经济发展能力,这时乘数效应会降低。

2. 旅游收入乘数效应

旅游收入的乘数效应在特色小镇中的表现为,特色小镇所在地管理部门对小镇及周边地区的旅游行业投入引起各个经济部门的连锁反应,导致该地区经济总量成倍增加。特色小镇旅游收入的乘数效应需要边际消费倾向为前提，但是边际储蓄倾向和边际进口倾向则降低了旅游收入在特色小镇及其周边地区经济系统中的作用，使得该区域的乘数效应减少。旅游收入通过初次分配和再分配，对特色小镇经济发展产生以下三个阶段性的作用。

第一阶段，产生直接影响。在这一阶段中旅游者在特色小镇中通过旅游活动产生的各项消费，通过利润的形式注入各个旅游企业和旅游部门，包括饭店、旅行社、餐厅、商店等。很多企业与个人从小镇旅游收入初次分配中获得了收益。

第二阶段，受到间接影响。这一阶段中小镇内的一级旅游部门和企业开始向其他与旅游有关的企业或生产商购买自身用于生产的产品和生活资料，政府部门和公共事业型单位将企业税收又一次投入到小镇的公共事业项目中，这时的外围企业再一次从旅游收入分配中获得一定收益。

第三阶段，影响扩大。这一阶段小镇内各个相关部门和企业通过再生产过程中产生的购买行为获得更多的经济利润，进而促进小镇和周边地区经济发展。这时的特色小镇旅游收入不断通过新一轮的分配，对整个国民经济产生连带作用和综合效益。

特色小镇旅游收入不断增加能够带来积极的促进作用，会提高该小镇和周边地区居民收入水平，这种关系可用 $y=kx$ 来表示，其中 y 为增长的居民收入总量，x 为旅游收入量，k 为两者之间的比例系数，即乘数。例如某个特色小镇的边际消费倾向为80%，也就是说80%的旅游收入会继续投放在该小镇以及周边地区的经济系统中，而剩余20%则被存储起来或用于购买物质，即有20%的旅游收入离开了该小镇经济系统，按照乘数的计算公式 $K=1/(1-0.8)$ 或 $1/0.2=5$，通过公式我们得出，这个特色小镇旅游收入经过两次分配产生了5倍于此的经济效益。如果某个特色小镇的边际消费倾向为70%，边际储蓄倾向为10%，边际进口倾向为20%，则 $K=1/(1-0.7)$ 或 $1/(0.1+0.2)\approx3.3$，表明这个特色小镇旅游收入经过初次分配和再分配，产生了约3.3倍的经济效益。

图7-2概括了旅游收入乘数效应产生的基本过程。在现实中，旅游乘数效应的产生过程要复杂得多，并且涉及很多变量。

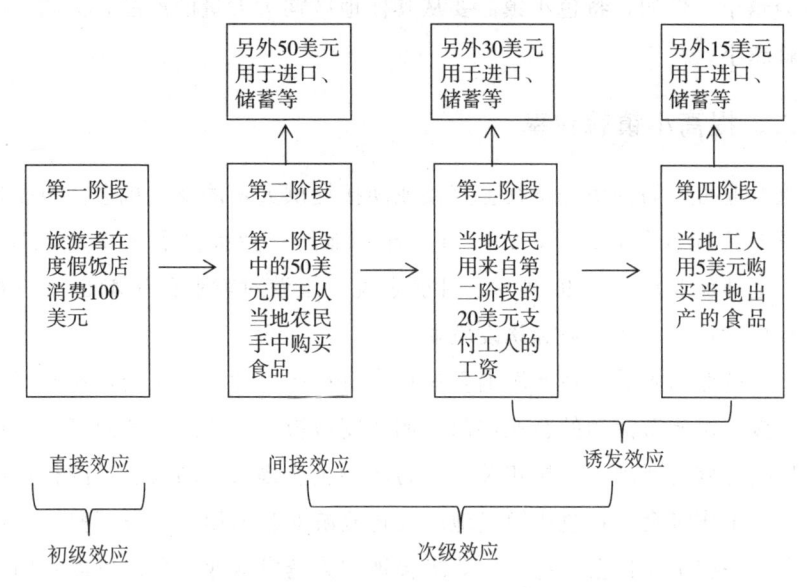

```
                ┌──────────┐      ┌──────────┐      ┌──────────┐
                │另外50美元│      │另外30美元│      │另外15美元│
                │用于进口、│      │用于进口、│      │用于进口、│
                │储蓄等    │      │储蓄等    │      │储蓄等    │
                └────▲─────┘      └────▲─────┘      └────▲─────┘
                     │                 │                 │
┌──────────┐    ┌────┴─────┐      ┌────┴─────┐      ┌────┴─────┐
│第一阶段  │    │第二阶段  │      │第三阶段  │      │第四阶段  │
│          │    │第一阶段  │      │          │      │          │
│旅游者在  │    │中的50美  │      │当地农民  │      │当地工人  │
│度假饭店  │──▶│元用于从  │─────▶│用来自第  │─────▶│用5美元购 │
│消费100   │    │当地农民  │      │二阶段的  │      │买当地出  │
│美元      │    │手中购买  │      │20美元支  │      │产的食品  │
│          │    │食品      │      │付工人的  │      │          │
│          │    │          │      │工资      │      │          │
└──────────┘    └──────────┘      └──────────┘      └──────────┘
```

图 7-2　旅游收入乘数效应产生的基本过程

资料来源：Weaver, D. and Oppermann, M. (2000). *Tourism Management*. Milton, Australia: John Wiley & Sons Australia, Ltd., p.255.

如图 7-2 所示，旅游消费首先进入直接为旅游者提供服务和产品的旅游企业（例如，度假饭店或度假地的乡村俱乐部等）。旅游企业获得的这些收入又在此被花掉，一部分用于购买当地产品和服务、支付工资报酬和企业管理费用，从而产生新的收入和就业。而后这个过程又会连续发生多次，依次循环，直到这个循环发生漏损为止。如图 7-2 所示，在第一阶段旅游者的初始花费被称为直接效应或初级效应。由旅游者的初始消费引发的一系列收入的循环系统成为次级效应。在次级效应中的所有阶段中，通常将第二阶段的资金流动称为间接效应，将随后的各个阶段称为诱发效应。

通常，在特色小镇旅游消费的各个循环中，并非每轮消费产生的收入都会被再次消费，其中部分收入会被作为储蓄积攒起来，一部分收入会花费在特色小镇及周边经济圈之外（例如，购买其他地区的产品和服务）。旅游收入在特色小镇及周边地区消费的比例越高，其收入乘数效应也就越大。特色小镇及周边旅游景区经济收入能力的大小，主要取决于当地经济自给自足的程度。如果特色小镇生产企业能够生产出外来旅游者希望购买的产品，其收入乘数效应就会增大。反之，旅游收入在小镇消费的比例就会越低，收入乘数也会越小。例如，特色小镇需要从其他地区购买大量的产品，其收入乘数效应就越小。

二、提高小镇就业率

旅游业可以为国民经济社会直接或间接提供大量的就业机会。根据世界旅游及旅行理事会的统计，2019年，全球旅游产业提供了2.8亿个工作岗位，占全球就业总量的9.20%。目前来说，旅游对就业的影响也有三种形式：直接就业、间接就业和诱发就业。

直接就业指旅游者在旅游消费过程中直接产生的工作机会，这些行业部门是直接支撑旅游活动的企业部门，例如度假饭店、旅游经营商等。间接就业指那些与旅游活动不直接相关，但为旅游企业提供产品或服务的行业部门所产生的工作机会。特色小镇当地居民将旅游业收入用于自身消费，也可以诱发产生一些工作机会，这些就业机会被称为诱发就业。我们可以利用利珀提出的矩阵模式来分析特色小镇旅游业提供的就业机会。在矩阵中将就业机会从横向和纵向各分别划分为两个类别：旅游活动提供的真正工作和其他工作；与旅游业直接相关的工作和旅游业间接相关的工作。表7-1显示在这个矩阵中，横向和纵向的四种分类的就业机会之间的关系和整体就业效应的情况。

表7-1 旅游业支持的四类就业机会

	与旅游业直接相关	与旅游业间接相关	整体就业效应
旅游活动提供的真正工作 （全日制和非全日制）	a	b	a+b
其他工作 （相当于全日制）	c	d	c+d
整体就业效应	a+c	b+d	a+b+c+d

资料来源：Leiper, N. (2004). Tourism Management (3rd Ed,). Frenchs Forest, Australia: Pearson EducationAustalia, p. 231.

从上表可以看出，对于特色小镇来说旅游消费的增加必然会导致就业机会的增加。

有了小镇旅游收入分配与再分配就产生了就业乘数，研究者通常用就业乘数来衡量旅游收入给小镇带来的就业数量。而小镇旅游就业乘数的大小取决于特色小镇与周边地区的经济基础，因此，旅游就业乘数的大小因特色小镇的不同而有差异。特色小镇的旅游经济越发达，其旅游就业乘数就越大，反之亦然。

三、促进相关产业和区域经济发展

旅游行业在国民经济中能够扮演纽带的作用，足见旅游业与其他产业的关联程度。众所周知，旅游业的经济活动主要围绕游客在旅游接待地的旅游活动来进行，为了完成这一资源配置形式，旅游业需要连接众多的部门与行业。在特色小镇中旅游产业所表现"后向联系"非常强，这就使小镇旅游开发对小镇和周边乡村其他相关产业产生强大的鼓励和刺激作用。产业的"后向联系"是指某一个产业与为它提供生产产品和服务的上游部门之间的联系，例如汽车生产行业的后向联系部门包括了钢铁行业、塑料行业、橡胶行业等。特色小镇中的旅游活动需要种类繁多的产品和服务，这其中包括住宿、交通、餐饮、纪念品等。因此，旅游业在特色小镇经济中可以提供更多的"后向联系"机会。这些"后向联系"机会既涉及直接的"联系"，例如，小镇的农场扩大生产为酒店和餐馆提供更多的食品，也涉及间接的"联系"。因此，特色小镇旅游业的"后向联系"行业部门涵盖的范围很广泛，也很复杂多样，其中主要的行业部门包括：农牧渔业、交通运输业、娱乐业、建筑业和制造业。特色小镇旅游业的发展必然会导致其"后向联系"产业部门的同步发展。那些小镇周边的与旅游有相关联系的生产企业所产出的产品可以广泛应用在小镇旅游行业的许多部门，例如酒店设施和器具、康体娱乐设施、餐饮设施和器具、旅游纪念品等。因此，特色小镇旅游业的发展在促进目的地地区经济的整合、经济的多样化及经济整体发展方面起着非常重要的作用。从这个意义上说，特色小镇旅游业的发展可以成为区域经济中的一个新增长点，在一个较长的时期内，旅游业对国民经济的发展能起到明显的拉动作用。

发展特色小镇旅游业可以促进区域经济的发展。目前我国某些区域的经济发展比较落后，居民的生活水平比较低，但是可能拥有某些具有特色的自然资源（例如，热带雨林、火山、瀑布等）而没有得到开发和利用。通过以特色小镇为辐射中心，有效地开发这些资源和发展旅游业可以使地区的经济摆脱困境。例如，世界上很多地区开发和发展的3S型旅游资源就是在以旅游为载体促进旅游目的地地区经济的发展。有些大自然赋予的美丽海滨地区在未开发为旅游度假地之前,从传统经济活动的视角,可能显示不出任何经济价值,但是一旦开发为旅游度假胜地,就会立刻变成宝贵的旅游产品,显示出巨大的经济效益,在目的地地区的经济体系中发挥出巨大的作用。

依据"增长极"理论,旅游业也可以作为一种"驱动性产业"带动特色小镇与周边地区经济的发展。佩鲁认为:"区域经济发展的基本模式是,经济增长首先出现于一些点或极核上,而不是各区域同时增长,在增长的过程中,通过不同的渠道向外扩散,并对整个经济产生影响。"[1] 把旅游产业作为特色小镇经济发展的驱动性产业,能够在一定程度上产生吸引和辐射作用,而这种作用使旅游产业和旅游开发能促进自身发展并带动周边地区发展。最终特色小镇中旅游产业的增长速度超过平均水平而形成推动力,并通过与其他部门关联来扩展其影响范围,实现区域经济发展。

"驱动性产业具有如下四个基本特征:规模巨大;相对于其他部门具有强大优势;与其他部门有紧密联系;有强劲的经济增长潜力。"[2] 显然,特色小镇旅游业完全具备驱动性产业的这四个基本特征,因此,特色小镇旅游业可以作为增长战略中的一种驱动性产业,推动周边区域经济的整体发展。特色小镇旅游业中的增长战略通常包括四个阶段。

其一,由政府选择确定个条件适于发展旅游的地区作为特色小镇重点扶持,即"增长极"。

其二,通过政府的发动和激励,公共和私人投资开始向这个小镇以及其周边地区注入资金,这些投资者通常会在该地区修建公共基础设施,同时享受政府对这些投资项目的补贴。

其三,由于外部投资的注入和政府陆续推出的各项优惠政策,很多外部人员会前来就业、开设和经营辅助服务设施和其他旅游相关设施。

其四,特色小镇地区经济的发展最终会吸引大量的居民在这里定居,从而导致该地区的经济发展成为一个可持续发展的体系。

新的投资和新移民进入的原因,是受当地市场的吸引,而并非受旅游业的吸引。旅游发展所带来的经济效益开始向周边地区扩散,从整体上带动了区域经济的发展。

---

[1] 宋艾阳. 我国省会经济发展战略模式研究 [D]. 中国海洋大学. 2009.
[2] 徐勇. 中国国内旅游业发展及其与经济增长关系的计量分析 [D]. 东北财经大学. 2012.

四、有助于重新分配财富

在世界任何一个依靠旅游经济发展的地区范围内，旅游都可以被当作一种重新分配财富的有效手段，即可以将财富和投资从较富裕、经济发达的国家或地区转移到比较贫穷、经济欠发达的国家或地区。从理论上，这种财富的重新分配通过两种形式出现：其一，旅游目的地国家或地区的旅游收入（通常，绝大部分旅游者都来自经济比较发达的富裕国家或地区）；其二，富裕的或经济发达的旅游客源国家或地区在比较贫穷或经济欠发达的旅游目的地国家或地区投资开发旅游项目或兴建旅游相关设施。我国政府颁布的第二批特色小镇名单中开始重点考虑这一问题，在均衡经济社会发展思想的指导下，大量规划提高经济欠发达地区的小镇数量，如表7-2所示。

表 7-2 西北地区第二批特色小镇分布表

省级单位名	地级单位名	县级单位名	特色小镇名
陕西省（9个）	咸阳市	长武县	亭口镇
	汉中市	勉县	武侯镇
	安康市	平利县	长安镇
	宝鸡市	扶风县	法门镇
		凤翔县	柳林镇
	商洛市	山阳县	漫川关镇
		镇安县	云盖寺镇
	延安市	黄陵县	店头镇
		延川县	文安驿镇
甘肃省（5个）	兰州市	永登县	苦水镇
	庆阳市	华池县	南梁镇
	天水市	麦积区	甘泉镇
	嘉峪关市	/	峪泉镇
	定西市	陇西县	首阳镇
青海省（4个）	西宁市	湟源县	日月乡
	海东市	民和县	官亭镇
	海西州	德令哈市	柯鲁柯镇
	海南州	共和县	龙羊峡镇

续表

省级单位名	地级单位名	县级单位名	特色小镇名
宁夏回族自治区（5个）	银川市	兴庆区	掌政镇
		永宁县	闽宁镇
	吴忠市	利通区	金银滩镇
		同心县	韦州镇
	石嘴山市	惠农区	红果子镇
新疆维吾尔自治区（7个）	克拉玛依市	乌尔禾区	乌尔禾镇
	吐鲁番市	高昌区	亚尔镇
	伊犁哈萨克自治州	新源县	那拉提镇
	博尔塔拉自治州	精河县	托里镇
	巴音郭楞蒙古自治州	焉耆县	七个星镇
	昌吉回族自治州	吉木萨尔县	北庭镇
	阿克苏地区	沙雅县	古勒巴格镇
新疆生产建设兵团（3个）	/	阿拉尔市	沙河镇
		图木舒克市	草湖镇
		铁门关市	博古其镇

第二批公布的特色小镇名单中明显提高了经济欠发达地区的规划小镇数量，从名单分布中就可以看出我国政府希望通过增加欠发达地区的小镇数量和分布来促进财富由发达地区向欠发达地区的转移，以上表7-2西北地区第二批特色小镇无论从数量还是分布地域上都有明显的倾向性，即增加了西北五省小镇数量的分布。除此之外，从2018年开始，我国政府增加了西北五省用于特色小镇旅游开发的投资建设资金以及相关的政策优惠力度。

如果发达国家或地区在经济欠发达的国家或地区投资兴办旅游业，这就意味着，发达国家或地区在一定程度上支持着经济欠发达的国家或地区的经济建设和发展。同样，对于我国特色小镇旅游发展来说，其所扮演的角色正是一个将财富从富裕地区向财富贫乏的乡村地区转移的纽带，即通过特色小镇旅游开发来转移社会财富，以实现振兴乡村经济的目的。

第三节　特色小镇旅游的经济代价

特色小镇旅游产业的发展确实能够为小镇以及周边地区带来可观经济利

益。但是，任何事情都存在两面性，特色小镇在发展旅游业的同时必然会给当地带来一些负面的和消极的影响，在经济方面也可能对小镇及其周边地区产生一定的副作用。

一、引发物价上涨和造成通货膨胀

旅游开发在经济活动中的最大弊端就是引起旅游接待地区以及周边的物价上涨，造成旅游目的地通货膨胀。外来旅游者表现出的消费能力高于小镇常住居民的原因主要来自两个方面：其一，有可能这些游客本身来自收入水平和物价水平都非常高的客源地区，例如我国的北京、上海等城市或者是一些国际化大都市；其二，也有可能是一些经济能力较低的旅游者为了这次度假活动，节衣缩食积攒了很长时间的钱用于某次旅游的奢侈消费。大量旅游者进入特色小镇所在地区实施奢侈消费行为后，打破了小镇原有消费品和服务产品的供需平衡，最终导致旅游接待地区产品价格暴涨，引起特色小镇和周边地区的通货膨胀，该现象严重影响了小镇常住居民的日常生活，损害了包括旅游者在内的民众利益。这一情况在特色小镇旅游发展过程中也是一种普遍现象，并且由于小镇自身区域面积、承载力的限制等使得这一矛盾表现得尤为突出。

同时，旅游开发必然会导致人们对土地需求增加，其结果是引起特色小镇和周边乡村用地紧张以及土地价格持续上涨。在长期实践研究中人们发现，在某个地处偏远且土地资源丰富的特色小镇中兴建一个项目的话，开发商用于购买土地的投资，不会高于整个项目投资的3%。但是，在一些人口聚集程度高和商业发达的地区，兴建项目的土地投资比例会增加到全部项目投资的30%～60%。土地价格上涨不仅会影响特色小镇以及周边地区的经济发展水平，而且也会影响小镇社会发展水平，主要表现在小镇居民对生活和住房质量方面的忧虑。

从短期来看，小镇土地价格上涨能够为特色小镇以及周边地区带来巨大的经济收益，人们从出售土地的行为当中获得较高的经济回报，从而极大改善了现有生活条件。但是就长远发展来说，对一些失去土地的和非旅游产业部门的人员来说却是有害而无益的，因为他们不得不为购房或租房付出更高的经济代价。

另外，小镇土地价格上涨也会导致常住居民与新进入旅游开发部门之间为争取土地和住房利益而产生冲突，甚至造成恶劣的违法犯罪行为。因为能够大量吸引外来游客和旅游开发商的特色小镇，一般也是自然风景非常优美、特色资源非常丰富、气候舒适且当地居民赖以生存的地区。

二、可能引起小镇产业结构失衡

发展旅游业可能会导致削弱特色小镇的农业和工业基础，使其产业结构发生失衡。在某些经济不发达的特色小镇，农业是生产力非常低下的产业，而旅游业能够提供较高的工资收入，因此会吸引大批农业劳动力离开其耕种的土地，进入旅游行业中寻求就业机会。这势必会对特色小镇和周边地区的经济结构产生影响，即乡村的劳动力流失，而人口聚集地则增加了医疗、教育、福利及其他公众服务基础设施方面的压力。同时，农业劳动力的流失又会造成小镇周边地区农业产出的下降，而小镇旅游发展又必然导致小镇内部对农业产品（例如，食品、水果、蔬菜等）需求的剧增。这种产业结构失衡的后果之一是大量购进旅游者所必需的农产品，这必然会导致特色小镇旅游收入漏损的发生。小镇旅游过度发展会使经济向单一化方向发展，从而导致特色小镇以及周边地区经济的不稳定。经济的多样化是一个国家或地区经济稳定的基础，因为如果某一个经济部门出现萧条或衰退，而其他经济部门也可能很兴旺发达，这就会减小整体经济发生萧条的可能性，或抵消某一经济部门的衰退对整个经济体系的冲击。因此，如果某一经济欠发达地区的特色小镇旅游业过度发展，会与其他行业（例如，农业和渔业等）争夺资源，导致经济的单一化，危害国民经济的健康发展。

三、消极的经济示范效应

一般来说旅游接待地区的居民会收到外来游客包括经济、社会、文化等各个方面的影响，从而引起整个社区心态、价值观和居民行为发生本质上的变化。这些变化对作为目的地社区的特色小镇而言，可能是有利的，也可能是有害的。示范效应对于特色小镇（尤其是不发达地区）的经济很可能会产生一定的负面影响。前一章节中我们对以下现象进行过讨论，如不断进入特色小镇参加旅游活动的游客即使在居住地生活中经济水平一般，其所表现出的消费和支付能力都会明显高于小镇常住居民。多数游客进入小镇后为了达到愉悦身心的目的通常会显示出大肆挥霍的行为和高端消费的倾向。特色小镇和周边乡村常住居民对这些外来游客的生活方式和消费模式也会表现出浓厚的兴趣。在长期的接触中，本地居民特别是不发达地区的居民会以外来游客的行为作为榜样，模仿他们的生活方式和消费模式，这一过程导致某些特色小镇的原生文化以及健康的消费模式发生本质上的变化。

例如，特色小镇中的年轻人开始大量使用外来的奢侈消费品和潮流电子产品、购买异域文化的音像制品等，最终导致特色小镇内的消费品购买数量激增，这在一定程度上会抵消旅游出售所获得的经济价值同时对原有特色文化产生巨大冲击，甚至可能摧毁特色小镇原有的社会经济文化等秩序。

四、特色小镇旅游经济波动性

在旅游目的地，大多数行业的稳定和相对可以预测的投入量与产出量是经济稳定的基础，它既受来自旅游目的地的供应因素的影响，也受来自客源市场的需求因素的影响。其中，季节性是旅游业引起目的地经济波动的一个不利因素，会对旅游目的地地区的经济产生负面效应。旅游业的季节性通常被认为是旅游发展中的最大弊端之一，是世界各地发展旅游业时所面临的主要问题。

季节性使多数特色小镇旅游业的部分投资资本在一年内的部分时间段内处于闲置状态，不能创造旅游收入。在旅游旺季，旅游者人数剧增，因此交通运输业、住宿业和各种娱乐设施无法满足旅游者的需要，或者无法使旅游者满意；而在旅游淡季，旅游者的数量骤减，导致大量的资源闲置或未充分利用，例如，我国北方地区特别是东北地区的特色小镇旅游业就存在明显的季节波动。在季节性比较明显的小镇，与其他行业相比，旅游业获利的时间比较短，而且还要将这些利润分摊到全年的各个月份，以应付运营成本和人员成本。在这些特色小镇中，旅游企业绝大多数员工的工作时间也仅限于一年内的部分月份，因此，他们也要用在旅游旺季的旅游客流高峰时期获得的工资收入负担个人或家庭的全年生活开销。总之，在季节性比较明显的特色小镇，旅游淡季不可避免地会发生，旅游业中生产资料大量闲置、劳动力严重失业的现象，损害特色小镇以及周边地区经济的稳定性，可能会使特色小镇当地居民生活质量发生波动。

旅游季节性波动特性不但会为特色小镇带来困扰，也会给旅游者造成很多麻烦。许多旅游者在旅游旺季出行都不同程度地受到了损害，他们需要支付最高的价格,而且著名景区(点)都人满为患。在旅游淡季,旅游者出行虽然可以少花钱,但是他们也会感到不满意,因为这时的特色小镇可能会冷冷清清,无法为旅游者提供必要的交际环境。

五、小镇旅游业中的就业问题

如前所述,特色小镇旅游业不但可以为小镇以及周边地区创造很多直接就业机会,还可以诱发大量的间接就业机会。但是旅游业中一些行业部门中就业岗位的某些特点却不一定能促进特色小镇经济健康发展。旅游业中很多工作岗位都被认为是低微的、廉价的、季节性或临时性的。整个旅游业中的大多数工作岗位的工资,与其他行业相比较都比较低。在研究中我们发现,中国的旅游业、饭店接待业及其他零售业本身营业额并不低,但是由于涉及中间环节比较多,并且岗位技术含量并不高,所以旅游行业中各种工作岗位平均工资比全国其他行业平均工资大约低5%~35%。其原因大致可以归纳为以下几点。

1. 旅游业中大多数行业部门的工作岗位都缺乏技能性,因此晋升的机会比较少;

2. 旅游业中的大多数雇主常常认为旅游业中的工作不需要高级技能,但事实上,很多工作恰恰需要高级技能,例如,对客服务等领域;

3. 旅游业中的大多数企业的职工离职率很高;

4. 在旅游企业中,职工的工会组织比较弱小,缺少集体谈判的能力;

5. 旅游业中的大多数雇主在某种程度上都有不遵守国家规定的最低工资标准的倾向;

6. 如果旅游业是特色小镇唯一或主要行业,由于缺少竞争,旅游业会成为降低当地工资水准的一个主要因素。

特色小镇旅游业发展过程中也不可避免地遇到以上问题,特色小镇旅游就业基本涵盖了以上问题。由于特色小镇自身环境容量有限,旅游人员的高流失率这对小镇旅游发展是很不利的。

六、小镇旅游的机会成本

在特色小镇旅游项目开发中,同样会出现机会成本的问题。经济学中"机会成本"指由于选择了一种方案而放弃另一种方案的收益,又称为"替代成本"。特色小镇旅游开发如果以占用资源的形式代替其他行业的发展，则可以被称为旅游的替代效应。对特色小镇旅游经济影响进行评估时，应该考虑到这种替代效应。替代效应对于特色小镇旅游来说也可能是正面的（获利的），也可能是负面的（付出代价）。在旅游经济领域中，这种机会成本表现形式通常是：将稀缺的资源（例如，资金或土地）用于旅游开发，而不用于其他行业；如果把这种资源（例如，资金或土地）用于其他行业，也可能会取得更大的经济效益。例如，如果将资金和土地划拨给旅游开发项目使用，就意味着放弃这些资金和土地在农业生产或者是高新技术和开发中发挥作用，也意味着放弃了这些资金和土地在其他行业发展中的获利机会。

总之，机会成本与特色小镇发展旅游所消耗的时间、资金及其他重要资源相关，其代价是放弃对其他产业投资发展的机会。因为如果特色小镇决定大力投资发展旅游业的话，那么这部分资金就只能用于旅游业，不能再向其他行业和领域投资，这样就失去了在其他行业或领域中获利的机会。如果旅游业的发展没有达到预期的经济目标和效果，这对特色小镇居民的福祉将会是无益的。

第八章　构建特色小镇旅游可持续开发体系

进入 21 世纪之后，中国经济社会面临着转型升级的挑战，这一现实状况给了我国旅游开发新的机遇和挑战。当我国特色小镇旅游开发面临新的挑战的时候，就要求小镇管理者和开发商抛弃过去局部的、单一的发展观念，以全局和长远的战略眼光去重新审视未来的发展和规划。现阶段特色小镇旅游开发体系的构建与实施，对于今后小镇经济社会发展以及乡村振兴，具有十分重要的现实意义。本章从特色小镇旅游发展策略、特色小镇替代性旅游与生态旅游研究、对中国特色小镇旅游发展建议三个方面来深入探讨特色小镇旅游开发模式，力求为特色小镇旅游开发的持续进行探索新的发展方式，同时为我国特色小镇和广大乡村实现经济和社会跨越式发展提供一定的思路。

第一节　合理规划特色小镇旅游开发策略

特色小镇旅游开发策略包括多个方面。实际开发当中不同侧重角度，规划出的开发策略是不一样的，即使是同一策略在不同方向的开发过程中也会产生不同的结果。对于特色小镇旅游开发的策略，本书仅仅立足于特色小镇前期旅游开发这一阶段进行研究，至于开发策略所产生的实际效果以及对于小镇旅游发展的日后影响，仍然需要在后续的研究中体现。

一、特色小镇旅游开发制度保障

国家和地方政府的政策与制度保证是特色小镇旅游开发的重要支持，同时小镇旅游开发也需要一种自上而下和自下而上相结合的方式来确保开发过程的顺利实施。特色小镇旅游开发的基础在于其运作体制的灵活性和创新性，而开发过程中需要各级财政、土地以及制度方面的大力支持。这里我们主要从土地政策和财税两个方面来讨论小镇旅游开发的制度保障。

土地政策方面，根据所有制形式，我国的土地可划分为国有土地和集体土地两类，两种类型土地均实行严格的管制措施。因为近年来国家对农业用地以及国有农业用地管理非常严格，一般不允许国有农业用地转化为其他用地，作为特色小镇这一级别的行政机构来说基本不可能获得额外的土地指标。集体所有土地的使用上，需要通过土地征用程序，我国拥有土地调配权利的最低一级部门为县级行政机关，镇和乡一级没有土地调配的权利，但是在土地征集和使用中由于土地制度仍然没有全面放开，所以在产权和收益上还存在较大的风险性。特色小镇旅游用地除了需要从省、市和县三个层面进行调控之外，还要从土地获得以及农村集体土地流转等方面进行考虑。首先，需要特色小镇管理政府出台相应的宏观政策给予小镇旅游开发建设用地提供支持。省级政府在下达到各市的年度新增建设用地计划中，安排一定数量的指标用于特色小镇旅游开发，对完成省规定收益目标的和以新兴产业为主体产业的省级小镇，给予建设用地指标作为奖励，而无法完成建设收益目标的特色小镇，应该倒扣掉省级奖励的用地指标，作为惩戒和制约。其次，有效利用特色小镇现有闲置零散用地进行旅游开发，促进土地置换和土地流转等工作的开展。鼓励闲置土地的开发利用、废弃土地复垦、旧有存量用地盘活等，对存量用地中的老厂房、旧仓库以及传统文化建筑、街区等资源进行改、扩、建，用以拓宽和丰富小镇旅游用地获取的渠道。

特色小镇自身也可以安排小镇范围内建设用地年度计划，通过规划一定比例的土地来用于新增建设。同时，开展开发建设用地增减挂钩试点，确保小镇基础设施和旅游项目用地需求。具体来说，首先，特色小镇所在的村镇部门负责土地确权、土地集中流转和宅基地置换等工作，对村镇集体的土地产权进行归档调查，例如宅基地的使用权、耕地的承包经营权、山林地的利用权等，明晰这些土地所有权和使用权。其次，由旅游开发企业和农户双方按市场价格计算流转土地，鼓励村民将集体土地承包经营权作价入股旅游开发企业，实现集体土地流转。如果小镇土地性质被改为建设用地的话，则参照国家现有的土地征用政策来进行相关工作，而对于农村宅基地的置换，可以采用永久宅基地置换新房、住房分配、货币补偿等的方式进行。

财税政策方面，由于特色小镇自身资源十分有限，因此旅游开发工作必须获得政府的财政和金融支持。目前特色小镇旅游开发进程总体上处于缓慢发展阶段，这主要是因为财税政策方面的种种限制而导致的。从过去的发展经验来看，小镇所在地政府对于小镇旅游开发政策性的支持是非常重要的，具有引领和推进的作用，而金融政策上可以从资金和税收两个方面进行考虑。

资金方面由省级行政部门出台支持特色小镇旅游开发的专项建设基金，同时省级财政部门采取整合部门资金、集中使用奖励资金的办法给予特色小镇旅游开发一定程度的支持。省级的财政可以考虑将新增财政收入的一部分拿出来拨付给那些对旅游工作开展较好的特色小镇作为奖励。至于市和县一级的相关部门可以拿出一部分资金用于一些特色小镇旅游开发的试点工作，市一级行政部门将扶持资金统一拨付给县一级部门后，由相关的县级部门根据需要进行分配。而特色小镇自身可以根据所得到的财政拨付情况安排小镇旅游发展的事项。税收政策方面需要由省级政府部门来统筹税收返还，特色小镇旅游开发所获得的税收收入需要统一上交省级财政，省政府结合每个特色小镇旅游开发的实际效果，将资金进行返还作为小镇旅游开发的奖励性资金。另外，对于特色小镇中新注册或迁入的企业，给予一定年限的税收优惠政策，如所得税、增值税的减免等。为了吸引相关的旅游人才，市县一级的政府部门也可以对于人才引进方面实行税收和个税的优惠政策，从税收政策上给予小镇旅游开发相关的支持。

二、小镇特色文化与旅游开发的融合

我国的一些传统小城镇通常经历较长的发展时间，在漫长的发展过程中形成自身独特的历史文化积淀，而特色小镇作为一项新的乡村发展模式，在时间和文化上都缺乏一定的积累，在内容上缺乏足够的积淀。特别是对于某些产业型特色小镇来说，文化方面基础更是非常薄弱，这一状况给小镇旅游开发带来了一系列问题，也带来了新的挑战。

首先，对于产业型特色小镇来说，其初创时期吸引了各类企业和产业工作者，这些主体相互之间有着截然不同的文化背景，他们多是通过职业和工作的关系汇集到一起，因而在思维观念、生活习惯等方面会有着较大的区别。小镇自身文化薄弱，就无法产生精神纽带和家园感，人们仅仅把自身定位为"过客"，欠缺进一步生产和消费的意愿和欲望，导致了特色小镇内部缺乏凝聚力，无法通过人的"万众一心"增添小镇的建设动力。因此，需要通过将文化融入小镇发展与旅游开发中来培育文化凝聚力，同时发挥文化与旅游的引领、感召和凝聚作用。通过开发小镇所在地区本土文化、融合外来新型文化，把文化这一基础因素融入特色小镇旅游开发过程中，让小镇以及小镇旅游开发产生"灵魂"。

其次，对于那些具有丰富人文历史资源且将旅游作为主要特色产业的小镇来说，小镇传统特色文化是在各部分系统协同作用下共同产生的，将小镇原有的旅游产业与文化底蕴、精神素养、剧种工作方式、建筑形式等要素相叠加，加以呈现，将会对重新发掘小镇所在地域历史传统文化，以及把文化嵌入小镇旅游产业的开发和培育中起到积极的推动作用。因为小镇在未来发展中需要发挥自身传统文化优势来营造适宜的小镇旅游环境。

最后，我们可以从创新创业文化、乡土文化和建筑景观文化三个方面来探讨特色小镇文化与旅游开发的融合。

1. 创新创业文化的融入

早期的构建规划中特色小镇一直是被作为创新创业平台而存在的，通过创新和创业实现小镇产业从资源要素驱动向创新驱动转变，将创新创业文化融入小镇以及小镇旅游开发中。"创新创业是开创新事业、开拓新领域、捕捉新机会、创造出有价值新事物的过程，促进创业精神和创新小镇特色必须以培育和提升企业和工作者的精神内容和文化创新为前提和条件，核心关键是引领各种主体自身持续追求不懈的创新创业，通过鼓励行动、宽容失败、和谐合作、敢于实践的观念营造一种有助于激发创业创新精神、发挥工作者知识和能力的人际文化氛围，形成人人创业创新的局面。"[①]

2. 乡土文化的发扬

"乡土文化是我国传统农村精神的化身，是乡村地区长久历史下的本质呈现。"[②] 与城市文化不同的是，我国乡村地区的文化内涵更加丰富。对于乡土文化进行传承和开发，既能够帮助特色小镇培育文化素养，又能够与旅游产业相结合，成为旅游产业的重要特色元素。反过来，旅游产业的发展又

---

① 苏彦. 广州市从化区特色小镇发展策略研究 [D]. 华南理工大学. 2017.
② 苏彦. 广州市从化区特色小镇发展策略研究 [D]. 中国优秀硕士学位论文全文数据库，2017.

能有效地传承和发扬乡土文化,它们是一种相辅相成的互利关系。乡土文化的核心是民族、历史和传统的传承,特色小镇旅游开发过程中发扬乡土文化,需要梳理和认知这些内容。例如通过开展周边乡村农事活动体验、农耕技术展示和民俗体验等活动,吸引游客和常住居民参与到特色小镇旅游开发中去;通过对本地农副产品的包装营销,提高产品市场价值和市场认可度,增强乡土文化和小镇旅游市场影响力。另外,在小镇旅游开发过程中结合小镇本土文化背景,创造具有时代气息的新文化,例如我国西北地区处于古丝绸之路沿线的特色小镇,通过将本土传统文化与新丝绸之路国家战略相结合,实现旅游开发新的突破。

3. 建筑景观文化的创新

建筑景观形式与风格是一个地方文化最直观的表现形式,不同地域的不同空间都拥有自己的建筑文化和景观特色,可以说建筑景观特色是小镇和周边乡村文化的重要组成部分。那些独具特色的建筑和景观表达了建造者的思维模式,也体现了不同时代下、不同文化中人们的生活方式和群体审美。充满地域特色的建筑文化是旅游活动中重要的特色吸引物,同时能够帮助人们获得认同感和归属感,它是民族传统文化的重要支柱。

对于那些具备一定历史文化底蕴的特色小镇,特别是保留下了较为完整的传统历史建筑景观的小镇。首先要采取必要手段,通过制度、资金投入做好文物保护单位、历史建筑和传统风貌建筑的保护与利用工作,加强建筑景观文化遗产的开发工作,再通过市场的运作达到旅游开发与景观保护的平衡,实现对历史文化景观的合理利用。

三、合理规划提高小镇居住水平

现阶段情况下,特色小镇要成为旅游服务业以及新的经济发展载体,只能依靠区域人口聚集这一发展的方式。对于一些将旅游作为附加产业的特色小镇来说,可以在发展特色产业形成人口就业集聚的基础上,创建生产社区,以便增加旅游产业的消费人口。众所周知,工作岗位集中能够提高个体获取信息咨询的速度,以及降低使用基础设施的难度,并通过聚集中产生的交流来认同彼此间的社会身份,促进各阶层人群的相互融合。特色小镇旅游开发活动能够有效地将居民与游客组织起来形成新的社会经济结构,促进周边乡村地区的振兴与发展。另外,通过特色小镇旅游的开发与居住环境的改善，在未来能够将大中城市里过度集中的人口疏散到广大乡村地区，使城乡人口分布实现均衡，从而减少城乡差异过于悬殊带来的众多社会问题。从人群特点来看，能够前往特色小镇进行旅游活动的人群大多长期生活在大中城市且处于城市收入中上阶层，有了较好经济条件后的他们对于生活品质有了新的要求，希望通过到那些环境优美、生活悠闲与城市有明显差异的区域追求工作生活的平衡感。而大中城市较快的生活节奏以及较高的工作压力使得越来越多的城市居民希望回归到悠闲惬意的田园中，享受宁静的乡村生活。当今的乡村休闲旅游越来越受到城市人群的追捧，还有一个原因是大中城市养老压力逐渐增大，人们希望通过进入乡村区域来降低养老成本。特色小镇对于老年人最大的吸引力是它所具有的社区功能，在小镇中无论是居住还是旅游都不会明显感觉到城乡间的巨大差异，且小镇生活方式的新颖性，能够令他们产生对乡村生活的向往，最终形成独具魅力的特小镇旅游。

如果特色小镇只关注生产需要而忽略生活居住需要，将会使小镇就业和居住的空间产生分离，居住与工作地区的距离较大的话会增加工作者的生活交通成本，不利于吸引一些优秀的人才到小镇定居，对于小镇旅游来说更是会增加运营成本降低市场竞争性。这种"职住分离"的现象在我国很多旅游景区都十分突出，这一问题打破了小镇和周边乡村的和谐度，无法体现"聚而合"的内涵失去了小镇发展以及小镇旅游开发的意义。

能够影响特色小镇居住水平的因素有就业机会、住房面积承载力、公共设施承载力等方面，这里只说了几个较为明显的方面，实质上对小镇居住水平产生影响的因素还有很多，且每个特色小镇面临的问题都不尽相同，此处不再一一赘述。总之，特色小镇需要通过科学合理的规划来实现小镇居住条件的改善，从而吸引更多的人才以及外来游客进行定居，最终实现小镇和周边乡村的经济社会均衡发展。

第二节　实施小镇替代性旅游与生态旅游

过去，我国大部分城镇建设一直是围绕着工业化与经济发展为中心这两个主要方面来进行，衡量地区社会经济的标准较为单一，由此给我国城镇化带来不少后续问题，如经济高速增长过程中出现的某些社会问题、GDP导向下的环境污染问题等。

分布在广大乡村中的中小城镇一直承担着工农业产品集散中心的角色，这一模式在过去一段时间内为我国经济社会发展带来巨大的推动作用，但是随着世界经济和我国社会经济的不断变革发展，我国中小城镇开始不可避免地出现产业模式滞后、消费水平低下、无法吸引外来投资等问题。城镇功能急需转型，且需要在中小城镇内催生新的产业形态。伴随着广大乡村范围内新型市场和新消费观念的产生，同时在相关政策和因素的推动下，新的旅游发展概念以及新的旅游产业形态在特色小镇中逐渐发展壮大。

一、特色小镇替代性旅游

从过去的大量研究中我们发现，大众旅游对旅游目的地造成了很多消极影响。同时，某些研究者发现，倡导与大众旅游相反的、严格管理的小规模替代性旅游模式，用各种替代性旅游代替那些对欠发达地区产生危害的大众旅游，却能够保护并且对旅游目的地产生积极方面的影响。因此，替代性旅游强调人与环境的协调发展，提倡发展适应环境资源的小规模旅游活动，反对大众旅游时代的那种大规模和标准化旅游产品。简而言之，以特色小镇为代表的替代性旅游是改变一种"理想的"小规模旅游模式，与大规模的大众旅游模式完全相反，其代表未来旅游发展的走向。在某种意义上来说，特色小镇的替代性旅游可以被认为是健康的旅游模式，能在将来的某一时间内用于代替大众旅游的模式。特色小镇替代性旅游优点主要表现在以下五个方面。

1. 对小镇居民和家庭的好处：旅游者住在当地人家里，能够直接给当地人的家庭带来经济收入，而且还有助于当地人的家庭掌握一定的管理技巧；

2. 对小镇社会的好处：替代性旅游能够给小镇社会成员直接带来经济收入，在提高住宿标准的同时可以避免投入资金大规模地开发公共基础设施；

3. 对特色小镇的好处：替代性旅游能够避免旅游收入漏损，缓解社会矛盾冲突，保护特色小镇社会文化传统；

4. 对工业特色小镇的好处：替代性旅游对于那些来自发达地区，花费谨慎并希望深入接触和了解特色小镇当地居民的旅游者来说，是理想的选择；

5. 对地区交流的好处：替代性旅游能够促进不同地区间和不同文化间的相互交流和理解。

基于巴特勒S型的理论框架，从规模和可以持续性的角度可以将特色小镇旅游活动分为四个类别：

小镇主动替代性旅游；

小镇被动替代性旅游；

小镇的可持续性大众旅游；

小镇不可持续性大众旅游；

特色小镇被动性旅游是指在特色小镇生命周期中的探索期和参与期发生的以资源为基础的替代性旅游活动，这些活动的特点是规模小、缺少规范和管理。特色小镇主动替代性旅游是指那些在具体的规范和政策的指导下发生的小视模替代性旅游活动，其目的是确保特色小镇环境得到妥善保护，使旅游和旅游业保持可持续性发展。

被动替代性旅游和主动替代性旅游的主要不同点在于：以被动替代性旅游模式为主的旅游目的地的潜在发展道路是不可持续性的，而以主动的替代性旅游为主的特色小镇的潜在发展方向是可持续性的。通常来说可持续性的旅游活动要遵守环境管理规范，避免破坏旅游目的地的环境，并且将旅游活动限制在旅游承载力极限门槛之内。如果特色小镇处于没有环境管理规范，超越特色小镇自身旅游承载力的过度开发旅游资源的状态，会引发特色小镇的自然环境和生态系统大面积破坏现象，因此这样的旅游是不可持续性大众旅游。

表8-1从市场、旅游吸引物、住宿设施、经济地位和规范管理的角度，列举了"不可持续性大众旅游"和"主动性的替代性旅游"的不同特征；表8-2从基本特征、发展策略和旅游者行为的角度，总结了传统大众旅游和替代性旅游所表现出的不同特点。

表8-1 不可持续性大众旅游和替代性旅游的不同特征

特征	不可持续性大众旅游	主动性替代旅游
市　　场		
细分	自我中心型——中间型	多中心型——中间型
数量与模式	大量；包价团队	少量；个人安排自助型
季节性	淡旺季分明	没有明显的季节性
市场来源	少量的支配性客源市场	没有支配性客源市场

续表

特征	不可持续性大众旅游	主动性替代旅游
旅游吸引物		
侧重点	高度商品化	轻度商品化
特点	普遍性的"人为设计"	特定区域的"真实性"
定位	仅供旅游者或针对主要旅游者	旅游者和当地居民
住宿设施		
规模	大规模	小规模
空间模式	集中在旅游者活动的地区	分散在整个区域
密度	高密度	低密度
建筑风格	"国际"风格；样式突出，不和谐	本土风格；样式不突出，具有互补性
所有权	非当地、大型公司	当地、小型企业
经济地位		
旅游业的特色	在当地经济中起支配作用	补充现有的经济活动
联系性	主要与外部联系	主要与内部联系
漏损	广泛性	最低程度
乘数效应	低	高
规范管理		
控制	非当地私有部门	当地社区
控制规模	最低程度；协调私有部门	广泛性；最大限度减小对当地的负面影响
观念	自由市场的力量	公共干预
侧重点	经济增长，利润；特定部门	社区的稳定与福祉；整体性，全面性
时间框架	短期	长期

资料来源：Weaver, D. and Oppermann, M. (2000). Tourism Management. Milton, Australia: JohnWiley & Sons Australia, Ltd., p. 367；略有改动。

表8-2 不可持续性大众旅游和替代性旅游的不同特征

传统的大众旅游	可替代性旅游
基本特征	
快速发展	缓慢发展
最大化	最优化
不考虑社会和环境影响	考虑社会和环境影响
不进行控制	进行控制
外部控制	当地控制
短期	长期
局部性	整体性

续表

传统的大众旅游	可替代性旅游
发展策略	
无规划开发	先规划，后开发
项目导向性方案	概念导向性方案
任何地方都可以进行旅游开发	在合适的地点进行旅游开发
修建新建筑	重新利用现有建筑
使用外部资源进行开发	使用当地资源进行开发
雇用外部人力资源	利用当地的人力资源
建筑风格城市化	建筑风格本土化
传统的大众旅游	可替代性旅游
旅游者行为	
大型团队	单个旅游者、家庭旅游者、与朋友结伴而行
固定的旅游计划	即发式决策
时间固定	时间灵活
重视观光	重视体验
外部的生活方式	当地的生活方式
强调舒适/被动	提出要求/主动
高声喧哗	安静的
重视购物	带回纪念品

资料来源：Sharpley, R. SharpleyandBENXM Sharpley, R. (2002). Sustainability: A Barrier to Tourism Development? In Publications, D. Telfer (Eds) Tourism and Development: Concepts and Issues. Clevedon, UK: Channel Vlewp. 324; W4ïexs.

通过上表可以看出，在某种"理想"状态下，可以认为替代性旅游是"好的"旅游模式，而认为大众旅游是"坏的"旅游模式。但是，事实上，旅游的可持续性并不绝对与规模相等。大众旅游在一定条件下，对旅游目的地既可能产生积极影响，也可能产生消极影响。同样，替代性旅游也并不一定完全具备可持续性（其中有些替代性旅游项目可能对环境更具破坏性）。大众旅游和替代性旅游都可以分为可持续旅游和不可持续旅游两个部分，只不过各自的比例不同而已。绝大部分大众旅游是以不可持续的方式进行的，但是也有一小部分大众旅游是可以持续的。如果管理得当，在经济发达的城市发展大众旅游业，可能比发展相同规模和收益的其他产业对环境破坏程度小。在某种程度上，横店镇的横店影视基地可以被认为一个可持续性大众旅游的典范。与大众旅游相比，替代性旅游的总体规模要小得多，但是大部分替代性旅游是可以持续发展的。

特色小镇的旅游开发应该以替代性旅游为主，这主要是由于特色小镇自身建设规模、承担功能以及环境承载力所决定的。对于开展旅游活动大小、是否采用大众旅游或者是替代性旅游，不同区域的特色小镇还应该根据自身情况来定，因为我国每个区域的实际社会经济状况是不同的。

二、特色小镇的生态旅游

近年来，随着全国范围内旅游活动的深入发展，旅游产业、旅游景区大量涌现，旅游量的增加一方面为接待地区带来了丰厚的经济社会收益，但另一方面也带来了严重的生态和环境问题。人们常常会看到以下情况：众多风景区、自然保护区、森林公园等旅游项目聚集区，由于游客的大量涌入导致景区环境破坏严重，修复困难，还有一些不负责任的旅游行为直接破坏了历史建筑的历史价值等。另外，由于旅游管理部门和规划部门及旅游经营者对自然资源的无计划的、不可持续的开发和利用，导致旅游目的地地区的生态环境遭到破坏，以致影响了公共环境和公共卫生的质量，破坏自然景观和当地特有的文化传统。而特色小镇生态系统由于受到行政区划的影响，显得更加脆弱和稀缺。旅游产业不断开发的同时人们越来越清醒地认识到，旅游业比其他产业更直接地依赖生态环境，而它对生态环境的破坏有时是更直接和更具毁灭性的。因此，人们需要对特色小镇旅游开发提出一种对环境负责任、对未来负责任的新的开发方式。

生态旅游这一概念，由国际自然保护联盟特别顾问墨西哥人谢贝洛斯·拉斯喀瑞于1983年首次提出，在后续研究中人们通常把生态旅游作为替代旅游的一种形式来定义。"联合国环境规划署给生态旅游下的定义是：生态旅游是在纯自然的环境中进行的旅游，旅游者在旅程中会受到环境保护知识的教育。这种旅游对目的地的生态环境没有任何破坏作用。而且，它要求当地社区的更多参与并从中长期获益。"[1] 从以上定义中我们能够看出，生态旅游概念符合我国特色小镇旅游发展的要求，也是特色小镇旅游产业在未来

---

[1] 张秀清，周巧姝. 我国生态旅游发展的现状分析及对策 [D]. 长春师范学院学报. 2006 (12)：100－102.

发展中需要遵循的发展之道。如果将生态旅游细化在特色小镇旅游开发过程中，通常需要注意以下几个区别于其他类型旅游的特征。

1. 生态旅游需要把自然环境中的自然元素作为旅游资源吸引物，而除自然资源之外的其他吸引物当作自然吸引物的搭配而存在，因此生态旅游中保护自然资源是基础。

2. 在生态旅游中，旅游者与自然接触的动机是欣赏和观察大自然及自然地区的主流传统文化，这种动机与那些以自然为基础的3S型旅游或探险旅游的动机完全不相同，因为在3S型旅游或探险中，小镇自然环境仅仅为旅游者提供了实现某种旅游动机的环境。

3. 小镇生态旅游包括了教育的特征，通过特色小镇生态旅游活动，旅游者学习和探究了旅游吸引物的内在品质和奥秘。

4. 生态旅游是负责任的旅游，其活动应该以可持续发展的方式进行，因此，生态旅游的参加者一定要不遗余力地坚持遵循可持续发展的原则和实践，将对自然环境和社会文化环境的消极影响降到最低程度。生态旅游活动以尊重特色小镇原生环境的完整性为目标，同时积极地促进当地经济社会和生态环境的发展和保护。

5. 由于生态旅游者进入的旅游区域是环境指标高且未受到污染和干扰的自然区域，而作为旅游者有保护当地自然生态和社会文化原生性的义务，所以生态旅游只能是专项的和规模性较小的一种旅游形式。

6. 生态旅游能够通过相关的措施和手段来支持特色小镇自然区域的保护，这些措施和手段包括：为当地基于保护旅游目的地而对自然区域进行管理的团体、组织和政府带来经济利益；为当地社区提供替代性的就业机会和收入机会；增加当地居民和旅游者对自然和文化遗产保护的意识。

依据生态旅游的基本特征，很多旅游活动都可以归为生态旅游的范畴。3S旅游、探险旅游及社会文化替代性旅游中的很多活动也都可以包括在生态旅游的范围内。例如，3S旅游和探险旅游；社会文化替代性旅游和探险旅游。探险旅游者在进行丛林漫步或野外摄影的同时，很可能也会受原住居民的独特社会文化所驱使去观察和了解其本土文化和习俗。在海滨度假的3S型旅游者既会进行各种潜水活动也会参加观赏鲸鱼或天文现象的生态旅游活动。生态旅游可以有效地保护自然环境，避免或最大限度地减小旅游活动对自然生态环境产生的消极负面影响。自然生态环境是人类赖以生存的基础，因此在这个意义上，特色小镇居民以及旅游者本身才是生态旅游最大的最终受益者。

特色小镇的生态旅游活动和旅游行为对自然环境产生的各种积极影响大致可以归纳为如下五个方面。

1. 对特色小镇和周边地区的生命维持系统有利。小镇生态系统是一个客观存在的实体，作为众多的维持地球万物（包括人类和非人类）生命的基础，这个生态系统必须要得到保护。

2. 有利于审美价值的体现。我们保护这个世界的自然景色的目的是为了能够经常地、动态地欣赏到这些美景。

3. 科学价值。通过生态旅游我们能够发现一些科学事实，生态旅游也能够使旅游者以科学发现为目的进行旅游。

4. 历史价值。生态旅游者会通过旅游活动鉴赏某一个地区的文化历史和自然博物状况。这样，旅游者就可以更好地了解博物领域的生物的进化历史和过程。

5. 有利于濒危物种和生态系统的保护。尽管公园和园林是为人类而建的，但是其深层的保护价值在于保护野生动植物本身。野生动植物也具有其自身的价值，它们的存在不仅仅是供人类利用和消遣娱乐。

我们可以把特色小镇生态旅游活动划分为"硬"和"软"两大类型。但这里的"硬"和"软"只是一个连续线性坐标体的两个端点。这两个大类别的旅游活动的界限并不是绝对的泾渭分明。作为一种理想化的旅游方式，小镇"硬生态旅游"强调旅游者要与大自然进行长时间的接触。与"硬生态旅游"相关的旅游活动通常为出于生态旅游目的的专项旅游，这类旅游活动通常都发生在野外的自然环境或其他未受外界干扰的原生自然环境。在这些环境中，实际上完全不存在相关的旅游和生活服务设施。参加这种旅游活动的旅游者是环境保护主义者，他们完全遵循可持续发展原则。而小镇"软生态旅游"的参与者与大自然接触的时间比较短，他们通常把与自然的接触当作旅游体验的一个组成部分。尽管这些旅游者也对旅游吸引物抱有鉴赏态度，也乐于学习可持续发展的概念和实践，但是他们的环境意识还不够强烈。"软生态旅游"发生在非完全自然的环境中（例如，野生动物园、自然景观观景点、设有标志的步行小径等），在这样的环境中通常都建有完善的生活和旅游服务设施。

从特色小镇旅游市场的角度看，小镇软生态旅游的范围要远远大于硬生态旅游。旅游者的人数随着生态旅游朝"软"方向的发展而增加，而随着旅游者人数的增加，这些旅游者对人造环境（例如，酒店、交通设施及其他生活和旅游服务设施）的依赖程度也变得越来越高。生态旅游越向"软"的方向发展，旅游者活动范围在整个生态旅游活动中所占的比例就越小，而旅游活动的范围越大、种类也越多样化。生态旅游越朝着"硬"的方向发展，其旅游活动就越专门化，旅游者对生态前景的期望值也越高，旅游者与大自然接触的时间也越长。

从管理的角度看，我们应该在生态旅游整体框架下，对生态旅游业和生态旅游活动进行全方位的综合管理，包括政府的政策导向、旅游资源管理（以体验为主体的旅游资源）、与社会发展相适应的整体旅游服务行业、以营销和游客管理为基础的游客体验管理等。其中，旅游资源和旅游者是生态旅游管理中所涉及的诸多元素的核心内容。

综上所述，参与特色小镇生态旅游的各个方面（例如，旅游者、旅游经营者和旅游管理部门）在从事和推动生态旅游时，都应该自觉规范自己的行为，重视环境效益，实现小镇生态旅游。

另外，特色小镇旅游管理部门应该做到以下几方面。

1. 研究特色小镇旅游和周边乡村地区的旅游承载力，以控制和阻止超负荷过度利用旅游资源；

2. 限制小镇和周边地区对自然生态环境产生消极负面影响旅游活动的发生频率，积极引导旅游者和当地常住居民开展对生态环境影响小的旅游活动；

3. 在结合自身特色产业和特色旅游资源的基础上，通过政策和管理引导建立一种机制，使特色小镇生态旅游产生的利润能够用于维护特色小镇生态保护建设；

4. 设立小镇内的生态知识解释标牌，建立环境教育设施和环境质量监督机构，通过一定的教育和宣传来保护小镇与周边地区的自然原生环境，例如建立游客服务中心并向旅游者提供有关自然和当地文化信息的宣传手册；

5. 通过与科研机构的联合，收集小镇旅游开发过程中产生的一些科学数据，为日后的小镇生态系统管理和环境教育提供依据；

6. 积极与那些非政府组织和志愿者团体联合进行保护当地环境的教育

活动，通过广大的社会力量来加强对小镇和周边乡村环境保护的宣传，同时把生态旅游作为小镇生态保护管理计划的一个环节加以管理和运作；

7.小镇相关管理部门还应该监测旅游活动对当地生态环境产生的影响，并及时向旅游经营者、志愿者组织以及小镇内的社区进行通报，有效发挥自身监督、协调和管理小镇和周边地区生态保护的作用。

第三节 提升特色小镇旅游品质

新的经济发展形势下，中国特色小镇旅游开发也不可避免地面临产业优化升级、项目创新以及品牌影响力提升等问题。因此特色小镇的旅游开发还应该在以问题为导向的同时与国家社会经济发展步伐相统一，把小镇旅游开发的重心放在开发旅游创新战略和更新旅游开发理念上。同时，有效地发挥特色小镇旅游产业的拉动力和关联性，将旅游业作为推动特色小镇和周边乡村经济增长的一支有力的驱动力量，来推动新型城镇化与旅游产业转型升级。未来阶段，特色小镇旅游发展战略和发展思路应该进一步结合时代发展背景新形态，结合小镇自身特色进行相应的调整、改进和创新，以创新思路引领特色小镇旅游发展。对于特色小镇旅游品质提升方面，笔者认为主要包括以下几点。

一、完善小镇旅游区域布局，拓展小镇旅游空间

统筹特色小镇旅游发展的情况下，科学编制小镇旅游区域布局规划是特色小镇旅游发展的基础。

（一）加强小镇旅游建设统筹规划

要重视小镇旅游开发的全域统筹和整体推进，避免旅游基础功能重复、特色重复和资源浪费现象的发生。需要进一步明确特色小镇旅游产业建设目标，结合特色小镇自身的资源条件、地理区位和市场发展潜力，有效推进小镇旅游项目的发展和建设，打造富有区域特色的小镇旅游环境。同时特色小镇及其旅游产业的创建和培育要突出重点、排好顺序、分批推进，最终形成服务配套、环境优美的小镇旅游。整合优化镇域资源配置，探索保护资源和发展经济并举的土地利用新模式，因地制宜整合一批弱小村镇，推动整个特色小镇区域旅游资源整合优化，提高小镇对旅游资源的配置能力和发展后

劲，拓展小镇旅游发展空间，增强小镇辐射带动能力。除此之外，要切实增强统筹协调力度，减少特色小镇旅游开发过程中的推诿扯皮和顾此失彼现象，提高旅游发展工作效率。同时实施优胜劣汰机制，把小镇旅游发展实绩作为标准，对于无法实现旅游发展要求的小镇进行清理或者调整发展方向。

（二）科学调控特色小镇旅游规划发展

科学合理的规划是特色小镇旅游发展的前提和基础。在制定特色小镇旅游发展规划过程中一定要坚持前瞻性和可操作性相结合，要系统考虑特色小镇旅游未来发展趋势，坚持群众性和权威性相结合、开发与保护相结合。在调控方面，最重要的是要明确特色小镇旅游的功能和发展定位。在经济发展水平和农民收入较高的小镇，要突出规模集聚和区域性城镇功能总体定位，将旅游产业作为小镇经济文化发展的辅助产业，以施加文化影响和提高小镇知名度、凝聚力为主；偏僻一些的小镇，要在发展交通等基础设施和基本公共服务的基础上，充分发挥旅游、生态、休闲等优势，将旅游产业作为小镇发展的特色与支柱。特色小镇旅游发展要始终坚持立足当地的传统优势、资源禀赋、产业基础等实际情况，将小镇产业、传统文化、生产生活同旅游活动进行融合与统筹协调，共同发展互相促进。通过科学规划，使小镇能够更加合理谋划建设旅游项目，科学设计小镇建筑布局和风格，保持地方风貌与历史文化传承，促进人、镇、业、景融合。在此基础上，建议每个特色小镇还要制定五年行动计划，推动特色小镇某些专项领域建设。有条件的特色小镇还要分别制定产业发展规划、城镇建设规划、社会事业发展规划、农村社区布局规划和生态环境保护规划。

二、培育小镇特色产业，吸引优质旅游人才

特色小镇旅游的持续发展仍然应该以小镇特色产业状况以及小镇人才保有量来衡量。

（一）加快小镇特色产业培育

特色小镇的繁荣，归根结底要靠产业来支撑。从根本上说，决定特色小镇社会经济发展的能力很大程度上依赖能否形成较强的支柱产业，以及由该支柱产业延伸扩散和集聚出来的其他产业的发展。特色小镇特色产业的培育要符合国家相关产业发展政策，要充分发挥小镇当地的资源优势和创新条件吸引新兴产业的发展，加快产业集聚、产业创新和产业升级，形成产业规模

化、产业特色化和产业品牌化。产业的培育重点应该放在那些最有优势和最具潜力的特色产业之上,由于特色小镇建设中要求所有特色小镇环境建设必须以 3A 级以上景区为参照标准,所以旅游开发以及旅游环境保护就成为特色小镇创建培育的基本要素。因此,小镇旅游产业发展要立足需求,完善设施,优化布局,突出"生态+""文化+""互联网+",深化当地农业与旅游的融合、文化与旅游的融合、工业产业与旅游融合。同时提高小镇内景区创建要求,加大培育力度,积极推动特色小镇集聚带建设,依托高铁、高速公路等基础设施和公共服务,以产业融合配套发展为支撑,使多个小镇紧密相连,优势互补,逐步释放特色小镇集群规模效应,为特色小镇旅游的发展提供基础条件。

(二)加大科技创新和人才集聚

特色小镇旅游的开发要以提升特色小镇科技创新能力为宗旨,通过高新技术的引进以及科技创新来带动旅游产业创新。其他产业应加快打造科技创新平台来更好地支撑新产品、新模式、新业态的发展,使特色小镇更加聚焦高新技术产业。首先,要加大成长型、科技型企业的孵化培育力度,充分结合自身的产业发展导向和定位,推动一批拥有高端自主知识产权、市场核心竞争力的企业和项目落地,通过系统的管理,加强与该类企业的对接服务,使其尽快转化为产能,释放带动效应。其次,要鼓励特色小镇结合自身实际和优势,通过引进一批科研机构和科研人才以及旅游专业性人才,并为他们搭建各类平台,提供扶持政策,加大生产技术创新和成果转换和产业升级。最后,大力加强人才创新培养,推出相关政策和规定来鼓励小镇常住居民及其子女外出深造学习然后返回小镇。引进人才是一个方面,留住人才是另一个方面,而小镇自身的人才培育能力大小也是推动特色小镇未来发展的一个重要因素,积极为人才提供一个实现梦想的舞台,才是今后特色小镇旅游开发和长远发展的重点。众所周知,人才的建设对于特色小镇以及特色小镇旅游发展至关重要,将对特色小镇未来的繁荣发展起到决定性的作用。

三、创建融资新平台,吸引高端产业服务旅游发展

一方面,前文中提过关于特色小镇旅游发展的政策保障问题,这里我们还需要特别强调一下。特色小镇旅游的发展需要根据自身生态、文化、产业等独特资源和发展基础,结合国家的创建要求和扶持政策,深入研究出台关

于推进特色小镇创建培育的指导意见，明确配套政策和创建措施，赋予特色小镇相应的管理权和审批权。对于特色小镇自身来说，要用好政策效益，积极发挥政府财政投资引导功能，以较小的财政资金带动多倍甚至几十倍规模社会资金的跟进投入，充分激发特色小镇发展活力，把改革创新摆在特色小镇发展的首要位置，大力推进制度创新，凡是国家级或省级提前规划布局的任何试点工作，特色小镇都可以大胆地探索实施；凡是没有突破法律法规限制的改革试点，都要优先允许特色小镇第一个"吃螃蟹"。深化"最多跑一次"改革，只要有利于企业集聚、项目落地，都应该"特事特办"，使特色小镇成为减负让利、还权于民、简政放权的改革样板，着力优化企业投资创业环境，从而激发小镇旅游建设活力。

另一方面，特色小镇旅游的发展，要充分发挥政府产业基金引导作用。政府产业基金是由政府作为主发起人投资设立、通过市场化进行经营运作、不以营利为目的的产业类基金。特色小镇旅游应广泛吸引社会资金与金融资本参与小镇建设，政策引导和吸引社会资本投资，带动小镇旅游景区创建工作，进一步提升特色小镇旅游形象。

四、优化基础服务，建设美丽宜居环境

特色小镇旅游环境是否美丽宜居，将决定进入特色小镇旅游者的数量以及旅游者舒适感觉。因此，美丽宜居的特色小镇环境建设也是小镇旅游发展的重要环节。

（一）建设旅游"生态＋文化"美丽小镇

实施特色小镇发展战略，打造适宜居住的生活环境，不仅需要绿色的生态自然环境，更需要保留和传承地方独特的历史文化因子。对特色小镇来说，生态是最大优势，对于多数特色小镇来说，其文化资源非常丰富，具有鲜明的地域特色。比如，历史层面的文物、遗址、古建筑；现代文化层面的艺术、技术、现代文化；民俗层面的节日庆典、婚丧、体育活动等。特色小镇旅游发展的同时，要把这些文化因素植入特色小镇规划建设的全过程中，让所有小镇都具有鲜明特色。尤其是那些以文化为主题的特色小镇，要坚持建设与保护、培育与传承相结合，用文化的力量引领产业创新发展，以人文的魅力吸引人才和游客，使小镇成为传统现代交相辉映的文化乐园。要通过特色小镇这个载体，促进要素资源的有效整合和优化配置，做好"生态＋"

"文化+"的模式，促进美丽环境、美丽经济和美好生活"三美"融合发展。同时，还应该加强环境保护，以牺牲环境为代价的特色小镇旅游开发，最终都会为此付出代价，小镇管理者应该从体制机制上杜绝环境破坏，防止环境污染。在加快建立污水处理厂、垃圾集中处理厂等设施，制定污染控制政策和标准并在小镇强制执行的同时，加大宣传力度，促使小镇旅游企业人人遵守规则。

（二）完善以旅游服务为主的基础设施建设

推动城乡公共服务一体化现代城镇人口的集聚，离不开对较完善的基础服务设施的需求。通过加快推进特色小镇建设，在城区与农村接合的中间区域，打造一批面积小、布局特别、建筑精致、环境美丽的特色小镇，一个重要目的就是扩大城市公共服务覆盖面，提高人民群众的生活品质，让人民群众的生活更美好。特色小镇既能集聚市场经营主体，又能提供生活所需的功能配套，还能保持良好的自然生态环境，实现生产、生活、生态"三生融合"，有效打破传统的城乡二元结构治理矛盾，缓解交通堵塞、环境污染、资源消耗过快等城市病和农村空心化等问题为乡村振兴提供一条新的思路和方法。这就要做好农村征地、拆迁移民、危房安置等工作，加快人口集聚，以美丽园区、宜居社区等精致小镇空间打造为标准，致力于完善特色小镇居民生产生活所需要的交通、医疗、商业等各类公共基础服务配套设施。除此之外，还应该进一步深化户籍制度改革，放宽居民准入资格条件，以最包容的姿态吸引各地人力资源向小镇汇聚。要加大人才公寓、公租房、廉租房等基础设施建设，或将闲置农房改造为临时特色宿舍，供外来人口居住。在特色小镇落户的乡镇居民，拥有原城镇居民在政治、社会和经济上的同等权利。要积极引导居民健康向上的社会心理和文明的社会风气，创新社会管理模式，不断增强居民对城镇的认同感、安全感和信任感。将新进入的小镇居民进行合理融合的同时，积极引导小镇居民的旅游接待观念向生态宜居的方向转变。

五、打造生态旅游，带动小镇旅游发展

旅游产业作为现代服务行业的重要组成部分，能够将绿色生态旅游、休闲游、观光游、农业产业游等新型绿色的旅游形式相结合，为旅游接待地区带来巨大的经济社会效益，也是受环境约束比较明显地区用以提高经济增长

率的有效途径。近些年来,城市人群收入水平普遍提高,人们愿意拿出更多的收入用于休闲休憩、放松身心,同时城乡通勤条件日益完善,城市人群家庭轿车保有量持续增加。大城市周边一些具有特色资源且接待条件良好的地区成为城市游客的首选,一些周末两日的短途乡村旅游逐渐兴盛起来,而以农家乐、新型农业科技旅游为代表的乡村生态旅游日益兴旺。

通常来说,由于特色小镇环境建设标准是参照3A级旅游景区而建设的,所以任何一个特色小镇都应该具有旅游功能,为旅游者提供满足旅游活动的基础设施和必备条件,但是对于那些核心产业并不是旅游产业的小镇来说,旅游业的开发仅仅是其产业发展的一个附属行业,也没有必要将有限的经济和社会资源过多地投入到旅游开发中去;对于那些将旅游产业作为小镇核心产业的特色小镇来说,小镇和周边地区所有的资源都应该围绕旅游开发来进行,旅游的可持续发展就成为这些小镇旅游开发的重要内容,因此生态旅游对于它们意义非凡。而面对不同产业形态的特色小镇,就需要用不同的开发模式来区别对待了,开发模式基本分为有两种。

1. 将旅游产业作为附属产业的特色小镇应采用"产业＋旅游"模式。这一类型的特色小镇将其他产业作为自身特色产业,例如信息产业、制造产业、现代化农业等。旅游业在小镇经济社会中并不处于核心地位,而旅游业是被作为核心产业衍生附属品而存在的。在这一类型小镇中,应该将旅游开发与小镇核心产业的发展形态相融合,与核心产业相关的"体验、文创、购物演绎"等功能作为该类型小镇旅游开发的主要功能,同时兼具观光和商务等功能。这种模式一般适合核心产业向外延伸性强、特色资源优势明显且容易将特色资源转化为旅游产业的小镇。以这种模式为主导的特色小镇,其收入主要来自特色产业而并不是旅游行业,旅游行业主要来自旅游门票及相关的低端旅游产业。

2. 将旅游产业作为小镇经济社会发展主导产业的特色小镇应该采取"旅游＋其他产业"模式。这一类型小镇中,旅游产业是小镇经济社会发展的主要动力。该类型特色小镇具备一定的开发观光、休闲以及旅游接待服务的能力。经过一段时间的产业积累后,起初单纯的观光功能会被人为弱化,一些新的与旅游相关的产业体系开始形成,例如健康、养生、度假养老等产业形态会逐渐增加,这些产业相对于观光旅游,服务水平和品牌效应将更加高端化。以旅游和相关产业为核心产业的特色小镇将通过旅游产业开发带动相关的养老产业、文化产业、健康产业的发展，最终实现小镇与周边乡村的经济社会共同发展。当然"旅游＋其他产业"的特色小镇旅游开发模式对于小镇资源禀赋要求较高，如这些特色小镇首先要具备丰富的旅游资源，其次要交通位置良好，同时还要有相当水平的旅游发展社会基础，周边地区消费能力较强等。在小镇旅游开发过程中，需要把单一的小镇景区提升为综合性统筹发展的旅游接待区域，而不是单纯依赖门票经济发展旅游。这一模式是一种全域式的旅游开发形态，需要特色小镇将过去封闭粗放的旅游开发转变为调动全域范围内旅游资源进行开放式的发展。

参考文献

[1] 彭滋霖，曹军辉. 信息革命与旅游业的发展 [J]. 湖南师范大学社会科学学报，2000（02）：124-128.

[2] 张文. 旅游与文化 [M]. 北京：旅游教育出版社，2001.

[3] 武燕玲. 安阳旅游景区管理探析 [J]. 安阳大学学报，2004（04）：116-117.

[4] 邹逸麟. 也谈安阳是否够格列为中国历史上的大古都 [J]. 陕西师范大学学报（哲学社会科学版），1994（01）：6.

[5] 金立中. 新常态下产业集聚模式创新—杭州特色小镇发展研究 [D]. 浙江工业大学，2016.

[6] 陆林，章锦河. 旅游形象设计 [M]. 合肥：安徽教育出版社，2002.

[7] 杨丽. 试论旅游活动中的人际传播 [D]. 河北大学. 保定：河北大学，2006.

[8] 王金会. 跨文化传播下的文化融合与文化自觉 [J]. 黑龙江社会科学，2007（02）：101-103.

[9] 郭庆光. 传播学教程 [M]. 北京：人民大学出版社，1999.

[10] 王永忠. 西方旅游史 [M]. 南京：东南大学出版社，2004.

[11] 李彬. 传播学引论 [M]. 北京：新华出版社，1993.

[12] 蒋志杰，吴国清，白光润. 旅游地意象空间分析以江南水乡古镇为例 [J]. 旅游学刊，2004（02）：32-36.

[13] 邹统钎. 旅游景区开发与管理 [M]. 北京：清华大学出版社，2004.

[14] 陶犁. 民族文化旅游产品开发探析 [J]. 思想战线，2002（04）：45-48.

[15] 郭颖. 民族文化旅游资源保护性开发的理论与实践—以泸沽湖为例 [D]. 四川大学硕士研究生学位论文，2002.

[16] 杨艳，黄震方. 南京民俗文化旅游资源开发模式研究 [J]. 商场现代

化，2006（05）：198.

[17] 诸葛艺婷，崔凤军. 我国旅游演出产品精品化策略探讨［J］. 社会科学家．2005（05）：121－123.

[18] 王永章. 中国文化产业典型案例选编［M］. 北京：北京出版社，2004.

[19] 袁成. 论文化旅游产品开发对策［J］. 经济师，2004（05）：138－139.

[20] 丁健，彭华. 民族旅游开发的影响因素分析［J］. 经济地理，2002（01）：101－105.

[21] 阮仪三，丁枫. 上海历史文化名城保护的战略思考［J］. 上海城市规划，2006（02）：6－9.

[22] 严国泰. 论历史文化名城旅游规划系统方法［J］. 同济大学学报（社会科学版），2002（06）：16－20.

[23] 张松. 上海的历史风貌保护与城市形象塑造［J］. 上海城市规划，2011（04）：44－52.

[24] 阮仪三，林林. 文化遗产保护的原真性原则［J］. 同济大学学报（社会科学版），2003（02）：1－5.

[25] 张凡，卢济威. 发扬历史文化的城市设计方法初探［J］. 新建筑，2009（02）：12－16.

[26] 展鑫，胡卫伟. 我国特色旅游小镇的发展现状和对策研究［J］. 农村经济与科技，2017（09）：84－85.

[37] 张建国，刘思路. 历史文化街区景观风貌的保护研究——以武汉市昙华林历史文化街区为例［J］. 大众文艺，2017（24）：95－96.

[28] 王国伟，张云彬. 古村落景观改造途径研究——以新安源古村落景观改造为例［J］. 安徽农业大学学报（社会科学版），2014（06）：42－44.

[29] 宋涛. 特色小镇旅游深度开发中的文化元素研究［D］. 华中师范大学，2017.

[30] 赵海华. 袁家村特色小镇的成长与可持续性发展研究［D］. 西安建筑科技大学，2017.

[31] 李利军. 文创产业特质与特色小镇特色的融合［D］. 云南艺术学院，2017.

[32] 胡音音. 浅析当下特色小镇建设的问题及发展途径［J］. 人文天下，2017（21）：5－8.

附表1 第一批中国特色小镇

2016年10月14日，我国住房城乡建设部正式公布北京市房山区长沟镇等127个特色小镇。

华北地区

省级单位名	地级单位名	县级单位名	特色小镇名
北京市（3个）	/	房山区	长沟镇
		昌平区	小汤山镇
		密云区	古北口镇
天津市（2个）	/	武清区	崔黄口镇
		滨海新区	中塘镇
河北省（4个）	秦皇岛市	卢龙县	石门镇
	邢台市	隆尧县	莲子镇
	保定市	高阳县	庞口镇
	衡水市	武强县	周窝镇
山西省（3个）	晋城市	阳城县	润城镇
	晋中市	昔阳县	大寨镇
	吕梁市	汾阳市	杏花村镇
内蒙古（3个）	赤峰市	宁城县	八里罕镇
	通辽市	科尔沁左翼中旗	舍伯吐镇
	呼伦贝尔市	额尔古纳市	莫尔道嘎镇

东北地区

省级单位名	地级单位名	县级单位名	特色小镇名
辽宁省（4个）	大连市	瓦房店市	谢屯镇
	丹东市	东港市	孤山镇
	辽阳市	弓长岭区	汤河镇
	盘锦市	大洼区	赵圈河镇

续表

省级单位名	地级单位名	县级单位名	特色小镇名
吉林省（3个）	辽源市	东辽县	辽河源镇
	通化市	辉南县	金川镇
	延边朝鲜族自治州	龙井市	东盛涌镇
黑龙江省（3个）	齐齐哈尔市	甘南县	兴十四镇
	牡丹江市	宁安市	渤海镇
	大兴安岭地区	漠河县	北极镇

华东地区

省级单位名	地级单位名	县级单位名	特色小镇名
上海市（3个）	/	金山区	枫泾镇
		松江区	车墩镇
		青浦区	朱家角镇
江苏省（7个）	南京市	高淳区	桠溪镇
	无锡市	宜兴市	丁蜀镇
	徐州市	邳州市	碾庄镇
	苏州市	吴中区	甪直镇
		吴江区	震泽镇
	盐城市	东台市	安丰镇
	泰州市	姜堰区	溱潼镇
浙江省（8个）	杭州市	桐庐县	分水镇
	温州市	乐清市	柳市镇
	嘉兴市	桐乡市	濮院镇
	湖州市	德清县	莫干山镇
	绍兴市	诸暨市	大唐镇
	金华市	东阳市	横店镇
	丽水市	莲都区	大港头镇
		龙泉市	上垟镇
安徽省（5个）	铜陵市	郊区	大通镇
	安庆市	岳西县	温泉镇
	黄山市	黟县	宏村镇
	六安市	裕安区	独山镇（将军镇）
	宣城市	旌德县	白地镇

附表1　第一批中国特色小镇

续表

省级单位名	地级单位名	县级单位名	特色小镇名
福建省（5个）	福州市	永泰县	嵩口镇[5]
	厦门市	同安区	汀溪镇
	泉州市	安溪县	湖头镇
	南平市	邵武市	和平镇
	龙岩市	上杭县	古田镇
江西省（4个）	南昌市	进贤县	文港镇
	鹰潭市	贵溪市	上清镇
	宜春市	袁州区	温汤镇
	上饶市	婺源县	江湾镇
山东省（7个）	青岛市	胶州市	李哥庄镇
	淄博市	淄川区	昆仑镇
	烟台市	蓬莱市	刘家沟镇
	潍坊市	寿光市	羊口镇
	泰安市	新泰市	西张庄镇
	威海市	环翠区	崮山镇
	临沂市	费县	探沂镇

中南地区

省级单位名	地级单位名	县级单位名	特色小镇名
河南省（4个）	焦作市	温县	赵堡镇
	许昌市	禹州市	神垕镇
	南阳市	西峡县	太平镇
	驻马店市	确山县	竹沟镇
湖北省（5个）	宜昌市	夷陵区	龙泉镇
	襄阳市	枣阳市	吴店镇
	荆门市	东宝区	漳河镇
	黄冈市	红安县	七里坪镇
	随州市	随县	长岗镇
湖南省（5个）	长沙市	浏阳市	大瑶镇
	邵阳市	邵东县	廉桥镇
	郴州市	汝城县	热水镇
	娄底市	双峰县	荷叶镇
	湘西土家族苗族自治州	花垣县	边城镇

续表

省级单位名	地级单位名	县级单位名	特色小镇名
广东省（6个）	佛山市	顺德区	北滘镇
	江门市	开平市	赤坎镇
	肇庆市	高要区	回龙镇
	梅州市	梅县区	雁洋镇
	河源市	紫金县	古竹镇
	中山市	/	古镇镇
广西壮族自治区（4个）	柳州市	鹿寨县	中渡镇
	桂林市	恭城瑶族自治县	莲花镇
	北海市	铁山港区	南康镇
	贺州市	八步区	贺街镇
海南省（2个）	海口市	琼山区	云龙镇
	/	琼海市	潭门镇

西南地区

省级单位名	地级单位名	县级单位名	特色小镇名
重庆市（4个）	/	万州区	武陵镇
		涪陵区	蔺市镇
		黔江区	濯水镇
		潼南区	双江镇
四川省（7个）	成都市	郫都区	德源镇
		大邑县	安仁镇
	攀枝花市	盐边县	红格镇
	泸州市	纳溪区	大渡口镇
	南充市	西充县	多扶镇
	宜宾市	翠屏区	李庄镇
	达州市	宣汉县	南坝镇
贵州省（5个）	贵阳市	花溪区	青岩镇
	六盘水市	六枝特区	郎岱镇
	遵义市	仁怀市	茅台镇
	安顺市	西秀区	旧州镇
	黔东南苗族侗族自治州	雷山县	西江镇

续表

省级单位名	地级单位名	县级单位名	特色小镇名
云南省（3个）	红河州	建水县	西庄镇
	大理白族自治州	大理市	喜洲镇
	德宏州	瑞丽市	畹町镇
西藏自治区（2个）	拉萨市	尼木县	吞巴乡
	山南市	扎囊县	桑耶镇

西北地区

省级单位名	地级单位名	县级单位名	特色小镇名
陕西省（5个）	西安市	蓝田县	汤峪镇
	铜川市	耀州区	照金镇
	宝鸡市	眉县	汤峪镇
	汉中市	宁强县	青木川镇
	杨凌农业高新技术产业示范区	杨陵区	五泉镇
甘肃省（3个）	兰州市	榆中县	青城镇
	武威市	凉州区	清源镇
	临夏州	和政县	松鸣镇
青海省（2个）	海东市	化隆回族自治县	群科镇
	海西蒙古族藏族自治州	乌兰县	茶卡镇
宁夏回族自治区（2个）	银川市	西夏区	镇北堡镇
	固原市	泾源县	泾河源镇
新疆维吾尔自治区（3个）	喀什地区	巴楚县	色力布亚镇
	塔城地区	沙湾县	乌兰乌苏镇
	阿勒泰地区	富蕴县	可可托海镇
新疆生产建设兵团（1个）	/	石河子市	北泉镇

223

附表2　第二批中国特色小镇名单

2017年8月22日根据《住房城乡建设部关于保持和彰显特色小镇特色若干问题的通知》（建村〔2017〕144号）和《住房城乡建设部办公厅关于做好第二批全国特色小镇推荐工作的通知》（建村〔2017〕357号）要求，我国住房城乡建设部在各地择优推荐的基础上，又公布了276个第二批全国特色小镇。第二批特色小镇名单如下：

华北地区

省级单位名	地级单位名	县级单位名	特色小镇名
北京市（4个）	/	怀柔区	雁栖镇
		大兴区	魏善庄镇
		顺义区	龙湾屯镇
		延庆区	康庄镇
天津市（3个）	/	津南区	葛沽镇
		蓟州区	下营镇
		武清区	大王古庄镇
河北省（8个）	石家庄市	鹿泉区	铜冶镇
	保定市	曲阳县	羊平镇
	承德市	宽城满族自治县	化皮溜子镇
	邢台市	柏乡县	龙华镇
		清河县	王官庄镇
	邯郸市	肥乡区	天台山镇
	保定市	徐水区	大王店镇
	衡水市	枣强县	大营镇

| 附表 2 | 第二批中国特色小镇名单

续表

省级单位名	地级单位名	县级单位名	特色小镇名
山西省（9个）	运城市	稷山县	翟店镇
	晋中市	灵石县	静升镇
	晋城市	高平市	神农镇
		泽州县	巴公镇
	朔州市	怀仁县	金沙滩镇
		右玉县	右卫镇
	吕梁市	汾阳市	贾家庄镇
		离石区	信义镇
	临汾市	曲沃县	曲村镇
内蒙古（9个）	兴安盟	阿尔山市	白狼镇
	通辽市	开鲁县	东风镇
	鄂尔多斯市	东胜区	罕台镇
		鄂托克前旗	城川镇
	乌兰察布市	凉城县	岱海镇
		察哈尔右翼后旗	土牧尔台镇
	赤峰市	敖汉旗	下洼镇
		林西县	新城子镇
	呼伦贝尔市	扎兰屯市	柴河镇

东北地区

省级单位名	地级单位名	县级单位名	特色小镇名
辽宁省（9个）	沈阳市	法库县	十间房镇
	营口市	鲅鱼圈区	熊岳镇
	阜新市	阜蒙县	十家子镇
	辽阳市	灯塔市	佟二堡镇
	锦州市	北镇市	沟帮子镇
	大连市	庄河市	王家镇
	盘锦市	盘山县	胡家镇
	本溪市	桓仁县	二棚甸子镇
	鞍山市	海城市	西柳镇
吉林省（6个）	延边朝鲜族自治州	安图县	二道白河镇
	长春市	绿园区	合心镇
	白山市	抚松县	松江河镇
	四平市	铁东区	叶赫满族镇
	吉林市	龙潭区	乌拉街满族镇
	通化市	集安市	清河镇

225

续表

省级单位名	地级单位名	县级单位名	特色小镇名
黑龙江省（8个）	牡丹江市	绥芬河市	阜宁镇
		穆棱市	下城子镇
	哈尔滨市	尚志市	一面坡镇
	佳木斯市	汤原县	香兰镇
	鹤岗市	萝北县	名山镇
	大庆市	肇源县	新站镇
	黑河市	五大连池市	五大连池镇
		北安市	赵光镇

华东地区

省级单位名	地级单位名	县级单位名	特色小镇名
上海市（6个）	/	浦东新区	新场镇
		闵行区	吴泾镇
		崇明区	东平镇
		嘉定区	安亭镇
		宝山区	罗泾镇
		奉贤区	庄行镇
江苏省（15个）	苏州市	昆山市	陆家镇
		常熟市	海虞镇
		吴江区	七都镇
	无锡市	江阴市	新桥镇
		惠山区	阳山镇
		锡山区	东港镇
	徐州市	邳州市	铁富镇
	扬州市	广陵区	杭集镇
	镇江市	扬中市	新坝镇
	盐城市	盐都区	大纵湖镇
	泰州市	兴化市	戴南镇
		泰兴市	黄桥镇
	常州市	新北区	孟河镇
	南通市	如东县	栟茶镇
		如皋市	搬经镇

| 附表2 | 第二批中国特色小镇名单

续表

省级单位名	地级单位名	县级单位名	特色小镇名
浙江省（15个）	杭州市	桐庐县	富春江镇
		建德市	寿昌镇
	嘉兴市	秀洲区	王店镇
		嘉善县	西塘镇
	宁波市	江北区	慈城镇
		余姚市	梁弄镇
		宁海县	西店镇
	湖州市	安吉县	孝丰镇
	绍兴市	越城区	东浦镇
	金华市	义乌市	佛堂镇
		浦江县	郑宅镇
	台州市	仙居县	白塔镇
	衢州市	衢江区	莲花镇
		江山市	廿八都镇
	台州市	三门县	健跳镇
安徽省（10个）	合肥市	肥西县	三河镇
	芜湖市	繁昌县	孙村镇
	马鞍山市	当涂县	黄池镇
	铜陵市	义安区	钟鸣镇
	六安市	金安区	毛坦厂镇
	安庆市	怀宁县	石牌镇
	滁州市	来安县	汊河镇
	阜阳市	界首市	光武镇
	宣城市	宁国市	港口镇
	黄山市	休宁县	齐云山镇
福建省（9个）	福州市	福清市	龙田镇
	泉州市	石狮市	蚶江镇
		晋江市	金井镇
	莆田市	涵江区	三江口镇
	龙岩市	永定区	湖坑镇
	漳州市	南靖县	书洋镇
	南平市	武夷山市	五夫镇
	宁德市	福鼎市	点头镇
		福安市	穆阳镇

续表

省级单位名	地级单位名	县级单位名	特色小镇名
江西省（8个）	南昌市	湾里区	太平镇
	九江市	庐山市	海会镇
	景德镇市	浮梁县	瑶里镇
	吉安市	吉安县	永和镇
	抚州市	广昌县	驿前镇
	赣州市	全南县	南迳镇
		宁都县	小布镇
	宜春市	樟树市	阁山镇
山东省（15个）	济南市	商河县	玉皇庙镇
	青岛市	平度市	南村镇
	烟台市	招远市	玲珑镇
	德州市	庆云县	尚堂镇
	聊城市	东阿县	陈集镇
	滨州市	博兴县	吕艺镇
	菏泽市	郓城县	张营镇
	济宁市	曲阜市	尼山镇
	泰安市	岱岳区	满庄镇
	淄博市	桓台县	起凤镇
	日照市	岚山区	巨峰镇
	威海市	荣成市	虎山镇
	莱芜市	莱城区	雪野镇
	临沂市	蒙阴县	岱崮镇
	枣庄市	滕州市	西岗镇

中南地区

省级单位名	地级单位名	县级单位名	特色小镇名
河南省（11个）	郑州市	巩义市	竹林镇
	洛阳市	孟津县	朝阳镇
	商丘市	永城市	芒山镇
	濮阳市	华龙区	岳村镇
	周口市	商水县	邓城镇
	平顶山市	汝州市	蟒川镇

省级单位名	地级单位名	县级单位名	特色小镇名
河南省（11个）	新乡市	长垣县	恼里镇
	南阳市	镇平县	石佛寺镇
		邓州市	穰东镇
	安阳市	林州市	石板岩镇
	三门峡市	灵宝市	函谷关镇
湖北省（11个）	武汉市	蔡甸区	玉贤镇
	荆州市	松滋市	洈水镇
	宜昌市	兴山县	昭君镇
	襄阳市	老河口市	仙人渡镇
	十堰市	竹溪县	汇湾镇
	咸宁市	嘉鱼县	官桥镇
	恩施自治州	利川市	谋道镇
	/	仙桃市	彭场镇
		天门市	岳口镇
		潜江市	熊口镇
		神农架林区	红坪镇
湖南省（11个）	长沙市	望城区	乔口镇
		宁乡市	灰汤镇
	湘潭市	湘潭县	花石镇
	岳阳市	华容县	东山镇
	衡阳市	珠晖区	茶山坳镇
	常德市	临澧县	新安镇
	邵阳市	邵阳县	下花桥镇
	娄底市	冷水江市	禾青镇
	永州市	宁远县	湾井镇
	株洲市	攸县	皇图岭镇
	湘西土家族苗族自治州	龙山县	里耶镇
广东省（14个）	广州市	番禺区	沙湾镇
	佛山市	南海区	西樵镇
		顺德区	乐从镇
	珠海市	斗门区	斗门镇
	中山市	/	大涌镇

续表

省级单位名	地级单位名	县级单位名	特色小镇名
广东省（14个）	江门市	蓬江区	棠下镇
	梅州市	丰顺县	留隍镇
	揭阳市	揭东区	埔田镇
	茂名市	电白区	沙琅镇
	汕头市	潮阳区	海门镇
	湛江市	廉江市	安铺镇
	肇庆市	鼎湖区	凤凰镇
	潮州市	湘桥区	意溪镇
	清远市	英德市	连江口镇
广西壮族自治区（10个）	南宁市	横县	校椅镇
	河池市	宜州区	刘三姐镇
	贵港市	港南区	桥圩镇
		桂平市	木乐镇
	北海市	银海区	侨港镇
	桂林市	兴安县	溶江镇
	崇左市	江州区	新和镇
	贺州市	昭平县	黄姚镇
	梧州市	苍梧县	六堡镇
	钦州市	灵山县	陆屋镇
海南省（5个）	海口市	秀英区	石山镇
	/	琼海市	博鳌镇
			中原镇
		文昌市	会文镇
		澄迈县	福山镇

西南地区

省级单位名	地级单位名	县级单位名	特色小镇名
重庆市（9个）	/	铜梁区	安居镇
		江津区	白沙镇
		合川区	涞滩镇
		南川区	大观镇
		长寿区	长寿湖镇

| 附表 2 | 第二批中国特色小镇名单

续表

省级单位名	地级单位名	县级单位名	特色小镇名
重庆市（9个）	/	永川区	朱沱镇
		垫江县	高安镇
		酉阳县	龙潭镇
		大足区	龙水镇
四川省（13个）	成都市	郫都区	三道堰镇
		龙泉驿区	洛带镇
	德阳市	罗江县	金山镇
	资阳市	安岳县	龙台镇
	广元市	昭化区	昭化镇
	自贡市	自流井区	仲权镇
	眉山市	洪雅县	柳江镇
	甘孜州	稻城县	香格里拉镇
	绵阳市	江油市	青莲镇
	雅安市	雨城区	多营镇
	阿坝州	汶川县	水磨镇
	遂宁市	安居区	拦江镇
	巴中市	平昌县	驷马镇
贵州省（10个）	贵阳市	开阳县	龙岗镇
	安顺市	平坝区	高峰镇
		镇宁县	黄果树镇
	遵义市	播州区	鸭溪镇
		湄潭县	永兴镇
	六盘水市	水城县	玉舍镇
	铜仁市	万山区	万山镇
	黔西南布依族苗族自治州	贞丰县	者相镇
	黔东南苗族侗族自治州	黎平县	肇兴镇
	黔南布依族苗族自治州	瓮安县	猴场镇
云南省（10个）	昆明市	嵩明县	杨林镇
	玉溪市	新平县	戛洒镇
	保山市	隆阳区	潞江镇
	临沧市	双江县	勐库镇
	昭通市	彝良县	小草坝镇

续表

省级单位名	地级单位名	县级单位名	特色小镇名
云南省（10个）	保山市	腾冲市	和顺镇
	普洱市	孟连县	勐马镇
	楚雄彝族自治州	姚安县	光禄镇
	大理白族自治州	剑川县	沙溪镇
	西双版纳傣族自治州	勐腊县	勐仑镇
西藏自治区（5个）	拉萨市	当雄县	羊八井镇
	昌都市	芒康县	曲孜卡乡
	日喀则市	吉隆县	吉隆镇
	山南市	贡嘎县	杰德秀镇
	阿里地区	普兰县	巴嘎乡

西北地区

省级单位名	地级单位名	县级单位名	特色小镇名
陕西省（9个）	咸阳市	长武县	亭口镇
	汉中市	勉县	武侯镇
	安康市	平利县	长安镇
	宝鸡市	扶风县	法门镇
		凤翔县	柳林镇
	商洛市	山阳县	漫川关镇
		镇安县	云盖寺镇
	延安市	黄陵县	店头镇
		延川县	文安驿镇
甘肃省（5个）	兰州市	永登县	苦水镇
	庆阳市	华池县	南梁镇
	天水市	麦积区	甘泉镇
	嘉峪关市	/	峪泉镇
	定西市	陇西县	首阳镇
青海省（4个）	西宁市	湟源县	日月乡
	海东市	民和县	官亭镇
	海西州	德令哈市	柯鲁柯镇
	海南州	共和县	龙羊峡镇

| 附表 2 | 第二批中国特色小镇名单

续表

省级单位名	地级单位名	县级单位名	特色小镇名
宁夏回族自治区（5个）	银川市	兴庆区	掌政镇
		永宁县	闽宁镇
	吴忠市	利通区	金银滩镇
		同心县	韦州镇
	石嘴山市	惠农区	红果子镇
新疆维吾尔自治区（7个）	克拉玛依市	乌尔禾区	乌尔禾镇
	吐鲁番市	高昌区	亚尔镇
	伊犁哈萨克自治州	新源县	那拉提镇
	博尔塔拉自治州	精河县	托里镇
	巴音郭楞蒙古自治州	焉耆县	七个星镇
	昌吉回族自治州	吉木萨尔县	北庭镇
	阿克苏地区	沙雅县	古勒巴格镇
新疆生产建设兵团（3个）	/	阿拉尔市	沙河镇
		图木舒克市	草湖镇
		铁门关市	博古其镇